HISTOIRE
DE LA VIE PRIVÉE
DES FRANÇAIS.

TOME SECOND.

HISTOIRE

DE LA VIE PRIVÉE

DES FRANÇAIS,

Depuis l'origine de la Nation jusqu'à nos jours.

Par **M. Le Grand d'Aussy.**

PREMIERE PARTIE.

.... *Si quid novifti rectius iftis,*
Candidus imperti ; fi non, his utere mecum. **HOR.**

TOME SECOND.

A PARIS,

De l'Imprimerie de Ph.-D. Pierres,
Imprimeur Ordinaire du Roi, &c. rue S. Jacques.

M. DCC. LXXXII.

Avec Approbation et Privilege du Roi.

HISTOIRE
DE LA VIE PRIVÉE
DES FRANÇAIS,

Depuis l'origine de la Nation jusqu'à nos jours.

SUITE DU CHAPITRE II.

NOURRITURE TIRÉE DU REGNE ANIMAL.

QUATRIEME SECTION.

Fauconnerie.

L'OPINION commune sur la Fauconnerie est, que cette chasse était inconnue aux Anciens ; que le premier qui en a parlé, est un certain Firmicus, lequel écrivait sous les enfans de Constantin ; que c'est une invention des nations du nord ; & qu'elle a été introduite chez nous par les Barbares qui conquirent la Gaule. Il est certain que les Francs la connaissaient, puisque la *loi Salique* condamne à

Fauconne
rie.

Tome II.

A

une amende celui qui dérobera un *accipiter*, ou un *sparvus*, dreſſés : mais on peut aſſûrer en même tems qu'elle était pratiquée chez les Gaulois. Sidonius Apollinaris, Evêque de Clermont, faiſant l'éloge d'un certain Vectius, dit que perſonne ne l'égalait à dreſſer un chien, un cheval, & un oiſeau de proie : *in equis, canibus, accipitribus inſtituendis nulli ſecundus.*

Les Rois, ſucceſſeurs de Clovis, ſe livrèrent à cette chaſſe, ainſi qu'à celle de la Vénerie. On voit Charlemagne avoir, dans l'état de ſa Maiſon, des Officiers & un équipage de Fauconnerie. On voit dans un compte de la Maiſon de Philippe - Auguſte la ſomme de 9 liv., payée pour des autours & pour un faucon. On y voit des gages attribués à des Fauconniers; comme il y en a à des Louvetiers, à des Renardiers, à des Valets-de-chiens.

Et ce n'étaient pas les Rois ſeuls qui avaient ce goût. J'ai dit ci-deſſus qu'il était ſi répandu, que Charlemagne avait été obligé de défendre, par un Capitulaire, aux Abbés & aux Abbeſſes, les oiſeaux dreſſés. J'ai dit que les Conciles les avaient défendus aux Eccléſiaſtiques; qu'à la première Croiſade le Légat s'était vu dans la néceſſité de les interdire aux Grands-Seigneurs, qui en menaient avec eux à la Terre-Sainte; enfin que la Règle des Templiers ne permettait pas même à ces Religieux militaires d'en porter un en route. J'ai dit qu'un Gentilhomme, quand il ſortait de ſon château, pour aller faire une viſite dans le voiſinage, portait un épervier avec lui, afin de pouvoir chaſſer pendant le chemin; &

que telle eſt l'origine de ces oiſeaux & de ces gants qu'on voit ſur les anciennes tombes, même ſur ſur des tombes de femmes. A l'entrée magnifique que fit dans Londres le Connétable Anne de Montmorenci, nommé Ambaſſadeur extraordinaire à la Cour d'Angleterre, il était précédé de vingt-ſix Gentilshommes, des premières Maiſons de France; leſquels portaient chacun un oiſeau ſur le poing. Aujourd'hui encore, nos Rois, dans leurs marches de cérémonie, & à leurs entrées, ſont précédés d'un équipage de Fauconnerie.

Par une profanation que l'ignorance qui ſubſiſtait dans les tems anciens peut ſeule excuſer, les Seigneurs entraient dans l'égliſe avec leur oiſeau de chaſſe. Quelques-uns même, ce qui paraîtra plus incroyable encore, s'en étaient fait un droit. Le Tréſorier de l'égliſe d'Auxerre jouiſſait du privilège d'aſſiſter à l'Office divin, avec un épervier ſur le poing; & le Seigneur de Saſſai, avait le droit de poſer l'oiſeau ſur le coin de l'autel. On lit dans le *véritable Fauconnier*, par Morais, ann. 1683, que la terre de Maintenon devait, tous les ans, à l'égliſe de Chartres, le jour de l'Aſſomption, un épervier armé, & prenant proie, c'eſt-à-dire garni de ſes jets, ſonnettes, & longes; & dreſſé à prendre perdreaux & cailles.

Cependant, malgré ce goût général de la Nation pour la Fauconnerie, comme cette chaſſe n'exigeait ni les mêmes fatigues, ni le même courage que la Vénerie, elle était moins eſtimée. Peut-être eſt-ce par cette raiſon qu'elle n'a trouvé chez nous des

A 2

écrivains que poftérieurement à l'autre ; car les premiers qu'elle ait eus , font du XVe fiècle : encore le poëme de Gace de la Vigne , n'eft-il point un traité de Fauconnerie , mais une forte de plaidoyer, où il avance que cette chaffe eft auffi noble que la Vénerie , & où il décide qu'on doit dire *déduit d'oifeaux*, comme on difait *déduit de chiens*. Le premier ouvrage didactique fur cette matière , fut celui de Guillaume Tardif, Lecteur de Charles VIII. Tardif le compofa par ordre du Monarque ; il le lui dédia, & l'imprima en 1492. Lui-même avoue que s'il n'a pas mieux réuffi, c'eft qu'avant lui il n'exiftait aucun livre en forme & bien fait, dont il pût tirer des fecours.

Il n'en fut pas ainfi en Allemagne. Dès le XIIIe fiècle, la Fauconnerie y avait trouvé un écrivain, & cet écrivain fut un Empereur (Frédéric II) : car, quoique fon ouvrage foit intitulé *de arte venandi*, & qu'il s'annonce par conféquent comme un traité général de la Chaffe , cependant il roule prefque en entier fur celle du vol, fur la manière d'élever, de dreffer les oifeaux qu'on y emploie, fur leurs maladies, leurs qualités, &c. Mainfroi, Roi de Sicile, & fils naturel de ce Prince, y fit quelques additions. Peu d'années après, Albert-le-Grand en publia un fur le même fujet, qu'il intitula *de falconibus, afturibus, & accipitribus;* & dans lequel il fuit, prefque pas-à-pas, le *de arte venandi*. Quant à celui de Frédéric, il prouve que la Fauconnerie avait aquis dès-lors la forte de perfection dont elle eft fufceptible. Ce que m'ont offert fur cet art ceux de nos traités compofés dans les deux derniers fiècles, je l'ai trouvé, à peu de chofes près, chez l'Auteur Souverain. On y voit même que déja fub-fiftaient tous ces noms de *pélerin*, de *gentil*, *niais*, *for*, *montagnard*, &c, qu'on emploie pour exprimer l'âge des faucons & le lieu où ils ont été pris.

Dans le livre de Tardif, les oifeaux de vol font divifés en trois claffes; aigles, faucons, & autours. Il compte deux fortes d'aigles; & dix de faucons, parmi lefquels il place le lanier, l'émérillon, le facre, & le gerfaut. Enfin, il met dans la claffe des autours, le tiercelet, & l'épervier. Divifion des oifeaux de vol.

Selon lui, les meilleurs gerfauts fe tiraient de Norvège (a) & de Ruffie; les meilleurs faucons, de Candie; & les meilleurs autours, d'Armènie ou de Perfe. Un fiècle auparavant, l'auteur des *Déduits de la Chace par le Roi Modus*, regardait les faucons de Sardaigne comme *les plus hardis du monde*.

Le témoignage de Tardif, qui compte l'aigle parmi les oifeaux de fauconnerie, le traité des Marfeillais avec Charles d'Anjou, par lequel ils fe réfervaient, ainfi que je l'ai dit plus haut, le droit d'avoir *des aigles comme leurs ancêtres*, feraient croire qu'autre-fois on a employé, pour le vol, cette forte d'oifeau. Mais de quelle efpèce d'aigles s'agit-il ici ? Car, dans ces fiècles d'ignorance, on appellait ainfi plu-fieurs gros oifeaux de proie, fort différens de celui Aigles.

(a) Aujourd'hui, le Roi de Dannemarc envoie encore, tous les ans, des gerfauts au Roi.

dont nous parlons. Bélon, lui-même, le premier qui
chez nous ait mis quelqu'ordre dans la partie de
l'hiſtoire qui regarde les volatiles, obſerve que tous
les oiſeaux de vol ſe diviſaient en deux claſſes,
aquila, & *accipiter*. Lui-même il compte ſix ſortes
d'aigles, & place dans ce nombre l'orfraie, & le
jan-le-blanc. D'Eſparron, Gentilhomme Provençal,
qui a écrit ſur la Fauconnerie en 1627, dit que la
Provence ſeule en nourriſſait ſept eſpèces différentes.
Mais, quoique tous fuſſent carnivores, & qu'ils dé-
voraſſent même quelquefois les oiſeaux de proie,
aucun d'eux, dit il, n'était bon pour la chaſſe du
vol.

Quant aux deux eſpèces d'aigles qui doivent porter ce nom, le fauve, & le noir; comme les montagnes du Bugey, du Dauphiné, & de l'Auvergne
en nourriſſent quelques-uns, les Fauconniers français ont dû eſſayer d'en dreſſer pour le vol; & il
eſt certain qu'il a été un tems où l'on en a dreſſés.
Le *Recueil de tous les oiſeaux de proie qui ſervent
à la Volerie & à la Fauconnerie* (an. 1567) l'aſſure
expreſſément. *Aujourd'hui*, dit l'auteur, *nous ne con-
noiſſons pour la Faulconnerie que l'aigle fauve, qui
eſt l'aigle royal, & le noir : les autres eſtans de ſi
petit courage, qu'on ne les ſçauroit leurrer.* En parlant du fauve, l'auteur ajoute, *ſi ce n'eſt qu'elle
eſt ſi lourde à porter ſur le poing, & qu'elle eſt difficile à apprivoiſer du ſauvage, l'on en verroit nourrir aux Fauconniers des Princes plus qu'on en faict.*

- Au reſte, s'il a été un tems où les Français ont
employé des aigles pour le vol, ils y ont bientôt

renoncé. D'Esparron lui-même raconte l'histoire d'un Gentilhomme, voisin des Pyrénées, qui, en ayant dreſſé un, accourut à la Cour pour le préſenter à Henri IV, dans l'eſpoir que ce préſent allait lui procurer une fortune conſidérable. Mais le Roi ne fit qu'en rire, & le renvoya, dit l'auteur, avec ſon aigle.

De tous les oiſeaux de vol, le plus uſité, le plus facile à dreſſer, & le plus commun en même-tems, était le faucon; & de-là vint le nom de Fauconnerie que porta l'art lui-même. D'Esparron prétend que c'eſt auſſi l'oiſeau qu'on employa le premier; & ſon opinion eſt d'autant plus probable qu'on en prend aſſez fréquemment en France. « Dans la ſuite, » dit-il, quand les Français furent maîtres de la Si-» cile, ils apprirent à connaître les laniers. Quel-» que tems après, ils ajoutèrent à ces deux-ci les » gerfauts, qu'ils tirèrent du Nord de l'Europe. » Ayant pris goût à ce vol nouveau, ils envoyèrent » dans le Levant pour avoir des ſacres (a). Ceux-ci » d'abord furent difficiles à dreſſer; mais, avec de » la patience & de l'induſtrie, on en vint à bout (b). » Ce furent même preſque les ſeuls dont on ſe ſer-

---

(a) Cependant les gerfauts & les ſacres, étaient connus & employés en Europe dès le treizieme ſiècle. Frédéric en fait mention dans ſon *de arte venandi.*

(b) L'auteur parle d'un ſacret (on nomme ainſi le ſacre mâle) qui, un jour que Henri II volait à Fontainebleau, s'emporta après une cannepétiere; & fut pris, le lendemain, à Malte, île diſtante de Fontainebleau de 500 lieues. On le reconnut à ſes anneaux ou vervelles, ſur leſquelles était le nom du Roi.

» vit ſous Charles IX & Henri III. Aux quatre eſ-
» pèces ci-deſſus nommées, on joignit la ſorte de
» faucon appellé tagarot. Enfin, vers les dernières
» années du XVIᵉ ſiècle, les îles occidentales eſ-
» pagnoles nous fournirent l'alete, qui a la taille &
» le pennage du tiercelet de faucon, & qui vole la
» perdrix. La rareté, ainſi que les bonnes qualités
» de ce dernier, lui donnent un prix exorbitant. On
» les achete en Eſpagne 300 écus la pièce. Quand
» Marie de Médicis débarqua en France pour venir
» épouſer Henri IV, on la vit, à Marſeille, faire
» porter devant elle un alete ».

L'alete de Médicis fut confié au Fauconnier-de-
la-chambre, Harmont, appellé autrement *Mercure*.
Harmont, qui nous a laiſſé ſur ſon art un traité
ſous le titre de *Miroir de Fauconnerie*, y fait beaucoup d'éloges de l'aleps de la Reine; c'eſt ainſi qu'il
le nomme. Cependant Barraut, Ambaſſadeur de
France en Eſpagne, en envoya au Roi un autre
qui, dit-il, devint encore beaucoup meilleur.

Le même écrivain fait mention d'une ſorte
d'oiſeau nouveau que, de ſon tems, on eſſaya d'introduire dans la Fauconnerie. Il le nomma alfa-
net; & nous le repréſente, comme beau & blond.
On en avait donné quelques-uns à Henri III, & à
Henri IV; mais ils ſe trouverent mous, ſans courage; on ne put en tirer aucun parti. Depuis ce
tems, ils furent décriés en France; & les Marchands n'en apporterent plus.

L'Epervier étant l'oiſeau de proie de notre climat, il est probable que c'est celui qu'on a employé le premier de tous pour la Fauconnerie. La loi salique en parle sous le nom de *Sparvus*; & nos Poëtes du XIIe & du XIIIe siècle, sous celui de mouchet, ou émouchet, que nous avons conservé au mâle. Selon les *Déduits de la Chasse par le Roi Modus*, ce vol est *très-plaisant pour hommes & pour femmes*. Par une Ordonnance de Charles-le-Bel en 1326, il est défendu à toute personne quelleconque, noble ou roturiere, de prendre un épervier, soit dans le nid, soit avec des filets, sur les terres & dans les forêts du Roi, sans sa permission. Enfin, tous ceux de nos anciens auteurs qui ont écrit sur la Fauconnerie, Tardif, Franchieres, Artelouche &c, en font mention. D'Esparron est le seul qui ne compte pas l'épervier au nombre des oiseaux de vol. Il nous apprend qu'on l'estimait peu en Provence; quoique certains particuliers en fissent usage pour les cailles, dans le tems de leur passage au mois de septembre & d'octobre, & pour les perdreaux, en juillet.

Selon cet écrivain, les sacres nous étaient apportés en France par des Grecs, & les gerfauts, par les Hollandais.

Ce fut sous Louis XIII qu'on vit, pour la premiere fois, des oiseaux employés à la pêche du poisson; & ce spectacle fut procuré par un Flamand qui vint à la Cour, avec deux cormorans dressés. Lorsqu'il voulait les faire pêcher, continue d'Esparron, il leur serrait le col de manière qu'en leur laissant la respiration libre, il les empêchait néanmoins d'avaler leur proie. Il les lâchait enſuite ſur un étang. Les cormorans pêchaient, ils rempliſſaient de poiſſon l'eſpèce de ſac ou de poche qu'ils ont ſous le bec; & quand elle était pleine, ils retournaient à leur maître, qui la leur faiſait vider. Depuis cette expérience, le Roi voulut avoir, parmi ſes différens vols, des cormorans pour les étangs & les rivières.

Héron. On volait le cormoran lui-même, avec les oiſeaux de vol ordinaires. Cependant, de tous les oiſeaux de rivière, le héron était preſque le ſeul qu'on volât ainſi. On regardait même celui-ci, comme tellement deſtiné à cette ſorte de chaſſe, qu'en 1326, Charles-le-Bel avait défendu à toute perſonne, excepté aux Barons, d'en prendre un vif, autrement qu'avec des faucons, ou avec d'autres oiſeaux de proie gentils. Franchieres, Grand-Prieur d'Aquitaine, dit dans ſa *Fauconnerie, que cette vólerie eſt noble ſur toutes les autres.*

On a vu ci-deſſus Salnove vanter Louis XIII pour avoir perfeétionné la Vénerie. D'Eſparron lui attribue la gloire d'avoir non-ſeulement mis la Fauconnerie en honneur, mais de l'avoir même portée à ſa perfeétion. Selon lui, il n'y avait Fauconnier au monde qui, en ce genre, fût capable de rien apprendre au Prince. Et au reſte, il ne faut pas s'étonner d'un goût & d'un talent pareils; puiſque, dans ces mots, *Louis treiȝième, Roi de France & de Navarre,* on trouvait, dit-il, cette anagramme, *Roi très-rare, eſtimé dieu de la Fauconnerie.* Il raconte avec complaiſance pluſieurs vols que le Monarque avait inventés. Souvent celui-ci, lorsque le mauvais tems l'empêchait d'aller en plaine, s'amusait, dans l'enclos des jardins du Louvre, à voler de petits oiseaux avec des éperviers & des pies-grièches, ou des pigeons, cillés, avec des tiercelets de faucons. L'auteur s'extasie en racontant ces inventions diverses du Roi. Je m'imagine que le Cardinal de Richelieu ne les estimait pas tout-à-fait autant que d'Esparron; mais à-coup-sûr il en était plus aise que lui encore.

Le Roi, dit Sélincourt, avait, en oiseaux de Fauconnerie, tous les vols possibles; & il s'en faisait suivre dans tous ses voyages. Comme il donnait des appointemens très-considérables, tout ce qu'il y avait de bons Fauconniers en Europe se rendait auprès de lui; *aussi*, continue l'auteur, *ses équipages étaient-ils tellement servis qu'il ne s'est rien vu de pareil dans notre siècle.*

Pour procurer en ce genre quelque plaisir à la Reine & aux Dames de la Cour, il avait fait élever dans la plaine de S. Denis, au lieu nommé la Planchette, une petite butte en terre, sur laquelle était construit un pavillon. Il s'y rendait avec les Dames. Alors les chefs de vols envoyaient, de tout côté, voler des ducs, qui rabattaient le gibier vers le pavillon. Dès que le gibier était à portée, on lâchait sur lui les oiseaux de proie; ceux-ci l'attaquaient aussi-tôt, & procuraient aux Dames le spectacle d'un combat & d'une victoire; puis, quand il était porté à terre, on allait le présenter au Roi.

Il n'est pas surprenant au reste que les femmes

Goût des femmes pour la Fauconnerie.

aient aimé la chasse du vol, & que, dans des tems antérieurs, on ait été forcé de la défendre aux Abbesses mêmes. C'était la seule qui convînt à ce sexe faible & timide. Inhabile à manier l'arc & la flèche, peu fait pour courir après des chiens, il pouvait, sans peine & sans fatigue, se rendre à cheval dans la plaine avec un épervier ou un faucon sur le poing. Depuis le moment où l'oiseau lancé poursuivait sa proie, jusqu'à celui où il en était vainqueur, il offrait à la Chasseresse un spectacle agréable & curieux. Pour le Gentilhomme qui avait chez lui des Dames, c'était un moyen de galanterie, toujours sûr de réussir, parce que l'amusement qu'il procurait était fait pour plaire. Le soir, quand tout le monde était réuni, on pouvait parler des plaisirs du jour. Les Chasseurs, aujourd'hui si redoutés des femmes, regardés si souvent comme le fléau de la société, pouvaient alors en devenir l'agrément. Au moins, s'il fallait, bon-gré, malgré, écouter leurs prouesses & les exploits de leurs oiseaux ; comme tous les assistans en avaient été les témoins, & que tous en avaient joui, tous pouvaient trouver encore quelque plaisir à en entendre parler.

Pour les femmes qui, craignant la fatigue, n'osaient se hasarder au vol dans la plaine, il y en avait un autre plus agréable, dit S. Aulaire (*Fauconnerie*, ann. 1619); celui de l'allouette avec l'émerillon. Elles pouvaient, de leur appartement, jouir de cette chasse, quand les fenêtres du château donnaient sur la campagne.

Anciennement, on favait la leur rendre plus agréable encore. On enfermait dans un pâté à jour quelques oifeaux de gibier, vivans ; tels que cailles, perdrix, ou autres. Dès que le pâté s'ouvrait, ils prenaient leur volée ; mais alors auffi on lâchait quelque oifeau de proie qui, fondant fur eux, les faififfait, & les rapportait à fon maître. C'eft ce que décrit très-bien l'auteur du Roman de *Florès & de Blanchefleur*, poëme compofé fur la fin du XIIᵉ fiècle, ou dans les premières années du XIIIᵉ. En parlant d'un grand repas donné à fon Héros, il dit qu'il y avait fur la table,

     vifs
.... Pafté de vis oifelés.
    ils *
Et quand il ces paftés brifoient,
les   *tout*
Li oifelet partot voloient.
     vous euffiez vu
Adonc veiffiez-vous faucons,
  autours
Et oftoirs, & efmérillons,
      quantité émouchets.
Et moult grant planté de moufkès
Voler après les oifelès.

On lira ci-deffous, lorfque je traiterai des divertiffemens des repas, qu'à un feftin que donna en 1453 le Duc de Bourgogne, on fit voler dans la falle un héron par deux faucons.

La chaffe au vol a été en honneur chez les femmes jufqu'au fiècle dernier. Il exifte encore plufieurs tableaux de payfage, dans lefquels on en voit quelques-unes portant fur le poing un oifeau chaperonné,

Mais l'ufage du menu plomb, qu'alors on inventa (*a*),
ayant fait connaître aux Chaffeurs qu'un fufil était
plus commode & plus fûr qu'un épervier, ils aban-
donnèrent la Fauconnerie. Les Dames perdirent ainfi
la feule chaffe qui les intérefsât, la feule à laquelle
elles pouvaient prendre part. A l'exception de quelques-unes qui, en quelque forte fe faifant hommes,
ne redoutent ni le bruit de l'arme-à-feu, ni les dangers trop connus qu'elle entraîne, toutes y renon-
cèrent ; au grand profit de la fociété, dans laquelle,
du moment qu'elles cefferent de regarder comme di-
vertiffement un fpectacle de meurtre & de carnage,
elles dûrent porter, fans contredit, des mœurs plus
douces encore qu'auparavant. Les Chaffeurs y perdirent feuls, en excluant les femmes d'un de leurs
plaifirs : & peut-être, après tout, la galanterie fran-
çaife aurait-elle à s'en plaindre ; mais, fi l'on en
croit les femmes, les Chaffeurs ne font point
galans.

Après tout ce qu'on vient de lire fur la Chaffe, il
ne me refte à tranfcrire ici que certains détails concernant quelques-uns des animaux qui en faifaient
l'objet.

(*a*) Il eft mention de *dragées* & de *larmes* pour le menu gibier,
dans les *rufes innocentes pour toutes fortes d'oifeaux & de bétes*,
par *le Solitaire inventif*, ann. 1688. L'auteur nous apprend auffi
qu'on faifait en Guyenne, à Cabarles, à Afir, au Mas-de-Ver-
dun, une poudre plus forte que toutes les autres de France.

CINQUIEME SECTION.

Du Gibier à plumes.

N o s Pères étaient bien moins délicats que nous sur la tendreur, ou sur la dureté des viandes. On aura peine à croire qu'ils mangeaient le héron, la grue, la corneille, la cicogne, le cigne, le cormoran, & le butor ; que ces oiseaux étaient servis sur les meilleures tables ; & qu'on les regardait même, sur-tout les trois premiers, comme excellens. Il en existe des preuves dans les Poésies du XIIe & du XIIIe siècle. Taillevant, premier Cuisinier du Roi Charles VII, auteur dont il nous reste un traité de cuisine que j'aurai lieu de citer plusieurs fois dans la suite, enseigne à accommoder la plupart de ces animaux. Dans des statuts de Bordeaux, faits en 1585, pour la police de la vente du gibier, dans le réglement de Henri II, en 1549, pour le même objet, le héron est compté parmi les oiseaux qu'il est permis de porter au marché. Quand Charles IX passa par Amiens, outre les douze dindons qu'on lui présenta, ainsi que je l'ai dit plus haut, outre des chapons gras, des poulets, des pâns, des faisans, & des cailles ; on lui offrit encore douze hérons, douze aigrettes, six butors, six cignes, & six cicognes. Bélon, (*histoire des oiseaux*, an. 1555) dit que le butor, quoique d'un goût rebutant la

Hérons ,
Grues ,
Cicognes ,
Butors ,
Cormorans , &c.

première fois qu'on en mange , *cependant eſt entre
les délices françoiſes.*

Liébaut appelle le héron une *viande royale*. Nous
voyons par cet auteur, par Beaujeu, & par d'autres
écrivains contemporains, que les Gentilshommes
alors avaient des héronnières ; comme aujourd'hui
l'on a des faiſanderies. François I, en avait fait faire
deux à Fontainebleau. Cependant, on avait ſoin de
nourrir d'une manière particulière les hérons qu'on
deſtinait pour la table.

Il y avait des Provinces où l'on n'aimait point
ce mets ; & de ce nombre était la Provence, ſelon
Beaujeu.

On mangeait même juſqu'aux oiſeaux de proie
qui , ſe nourriſſant de chair , doivent être moins
bons que les autres. Bélon aſſûre qu'un faucon, un
ſacre , un vautour, rôtis ou bouillis , ſont bons à
manger ; & que quand un de ces oiſeaux ſe tuait
en volant après le gibier, les Fauconniers l'apprêtaient auſſitôt. En Auvergne, dit-il, vous ne trouverez perſonne qui , dans l'hyver , ne mange d'une
ſorte d'aigle , nommée boudrée ou goiran. Cependant, il ajoute qu'en général on rejettait les oiſeaux
de nuit , & ceux qui vivent de charogne.

Un autre préjugé plus extraordinaire , c'eſt que
ces mêmes hommes qui mangeaient du héron , du
vautour, & du cormoran, n'oſaient point toucher
au gibier, lorſqu'il était jeune. Ils regardaient cette
ſorte de chair comme n'étant point encore faite ,
& par conféquent comme indigeſte. Ainſi , par

exemple

exemple, ils mangeaient du lièvre & de la perdrix; mais ils s'abstenaient du levreaut & du perdreau. Henri-Etienne remarque même dans son *apologie pour Hérodote*, qu'il n'y avait pas extrémement long-tems que ces préventions étaient abolies. Il ajoute que, chez les Etrangers, elles avaient subsisté comme chez nous; & qu'à Venise, où il avait passé quelque tems, c'étaient les Ambassadeurs de France qui avaient appris que levrauts & les perdreaux étaient fort bons à manger.

La France nourrissait dans ses rivières beaucoup de cignes. Il y en avait, sur-tout, considérablement vers Tours, vers Angoulême, Cognac, & Saumur. Valenciennes, dit Liébaut, était appellé pour cette raison le *val-des-Cignes*; & l'on disait proverbialement de la Charente, qu'elle en était bordée. Enfin c'était un gibier qu'on chassait, comme nous chassons aujourd'hui le canard sauvage.

Dans plusieurs villes de Flandres & de Picardie, qui avaient des canaux, des fossés plein d'eau, des étangs, on se plaisait à y nourrir des cignes. Chacun des différens corps bourgeois en adoptait même dans ce nombre une certaine quantité, auxquels il imprimait sa marque; & cette cérémonie devenait une sorte de fête. Elle avait lieu au mois de Juillet; tems où les petits cignes ne sont pas encore assez forts pour voler. Toute la ville se rendait en bâteau à l'endroit où ils séjournaient. Les Ecclésiastiques ouvraient la chasse; puis les Nobles; puis successive-ment les autres corps par ordre. Comme les petits cignes suivaient leur père & mère, & que ceux-ci

Tome II.   B

avaient déja leur ſignalement, il était aiſé à chaque corps de reconnaître ceux qui lui appartenaient, afin de les marquer comme les autres. Mais il n'était pas auſſi aiſé de les prendre ; & c'eſt en cela que conſiſtait la chaſſe. Du reſte, il y avait défenſe expreſſe d'en tuer aucun ; &, ſi ce malheur arrivait à quelqu'un des Chaſſeurs, il payait à la Ville autant de blé qu'il en fallait pour cacher entièrement l'oiſeau ſuſpendu par le bec. La chaſſe durait ordinairement pluſieurs jours ; pendant leſquels ce n'était, ſur la rivière, que feſtins, muſique, & illuminations. Elle avait encore lieu ſur la fin du dernier ſiècle, dit Sélincourt (*Parfait Chaſſeur*, ann. 1683) ; mais le malheur des guerres l'y abolit.

A Amiens, le nom de *chaſſe aux cignes* ſubſiſte encore actuellement. Ce n'eſt plus néanmoins qu'une promenade très-agréable, que les gens riches vont faire, dans des bâteaux couverts, ſur les différens canaux de la Somme.

Quant à la chair de cet oiſeau, Bélon dit qu'on la regardait comme *exquiſe ès délices françoiſes.*

Canards ſauvages.

Autrefois les Comtes de Ponthieu faiſaient faire annuellement, ſur certains étangs de leurs domaines, une grande chaſſe aux canards ſauvages & autres oiſeaux de rivière ; & ils avaient aſſujettis leurs vaſſaux à venir y contribuer. Au mois de juillet, lorſque ces oiſeaux, par l'effet de la mue, volent difficilement, & que leurs petits n'ont point encore aſſez de force pour prendre leur vol, on tendait des panneaux, d'eſpace en eſpace, ſur les étangs. On faiſait deshabiller les payſans, qui, ranggés sur une même ligne, entraient dans les roseaux, les frappaient avec des bâtons, & forçaient les oiseaux de fuir en avant, du côté des panneaux. En avançant ainsi peu-à-peu, on les poussait dans les filets. Quand la chasse était achevée, on portait le gibier à la ville; le Comte en faisait des libéralités; & la journée finissait par une fête générale. Sélincourt (*Parfait Chasseur*, ann. 1683) fait mention de cet usage comme subsistant encore de son tems.

Une partie de tout ce qu'on a lu précédemment sur la cérémonie du pân, doit s'appliquer au faisan. Cet oiseau jouissait des mêmes honneurs; on le servait sur table avec la même pompe, & recouvert de même de sa peau & de ses plumes. Enfin, on faisait sur lui des vœux, comme sur l'autre. Ce fut sur un faisan, qu'en 1453 le Duc de Bourgogne jura cette Croisade, dont j'aurai occasion de parler ailleurs.

J'ai remarqué plus haut qu'il a été un tems où l'on engraissait en mue ces oiseaux comme les chapons; & Liébaut assure que ce secret était connu des Rôtisseurs de Paris, ainsi que des marchands de volaille. Nous ne l'employons plus; mais nous avons conservé l'estime qu'avaient nos Pères pour le faisan; & il fait encore l'honneur de nos tables, comme il faisait celui des leurs; quoique beaucoup de gens prisent peu cette sorte de gibier, & qu'ils pensent, comme Champier, que s'il n'avait le mérite d'être rare, le peuple n'en voudrait pas.

« On compte en France, dit Nonnius (ann.
» 1627), deux sortes de faisans; l'un qu'on nomme
» royal, parce que c'est le meilleur; l'autre appellé

» bruyant». Vraiſemblablement, ce bruyant eſt notre coq de bruyère, qui eſt un oiſeau d'eſpèce différente.

Depuis quelques années, nous poſſédons une nouvelle eſpèce de faiſans, beaucoup plus belle que l'ancienne. On a nommé ceux-ci faiſans de la Chine, du lieu de leur origine ; mais, trop peu multipliés encore pour être comptés parmi nos alimens, ils ne ſont juſqu'à préſent qu'un objet de curioſité.

Francolin.   Le Francolin, dit Bélon, était inconnu en France ; cependant on en trouvait dans les montagnes des Pyrénées ; & François I, en avait mangés, qui lui avaient été envoyés du pays de Foix.

Gelinottes.   Les Gelinottes, ou poules ſauvages, qu'on mangeait à Paris, venaient des Ardennes, ou de Lorraine. Elles étaient, ſelon le même Bélon, plus eſtimées que les faiſans, & ſe vendaient deux écus la pièce. Quelques auteurs confondent cet oiſeau avec le Francolin.

Gontier (*De ſanitate tuendâ* , ann. 1668) rapporte avoir connu pluſieurs Gentilshommes, qui, habitant un château ſitué près d'un bois, lâchaient dans ce bois un certain nombre de poules. Elles y devenaient ſauvages, multipliaient beaucoup, & leur offraient, quelques années après, un gibier abondant, d'un goût & d'un fumet exquis.

Coucou.   Du tems de Champier, on faiſait beaucoup de cas du coucou. De tous les oiſeaux qu'on peut ſervir dans un repas, il n'y en avait même aucun, dit l'auteur, que l'on comparât à cet oiſeau, jeune, encore, & pris au moment qu'il ſort du nid & qu'il commence à voler.

Pluvier.   « Les Grands-Seigneurs, ajoute-t-il, priſent auſſi

» infiniment le pluvier; mais cependant c'eſt moins
» ſa chair qu'ils recherchent, que le plaiſir que leur
» procure cette chaſſe. Auſſi, dans leurs terres,
» eſt-ce un crime capital d'en tuer un, & ce crime,
» ils le puniſſent très-rigoureuſement ».

Bélon rapporte que de Beauſſe il arrivait quelquefois aux marchés de Paris tant de pluviers, qu'on eût pu en remplir des charrettes entières. Au reſte, lorſqu'on mettait cet oiſeau à la broche, l'uſage, dit-il, était de ne point le vider; & c'eſt ce qu'on faiſait auſſi pour la bécaſſine & pour les petits oiſeaux de rivière.

« Le peuple des villes, continue Champier, » nourrit en cage des étourneaux auxquels il apprend à parler. Dans le tems des vendanges, » cet oiſeau eſt recherché, ainſi que la grive; parce » qu'alors il eſt gras, & qu'il a plus de goût. Néan- » moins, il y a des gens délicats qui, même alors, » ne l'admettent point à leur table *(a)*.

 Grives &
 Etourneaux.

A Paris, les allouettes ſont un mets fort commun. » On les y ſert enfilées, par ſix ou par douze, à » une petite broche de bois, & bardées de ſauge » & de lard. On en fait auſſi des pâtés, dont la ſauce » eſt l'hipocras.

 Allouettes.

(a) En Flandres, on conſtruiſait, à la campagne, des eſpèce fuies pour les étourneaux; ils venaient y pondre dans la ſaiſon, & l'on prenait leurs petits pour les manger. J'ai vu encore, en 1780, de ces trous à l'Abbaye de Vicogne, près de Valenciennes; & des vieillards m'y ont dit avoir mangé, dans leur jeuneſſe, des étourneaux pris ainſi.

Merles.
» Pluſieurs de nos Provinces, & particulièrement
» la Normandie, nourriſſent beaucoup de merles.
» On les y prend à la glu; ou, la nuit, au flambeau,
» avec des filets.

Corneilles.
» On fait cas de l'eſpèce de corneilles qui eſt
» griſe. Elles ſe paient même aſſez cher, quand le
» froid les a engraiſſées. La manière de les manger
» eſt de les accommoder aux choux, ainſi que les
» ramiers & les vieilles perdrix.

Cailles.
» Les cailles ſont extrémement communes par
» toute la France. On en prend tant en Languedoc
» que, dans chaque maiſon, il y a un endroit par-
» ticulier, deſtiné ſpécialement à les engraiſſer. On
» en attrappe auſſi beaucoup dans nos Provinces
» ſeptentrionales; & celles de ces Provinces qui
» ſont ſituées le long de la mer, vont même en
» faire commerce en Angleterre.

Perdrix.
» Une moitié de la France a des perdrix rouges,
» l'autre moitié en a des griſes : mais les cantons
» où ſe trouvent les griſes, ne font aucun cas des
» rouges *(a)*; comme ceux qui ont des rouges mé-
» priſent les griſes. De nos jours, le Roi d'Angle-
» terre en a fait venir de chez nous une quantité
» immenſe de ces premières, dans l'eſpoir d'en peu-
» pler ſon île. Elles y ſont toutes mortes.

» On peut apprivoiſer & rendre domeſtiques les
» perdrix. Nous avons vu le Cardinal de Châtillon

(b) Nous ne penſons plus ainſi; & les rouges, dans la Capitale,
ainſi que dans nos Provinces ſeptentrionales, ſont les plus eſtimées.

» en avoir, près de Lisieux, des troupeaux privés.
» Tous les matins, elles allaient aux champs pour
» paître. Le soir, elles revenaient d'elles-mêmes
» dans ses cours, comme les volailles ordinaires ».

Tournefort assure de même dans son *voyage du
Levant*, avoir vu, près de Grasse, un Provençal
conduire à la campagne des compagnies de perdrix,
les faire approcher à sa volonté, les prendre avec
la main, les caresser, & les renvoyer ensuite avec
les autres.

Quant à la manière d'apprêter & de servir les
perdrix, Champier nous apprend que, quand elles
étaient vieilles, on les lardait, on les faisait un peu
rôtir, puis on les accommodait aux choux. Les perdreaux au contraire se mettaient toujours à la broche; & on·les mangeait, soit avec du jus d'o-
ranges, soit avec une sauce piquante.

Au dernier siècle, les perdrix d'Auvergne étaient
renommées. *Je dînai hier chez Mad. de la Fayette,*
dit Mad. de Sévigné; *c'étaient des perdrix d'Auvergne, & des poulardes de Cân.*

Les tourterelles passaient de même pour un mets
exquis. La même Sévigné, décrivant un repas magnifique qu'on lui avait donné, dit : *ce fut le plus
grand & le plus beau que j'aie vu depuis long-tems.
Toutes les bonnes viandes & les beaux fruits y étaient
en abondance ; les tourterelles, les cailles grasses, les
perdreaux, &c. Nous fûmes surprises ; & nous com-
prîmes qu'il n'est question que d'avoir de l'argent.*

Comme le becfigue se nourrit de graines de mir-
the, & que sa chair en contracte une sorte d'amer-

Tourterelles

Becfigue;

B 4

tume, beaucoup de gens n'aimaient pas cet oiſeau,
dit Beaujeu. D'autres au contraire le recherchaient,
à cauſe de ce petit goût amer qui provoquait en
eux la faim & la ſoif. En Provence, il était ſi eſtimé,
qu'il y avait des feſtins où l'on ne ſervait que des
becfigues.

SIXIEME SECTION.

Gibier quadrupede.

Lapins. PLUSIEURS Auteurs ont écrit que nous devons
les lapins à l'Eſpagne, & que ce préſent n'eſt pas
même extrémement ancien. C'eſt-là une erreur, au
moins pour la ſeconde partie du fait. Nous liſons
dans Strabon que, de ſon tems, la Gaule méridionale était tellement infeſtée de ces animaux, qu'ils
dévoraient juſqu'à la ſemence des grains, & aux
racines des arbres. Cette énorme multiplication des
lapins ſemblerait prouver que les Gaulois n'en mangeaient pas ; & en effet, il y a encore aujourd'hui
pluſieurs nations qui s'en abſtiennent par répu-
gnance.

Au reſte, quoique le lapin ſoit devenu par la ſuite
un aliment pour nos Pères, il n'a pas ceſſé néanmoins d'être infiniment commun dans nos Provinces
méridionales. Beaujeu, (ann. 1551) rapporte qu'un
Gentilhomme Provençal étant allé à cette chaſſé
avec quelques-uns de ſes vaſſaux & trois chiens, il
en rapporta, le ſoir, ſix cens. Dans les îles qui

font auprès d'Arles, il y en a tant, dit-il, que quand un Chaffeur n'en tue pas cent dans fa journée, il revient mécontent.

Celles de nos Provinces où ils étaient plus rares, cherchèrent au contraire à les multiplier. On fe rappelle ce que j'ai dit ci-devant fur les garennes.

» Dans les villes, écrit Champier, on élève des » lapins domeftiques de toutes les couleurs, noirs, » blancs, cendrés, &c.; & fouvent les Rôtiffeurs » les vendent pour lapins de garenne. Au refte, cet » animal n'eft recherché que lorfqu'il eft jeune ; » encore ne le mange-t-on que rôti.

» A Paris, on eftime beaucoup les lapereaux de » Vincennes ».

De Serres parle d'un moyen, que nous n'employons plus, & qui était d'ufage au XVIe fiècle pour rendre les lapins meilleurs. » On les châtre, dit-il; » & on les lâche enfuite dans la garenne, où ils » deviennent plus délicats & plus tendres ».

Selon Varron, les lièvres de Gaule étaient d'une grandeur extraordinaire.

» Le levraut, continue Champier, n'a de prix » que depuis deux mois jufqu'à huit. Dès qu'il a un » an, l'on n'en fait plus de cas. Plus vieux, on le » rebute tout-à-fait; ou on ne l'emploie alors qu'en » civet, ou bien en pâté. Il y a même un proverbe » français, qui dit qu'un vieux lièvre & une vieille » oie font la nourriture du Diable. La cervelle de » cet animal fe mange bouillie, frite, ou grillée.

» La France nourrit dans fes forêts beaucoup » de chevreuils; mais ce mets eft réfervé pour

» la bouche des Grands. On ne l'y mange com-
» munément que rôti.

Sanglier. » Le fanglier fe mange rôti, ou fricaffé avec
» des navets. Il n'en eft pas ainfi de la hure ; elle
» s'accommode à part ; mais un pareil morceau ne
» convient qu'aux gens très-riches.

Cerf. » On fert auffi à leur table certain morceau du
» cerf, qu'on appelle le cimier. Pour le bois de
» cet animal, lorfqu'il eft jeune & nouveau en-
» core, on le mange coupé par tranches & frit ;
» mais c'eft-là un mets de Roi ».

Dans les manufcrits du XIIIe fiècle, j'ai trouvé
une pièce intitulée *la devife des Lécheurs* (des
gourmands), où l'on vante beaucoup la langue de
cerf entrelardée.

Bléreau. » Un jour, dit Beaujeu, un de mes domeftiques
» m'apporta un bléreau qu'il avait tué, & qui
» était fort gras. Comme ces animaux ne vivent
» que de fruits, & que par conféquent leur chair
» doit être agréable & faine, je m'avifai de mettre
» celui-ci en pâté. On le trouva fi exquis que,
» depuis ce tems, le bléreau, qui auparavant était
» en Provence totalement dédaigné, y eft devenu
» le gibier qu'on chaffe avec le plus d'ardeur ».

SEPTIEME SECTION.

Lait, Beurre, Œufs, & Fromage.

Le lait & le beurre qui nous font permis aujourd'hui, même en carême; les œufs dont nous n'ufons alors qu'avec une permiffion particulière; le fromage enfin que nous regardons comme un aliment de la plus févere abftinence, n'ont pas été toujours, ni également permis, ni également prohibés. Long-tems, ces différentes fubftances furent étrangères aux réglemens de la difcipline eccléfiaftique; ou plutôt, l'Eglife n'ayant d'abord rien décidé fur les mêts qui pouvaient être permis ou défendus les jours de jeûne, les Fideles, pendant plufieurs fiècles, n'eurent fur cela d'autre régle de conduite, comme le prouve le Docteur Launoi, que celle que leur prefcrivait à eux-mêmes la dévotion. *Sunt & alia in catholicâ Ecclefiâ inftituta vivendi præftantia,* dit S. Epiphane; *nimirum quod alii carnibus prorfus abftineant tam quadrupedum & avium quam pifcium, nec non ovis & cafeo. Alii quadrupedibus duntaxat; fed avibus ac ceteris vefcuntur. Alii etiam ab avibus temperant; ova & pifces retinent; quibus nonnulli etiam abftinent, qui tamen cafeum fibi permittunt. Alii verò cafeo non utuntur. Præterea quidam a pane abftinent; quidam ab arborum fructibus, & coctis omnibus.*

« Les Fideles Catholiques fuivent, dans leur ma-
» nière de vivre, plufieurs régimes recommanda-

» bles : car les uns s'abſtiennent non-ſeulement de
» la chair des quadrupedes, des oiſeaux, & des
» poiſſons, mais encore d'œufs, & de fromage ;
» les autres renoncent uniquement aux quadrupe-
» des, & ſe permettent les oiſeaux & tous les au-
» tres alimens. Ceux-ci ne mangent point de vola-
» tiles ; mais ils mangent des œufs, & du poiſſon.
» Ceux-la s'interdiſent les œufs. Il en eſt qui n'u-
» ſent que de poiſſon ſeulement ; il en eſt qui,
» s'abſtenant de poiſſon, mangent du fromage,
» dont d'autres ſe privent. Enfin, quelques-uns re-
» jettent le pain ; & quelques autres, les fruits des
» arbres, ainſi que tout aliment cuit ».

On lit de même dans Socrate. *Alii omnino ab omni animantium genere abſtinent. Alii inter animantia ſolos piſces comedunt ; alii cum piſcibus volucres etiam manducant, eas que ex aquâ, ut eſt apud Moyſen, naſci aſſerunt........ Sunt qui cum ad horam nonam jejunaverunt, variis ciborum generibus utuntur. Aliâ ratione apud alias gentes jejunatur : cujus rei ſunt cauſæ prope infinitæ. Ac quoniam nemo de eâ re præceptum litterarum monumentis proditum poteſt oſtendere, perſpicuum eſt Apoſtolos liberam poteſtatem in eadem cujuſque menti & arbitrio permiſiſſe. Hanc diſparem jejuniorum rationem in eccleſiis eſſe cognoſcimus.*

« Les uns s'abſtiennent généralement de tous les
» animaux ; les autres, dans tout le genre animal,
» ne mangent que du poiſſon ; d'autres joignent
» aux poiſſons les volatiles, & les croient nés de
» l'eau, comme le dit Moyſe...... Il en eſt qui,
» lorſqu'ils ont jeûné juſqu'à la neuvième heure,

» fe permettent alors diverfes fortes d'alimens. Les
» différentes nations ont leurs différentes manières
» de jeûner; & il y a une infinité de caufes de cette
» diverfité. Car, comme perfonne ne peut montrer
» dans les Livres Saints rien de précis fur cette
» matière, il eft évident que les Apôtres ont laiffé
» à chaque Fidele la liberté de faire en ce genre
» ce qui lui plairait; & c'eft, felon moi, la raifon
» des différences de jeûnes qui fubfiftent dans les
» différentes églifes ».

L'Hiftorien Nicéphore dit, à quelques mots près,
la même chofe que Socrate.

On n'eut point dans l'Occident, & en France
fur-tout, des principes plus fixes que dans l'Eglife
greque. Théodulphe, Evêque d'Orléans (an. 797),
enfeignant, dans une inftruction aux Prêtres de fon
Diocèfe, les alimens que l'on peut, & ceux que
l'on ne doit pas fe permettre aux jours de jeûne,
dit expreffément : *Qui ovis, cafeo, pifcibus, & vino
abftinere poteft, magnæ virtutis eft* (a). « C'eft un
» homme d'une grande vertu que celui qui peut
» s'abftenir d'œufs, de fromage, de poiffon, & de
» vin ».

Ailleurs il ajoute : *Vini ebrietas & luxuria prohi-
bita funt, non lac & ova. Non enim ait Apoftolus,
nolite comedere lac & ova, fed nolite inebriari vino,
in quo eft luxuria.* « Ce qui eft défendu, c'eft l'ivreffe

______

(a) Ces paroles de Théodulphe furent adoptées par un Concile
d'Angleterre, qui en fit un Canon.

» & la luxure, & non le lait & les œufs : car l'A-
» pôtre ne dit point, abſtenez-vous d'œufs & de
» lait; mais il dit, ne vous ennivrez point avec le
» vin qui produit la luxure ».

Aujourd'hui, nous ne jeûnons point les Dimanches de carême, par reſpect pour ce jour que nous
regardons particuliérement comme un jour de ré-
jouiſſance. Alors, non-ſeulement on ne jeûnait point
le Dimanche, mais de plus on faiſait gras. Une vie
de S. Sor, imprimée par le P. Labbe dans ſa *Bi-
bliotheque*, prouve qu'au Xᵉ ſiècle cette coutume
ſubſiſtait; puiſque le Saint, ce jour là, mangea du
cerf avec les ſiens. Dans certains cantons, l'uſage ſe
maintint plus long-tems encore ; comme on le voit
par une autre vie d'un certain Godefroi, Evêque d'A-
miens vers 1100. » Le jour des cendres, les Amiennois
» s'étant rendus à l'égliſe de S. Firmin, dit le Lé-
» gendaire, le bienheureux Godefroi vint, nus
» pieds ſelon ſa coutume, & couvert d'un cilice,
» exhorter ſes ouailles. Il leur défendit, dans ſon
» diſcours, de manger de la viande depuis ce jour-
» là juſqu'à Pâques. Mais, loin de déférer à ſes
» ordres, ils proteſterent au contraire qu'ils ne
» quitteraient point une coutume ancienne; &,
» après beaucoup de plaintes contre leur Evêque,
» qui ſans ceſſe ſe plaiſait, diſaient-ils, à imaginer
» des auſtérités nouvelles, ils déclarerent qu'ils
» mangeraient de la viande le Dimanche. Ils en
» mangerent en effet. Le Prélat le ſut; mais il fer-
» ma les yeux, & attendit que les circonſtances
« deviniſſent plus favorables, ».

Long-tems auparavant , les Grecs s'étaient fait
peu-à-peu, fur le jeûne quadragéfimal, une morale
plus févére que la nôtre. Ils en vinrent même jufqu'à blâmer notre conduite en ce point. Le premier qui affecta le rigorifme , fut Photius, Patriar-
che de Conftantinople. Il nous fit, à ce fujet, des
reproches, auxquels Ratram , Moine de Corbie,
Hincmar, Archevêque de Rheims , Eudes, Evêque
de Paris, & plufieurs autres perfonnages célèbres
du tems, répondirent. *Reprehendere moliuntur*, dit
Hincmar dans fa lettre an. 867, *quod octo hebdo-
madibus ante pafcha à carnium, & feptem hebdoma-
dibus à cafei (a) & ovorum efu , more fuo, non cef-
famus.* Eudes avance , pour nous excufer, que
l'abftinence chrétienne eft un ufage qui varie felon
les lieux & les églifes. "En Italie , dit-il, on s'abf-
,, tient, pendant trois jours de la femaine , de tout
,, aliment cuit au feu , parce que ce pays abonde
,, en excellens fruits de tout genre. Dans les can-
,, tons qui n'ont pas la reffource de ces bons fruits,
,, on cuit au feu tous les alimens. En Allemagne,
,, on ne peut fe paffer d'œufs, de lait, de beurre,
,, & de fromage ; quoique quelques perfonnes s'en
,, privent volontairement. Enfin, il y a des gens
,, qui, le Vendredi & le Jeudi Saints mêmes, man-
,, gent à l'ordinaire des œufs & du laitage ".

(a) Aujourd'hui encore, les Ruffes, qui, comme on fait, fuivent
la religion greque ; s'abftiennent du beurre pendant leurs différens carêmes.

Pour les œufs, il n'eſt pas ſurprenant qu'on ſe les ſoit permis ſans ſcrupule. L'opinion ayant établi que la volaille était un aliment maigre, de même nature que les poiſſons, on raiſonnait conſéquemment en regardant comme maigre auſſi l'œuf que cette volaille avait pondu. Le Diplôme de Charles-le-Chauve, en faveur de l'Abbaye de S. Denis, accorde, entr'autres choſes, à ce Monaſtère, onze cens œufs, annuellement, aux trois grandes fêtes de l'année : or l'on ſait que l'Ordre de S. Benoît faiſait toujours maigre. L'Abbaye de S. Maur-des-Foſſés percevait, tous les ans, à Ozoir, à Torcy, à Boiſſi-S.-Léger, & à Ferrieres, un certain nombre d'œufs pour la pitance des Moines. Enfin, les Chartreux qui obſervent un carême perpétuel, & qui, dans tous les tems, l'ont obſervé avec la régularité la plus ſtricte, mangeaient des œufs. Leurs ſtatuts ne les leur défendent que pendant l'avent; ils les leur permettent formellement pendant tout le reſte de l'année.

Cependant, il y avait des perſonnes dévotes & de ſaints perſonnages qui ſe faiſaient ſcrupule de toucher aux ſubſtances qui ſont une production animale. On lit dans la vie de S. Jaques, Hermite du Berry, qu'il *ne ſe permettait pas tout ce qui vient de la chair, comme œufs & fromage ; qu'il n'en uſait que quand il était malade : & encore fallait-il le preſſer beaucoup.* Dans celle de S. Benoît-d'Aniane, on trouve que le Saint, non-ſeulement défendait d'apprêter avec de la graiſſe ſes alimens, (il a été parlé

plus

plus haut , & il sera encore parlé ailleurs, de l'usage où étaient les Moines, qui faisaient maigre, d'accommoder à la graisse leurs légumes); mais même qu'il poussait le scrupule *jusqu'à en ôter le plus petit morceau de fromage.*

Au reste, ce rigorisme n'était que celui de quelques particuliers. L'opinion générale regardait comme licite, ce que, par mortification, ceux-ci se défendaient à eux-mêmes; &, jusqu'aux éloges donnés par le Légendaire à leur abstinence, tout prouve que le vulgaire pensait & agissait autrement qu'eux.

Il paraît pourtant que le beurre, soit préjugé, soit usage, ne se mangeait guères, les jours maigres, qu'en substance; & que, dans les cuisines, on ne l'employait point en assaisonnement. Les alimens alors, chez les Moines sur-tout, s'apprêtaient avec de l'huile; coutume adoptée des pays chauds, où l'on a des oliviers en abondance, & peu de pâturages; & qui ne convenait nullement à nos climats, où l'on a beaucoup de pâturages & très peu d'oliviers. Aussi l'huile venait elle à manquer ou à renchérir, on ne savait plus comment faire; & cet inconvénient devenait considérable, sur-tout pour celles de nos Provinces qui, par leur position, se trouvent éloignées des cantons à olives; c'est-à-dire, pour une grande partie de la France. Il y eut à ce sujet, des représentations faites au Concile tenu en 817 à Aix-la-Chapelle; & le Concile y eut égard. La France n'ayant point d'huile, il permit aux Réguliers, d'employer, pour apprêter leurs alimens, la

graiſſe animale ou l'huile de lard. *Et quia oleum olivarum Franci non habent, voluerunt Epiſcopi ut (Canonici Regulares) oleo lardino utantur.*

Par la ſuite, on trouva, comme je l'obſerverai
ailleurs, que c'était-là une friandiſe peu convenable
à des gens qui ſe dévouaient, par pénitence, à une
vie auſtère. On défendit le jus de lard ; dès lors il
fut regardé par les Fidèles comme aliment gras ; &
l'on fut obligé, en conſéquence, d'y ſubſtituer le
beurre pour l'aſſaiſonnement des mets. Cette derniere ſubſtance devenant en quelque ſorte néceſſaire, elle ſe combina avec le jeûne le plus rigou-
reux. C'eſt ce qui réſulte d'un ouvrage intitulé *de
Clauſtro animæ*, par Hugues de Feuillet, Abbé de
S. Denis en 1149. L'auteur, examinant quelle doit
être la nourriture d'un vrai Religieux, dit qu'il
doit vivre de fruits & de légumes ; & que *ces légumes doivent être apprêtés, non avec de la graiſſe,
mais avec du beurre, de l'huile, ou du lait.*

Néanmoins, l'uſage du beurre & du lait, quoiqu'autoriſé par une longue preſcription, attira enfin
l'animadverſion Eccléſiaſtique. Un Concile d'Angers
en 1365 le condamna, & voulut ramener à l'ancien
uſage de l'huile. *Nous ſavons*, dit le Concile, *que
dans pluſieurs cantons, non-ſeulement les Réguliers,
mais encore les Clercs, uſent de lait & de beurre en
carême & les jours de jeûne ; quoiqu'ils aient du
poiſſon, de l'huile, & tout ce qui eſt néceſſaire pour
ce tems-là. En conſéquence, nous défendons à toute
perſonne, quelle qu'elle ſoit, le lait & le beurre*

*en carême, même dans le pain & les légumes; à
moins qu'elle n'en ait obtenu une permiſſion particuliere.*

Toute rigoureuſe qu'était la loi impoſée par le
Concile, elle fut obſervée très-rigoureuſement juſques vers les dernières années du XVe ſiecle. Les
Rois mêmes s'y aſſujettirent, ainſi que le reſte de
la Nation. Charles V, dont la ſanté ſe trouvait altérée depuis qu'il avait été empoiſonné par le Roi
de Navarre, ayant eu beſoin d'adoucir ſon maigre
par l'uſage du lait & du beurre, ſoit en alimens,
ſoit en aſſaiſonnemens, il en demanda la permiſſion au Saint-Siège. Le Pape, c'était Grégoire XI,
y conſentit; mais il exigea un certificat du Confeſſeur & du Médecin; & impoſa même au Prince,
pour compenſation, un certain nombre de prières
& d'œuvres pies. Et, ce qui montre juſqu'où l'on
pouſſait alors le ſcrupule ſur ces ſortes de matières,
c'eſt que le Pontife, dans ſa même Bulle, accorde
aux Officiers du Monarque la permiſſion de *goûter*
aux ſauces & aux ragoûts qu'ils apprêteront pour
lui avec du beurre & du lait.

*Pour la deffaute d'huile, on mangeoit du beurre en
iceluy quareſme, comme en charnage;* dit le *journal
de Paris ſous Charles VI & Charles VII.*

Enfin, en 1491, la Reine Anne, Ducheſſe de
Bretagne, fit, de même qu'avait fait Charles V,
ſolliciter à Rome la permiſſion d'uſer de beurre;
&, cette permiſſion, elle le demandait non-ſeulement pour elle, mais pour ſa Maiſon. La raiſon
qu'elle alléguait au Souverain Pontife, était que la

Bretagne ne produifait point d'huile. Sept fiecles auparavant, une raifon pareille avait fait accorder aux Réguliers la graiffe de lard. Cette fois-ci elle valut à la Maifon de la Reine l'ufage du beurre. Encouragée par cette faveur, la Bretagne demanda & obtint la même grace. Nos autres Provinces, qui avaient le même motif pour la folliciter, la demandèrent fucceffivement auffi; & c'eft ainfi que nous fommes parvenus à en jouir; mais originairement nous en fommes redevables à la requête que préfenta, la première, à ce fujet, la Reine Anne.

Cependant, en accordant ces permiffions, le S. Siége y ajoutait toujours, pour condition préliminaire & indifpenfable, qu'on ferait tenu à faire certaines prières, & fur-tout quelques aumônes. Dans Paris, les Marguilliers de Paroiffes demandèrent que la deftination de ces aumônes fût fixée particuliérement, & qu'on l'appliquât à l'entretien ou à la réparation des églifes. Ils l'obtinrent; & de-là naquirent ces *troncs pour le beurre*, qui pendant long-tems fubfiftèrent dans nos églifes paroiffiales, & qu'enfuite on fupprima prudemment, parce que devenant inutiles, ils n'étaient plus que ridicules.

Une fois familiarifés avec l'ufage du beurre en maigre pour les affaifonnemens, les Français s'accoutumerent à le regarder comme aliment maigre, lorfqu'il était mangé en nature; & ils finirent par croire qu'on ne devait en ufer que les jours maigres. C'eft au moins ce qui réfulte d'une lettre de Mad. de Sévigné (ann. 1680), dans laquelle cette Dame, décrivant un grand repas donné par les Etats de Bretagne à l'occasion du petit Prince de Léon, que les Etats avaient tenu sur les fonds de Baptême, s'exprime ainsi : *c'était la Bretagne entière, M. le Gouverneur de Bretagne, MM. les Lieutenans-Généraux de Bretagne, M. le Trésorier de Bretagne..... On aurait dansé les passe-pieds de Bretagne, si l'on y eût dansé; & mangé du beurre de Bretagne, s'il eût été jour maigre.*

Tant que le lait avait été réputé substance grasse & animale, le fromage, qui est fait avec du lait, avait été prohibé aussi pour certains jours; & ce raisonnement était conséquent. *Mangeoient char en karesme, fromaige, lait, & œufs, comme en charnaige,* dit un ouvrage déja cité plus haut, le *journal de Paris sous Charles VI & Charles VII.* Nous autres qui, depuis la permission accordée par le Souverain Pontife, sommes accoutumés à regarder le beurre & le lait comme alimens maigres, nous usons de fromage dans les tems de jeûne & d'abstinence ; & nous raisonnons aussi conséquemment que nos Pères, quoique le résultat de leur doctrine & de la nôtre soit contradictoirement opposé. Quelque bizarres que soient en apparence les opinions des hommes, lorsque l'on compare un siècle avec un autre, elles ne sont pas toujours aussi étranges qu'au premier aspect elles semblent l'annoncer. Toutes ont un principe, bon ou mauvais, sur lequel elles sont fondées. Admettez une fois ce principe; la conséquence vous paraîtra juste.

Quand on eut changé d'opinion sur la nature des

volatiles, & qu'on ne les crut plus poissons, alors on changea nécessairement aussi de façon de penser sur les œufs. Ceux-ci devinrent, comme les oiseaux, un aliment prohibé en maigre, ou au moins en carême. La permission accordée pour le beurre enhardit à demander celle des œufs ; mais cette derniere devait être difficile à obtenir : car enfin on avait, pour solliciter la premiere, une raison excellente, le défaut d'huile ; mais quel prétexte apporter pour la seconde. Il s'en présenta cependant ; & Jules III, en 1555, accorda la dispense. Néanmoins les préventions sur cet objet étaient devenues si fortes, que la Bulle du Pape fut brûlée, dit Sauval, par Arrêt du Parlement. Malgré la Bulle, un Concile de Bourges, en 1584, défendit d'user d'œufs en carême, à moins qu'on ne fût malade. Bientôt pourtant on sentit l'avantage d'une grace à laquelle tout le monde gagnait ; mais néanmoins l'autorité épiscopale n'en a jamais fait qu'une faveur passagere. La dispense n'est point à perpétuité, comme celle du beurre ; il faut la demander, tous les ans, à l'Evêque diocésain ; & personne n'ignore qu'elle occasionne une procession, la premiere semaine de carême.

Œufs de Pâques.

S'il était pénible de s'abstenir d'œufs pendant quarante jours entiers, ce devait être aussi une grande joie d'en reprendre l'usage, quand le tems de pénitence venait à cesser. La dévotion, qui dans certains tems s'introduit par-tout, fit même de cette époque une cérémonie religieuse. On allait à l'église, le Vendredi-Saint & le jour de Pâques, offrir & faire bénir des œufs. Ces œufs bénis, rapportés dans les familles, y occafionnaient une forte de fête & de réjouiffance. Les parens, les voifins, les amis s'en envoyaient mutuellement ; & de-là vint l'expreffion proverbiale, *donner les œufs de Pâques.* Pour enjoliver le préfent, on les teignait en rouge ou en bleu ; on les mouchetait, on les bariolait de différentes couleurs. Enfin, le don ou l'envoi des œufs devint un ufage fi général, qu'en beaucoup de villes il donna lieu à un abus fuperftitieux, mais plaifant.

L'un des jours de la femaine de Pâques, les Etudians des écoles, les Clercs des églifes, les jeunes gens de la ville, s'affemblaient dans la place publique au bruit des fonnettes & des tambours. Les uns portaient des étendarts burlefques ; les autres étaient armés de lances ou de bâtons. De la place, ils fe rendaient, avec le tapage horrible dont on imagine qu'était capable une pareille cohue, à la porte extérieure de l'églife principale du lieu. Là, ils chantaient Laudes ; après quoi ils fe répandaient dans la ville pour quêter les œufs de Pâques.

En certaines Provinces, la proceffion des œufs était fixée au Jeudi de la mi-carême. Mais, comme alors on ne pouvait point quêter d'œufs, puifque dans ce moment-là ils étaient défendus, on recevait, en place, quelque autre denrée, qui portait néanmoins le même nom.

A la Cour, l'ufage était, le jour de Pâques, de porter chez le Roi, après la grand-meffe, des œufs peints & dorés. Sa Majefté les diftribuait à fes Courtifans. Il n'y a guères qu'une trentaine d'années que cette coutume eſt abolie. Elle ſubſiſte encore en Ruſſie , & à la Cour de pluſieurs Souverains.

La plupart de nos Provinces ont conſervé celle des œufs peints & durs, en préſent, le jour dont nous parlons. A Auxerre, on les appelle des *rou-lées ;* parce qu'on s'en ſert, en guiſe de boules, pour un certain jeu où il s'agit d'atteindre, en les faiſant *rouler* , un but déſigné.

Parmi les proviſions de bouche dont les Marins chargeaient leurs vaiſſeaux pour des voyages de long cours, ou pour des expéditions, il y avait ordinairement des jaunes d'œufs, (d'œufs durs ſans doute), battus & mis en tonneaux. Froiſſart les compte au nombre de celles que Charles **VI** avait fait embarquer ſur ſa flotte, lorſqu'il méditait une deſcente en Angleterre. *On empliſſait les vaiſſeaux,* dit-il, *de chairs & de poiſſons ſalés , de vins , cer-voiſe (* bierre *), orge , avoine , ſeigle , blé , aulx , ognons , pois , feves , foin en baril , chandelles de cire , bouteilles à verjus , bouteilles à vinaigre , pots , godets , cuillières de bois & d'étain , chandeliers , baſſins , cochons gras , haſtiers (* broches *), outils de cuiſine , outils de bouteillerie , ſel , biſcuits , farine , graiſſe , & MOYAUX D'ŒUFS BATTUS EN TON-NEAUX.*

Il y a long-tems qu'on a cherché à conſerver frais les œufs, c'eſt-à-dire à les conſerver toujours pleins ; car un œuf plein eſt un œuf frais : il ne s'altère que parce qu'il laiſſe tranſſuder par ſes pores une partie de ſa ſubſtance. Pour empêcher cette évaporation, nos anciens livres d'agriculture conseillent de mettre les œufs dans l'eau, dans l'huile, dans du sable, du son, des cendres, du sel, de la sciure de bois, &c.

En Asie, on les garde, dit-on, en les enveloppant d'une couche de cendres humectées avec de l'eau de mer. L'eau ordinaire ferait le même effet; & le procédé, si l'enveloppe ne gerçait point en se desséchant, ferait un des plus avantageux, parcequ'il bouche plus complettement & plus immédiatement les pores.

Réaumur en enseigne un autre, qu'il prétend plus commode & plus expéditif; c'est de mettre au feu de la graisse de mouton, & d'y tremper l'œuf lorsqu'elle commence à fondre. Un pareil enduit suffira, dit-il, pour arrêter toute déperdition de substance.

Enfin j'ai entendu l'Abbé Nollet, à ses leçons de Physique expérimentale, proposer aussi une méthode. » Au commencement de l'automne, disait-
» il, prenez une certaine quantité d'œufs frais, non
» fécondés; c'est-à-dire, pondus par des poules qui
» auront été séparées du coq depuis un mois. Atta-
» chez sur leur pointe, avec un peu de cire d'Es-
» pagne, les deux extrémités d'un bout de fil; ce
» fil formera ainsi un anneau par lequel vous les
» suspendrez à un clou. Ayez dans un vase, ou dans
» un grand gobelet, certaine quantité de vernis. Le
» meilleur de tous, parce qu'il est le moins cou-
» teux & le plus facile, est celui qui peut se faire
» avec de la cire d'Espagne commune, réduite en
» poudre, & infusée dans de l'esprit-de-vin. Vous

42 *Histoire*

» préfenterez fucceffivement votre vafe fous cha-
» cun des œufs ; vous les y plongerez ; & c'en
» fera affez pour les conferver. Si vous voulez
» enfuite les faire cuire, ou même les faire couver,
» fuppofé qu'ils fuffent féconds, vous n'aurez qu'à
» les frotter avec un pinceau trempé dans de l'ef-
» prit-de-vin pur. Le vernis difparaîtra ; & la coque
» reftera nette, fans avoir ni fes pores empâtés, ni
» ce coup d'œil huileux & dégoûtant que lui donne
» la méthode des graiffes ».

Il eft probable que, dans tous les tems, les procédés généraux pour faire le fromage ont été les
mêmes ; mais la fituation refpective des différens
cantons de la France, a dû introduire pourtant, dans
la manipulation, des différences locales. " En Auver-
» gne, par exemple, dit Champier, on falait beau-
» coup le fromage ; ailleurs on le falait peu ; dans
» l'Autunais, on ne le falait point du tout, parce
» que le fel y était trop cher ».

Selon de Serres, pour former un fromage excellent, il fallait le compofer avec du lait de vache,
du lait de chèvre, & du lait de brebis, mêlés enfemble. " Chacun de ces différens laits lui com-
» muniquera, dit il, fes bonnes qualités ; ainfi que
» le témoigne l'ancien proverbe, *beurre de vache,*
» *fromage de brebis, caillé de chèvres* ».

L'auteur voudrait auffi qu'on pratiquât en France
le procédé qu'on pratiquait à Lodi & à Parme, pour
faire ces fromages *cogneus par tout le monde par
leur bonté ;* qu'on y fît bouillir le lait. " On l'ob-
» ferve, dit-il, dans quelques endroits de la Suiffe,

» où l'on cherche à imiter le Parméſan »; mais il ſe plaint que les Français le négligent, excepté dans certains cantons.

On connaît depuis très-long-tems l'art de per-ſiller le fromage; c'eſt-à-dire, de faire entrer dans ſa pâte, lorſqu'on le fait, certaines herbes qui, en lui communiquant leur ſaveur *(a)*, lui donnent encore des veines ou taches vertes, aſſez agréables à l'œil. Ce ſecret a au moins neuf ſiècles, comme le prouve l'anecdote ſuivante ſur Charlemagne, rap-portée par le Moine de S. Gal. Fromage perſillé.

» L'Empereur, dans un de ſes voyages, dit l'Hiſ-
» torien, deſcendit à l'improviſte & ſans être at-
» tendu, chez un Evêque. C'était un vendredi. Le
» Prélat n'avait point de poiſſon; & il n'oſait d'ail-
» leurs, à cauſe de l'abſtinence du jour, faire ſervir
» de la viande au Prince. Il lui préſenta donc ce
» qu'il avait chez lui, de la graiſſe & du fromage;
» (on ſe rappelle ce qui a été dit ci-deſſus ſur la
» graiſſe). Charles mangea du fromage; mais, pre-
» nant les taches du perſillé pour de la pourriture,
» il avait ſoin auparavant de les enlever avec la
» pointe de ſon couteau. L'Evêque, qui était debout
» auprès de la table, ainſi que la ſuite du Prince,
» prit la liberté de lui repréſenter que ce qu'il jet-
» tait était le meilleur du fromage. Charles goûta
» donc du perſillé; il trouva que ſon hôte avait

(a) Les Romains mêlaient dans le leur du thim, réduit en pou-dre. Aujourd'hui encore, certains cantons de Lorraine font des fromages, dans la pâte duquel ils ſement de la graine de fenouil.

» raison, & le chargea même de lui envoyer, tous
» les ans, à Aix-la-Chapelle deux caisses de fro-
» mages pareils. Celui-ci répondit qu'il était bien
» en son pouvoir d'envoyer des fromages ; mais
» qu'il ne l'était pas d'en envoyer de persillés, parce
» que ce n'est qu'en les ouvrant qu'on peut s'assurer
» si le marchand n'a point trompé. Eh bien, dit
» l'Empereur, avant de les faire partir, coupez-les
» par le milieu ; il vous sera aisé de voir s'ils sont
» tels que je le desire. Vous n'aurez plus ensuite
» qu'à rapprocher les deux moitiés, en les assujet-
» tissant avec une cheville de bois ; puis vous met-
» trez le tout en caisse ».

Fromages gaulois. De tout tems, nos différentes Provinces ont eu chacune des fromages plus ou moins estimés ; & il y a même peu de pays qui puissent se vanter d'en avoir autant, & autant d'aussi bons que la France. Pline témoigne que, de son tems, on cherchait à Rome ceux de Nîmes, ainsi que ceux du Mont Losere au Gévaudan, & des pays circonvoisins ; mais ces fromages, ajoute le Naturaliste, avaient l'inconvénient de ne pas se conserver ; il fallait les manger frais.

Martial fait mention de ceux de Toulouse.

Fromages français les plus renom-més. Sous les Rois de la troisième Race, Chaillot, vil-lage auprès de Paris, en faisait qu'on recherchait dans la Capitale. Les habitans avaient même le droit d'envoyer paître leurs vaches dans cette île de la Seine, qu'anciennement on nommoit Maquerelle, & qu'actuellement on nomme île des Cignes : mais en retour, ils étaient tenus à présenter, tous les ans, à l'Abbé de S. Germain, le jour de l'Ascension, deux grands bouquets, six petits, un denier parisis pour chaque vache, & un fromage gras.

Au XIIe & XIIIe siècle, on estimait aussi à Paris ceux de Champagne, & celui de Brie sur-tout.

Ce dernier, qu'on y prise encore singulièrement, est plusieurs fois nommé avec éloge chez nos Fabliers & chez nos Poëtes anciens. On le criait dans les rues; mais Eustache Deschamps, Poëte qui écrivait sous Charles VI, dit malignement que c'était la seule bonne chose qui nous vînt de la Brie. Aujourd'hui, nous en avons de deux sortes : les fromages en table, & ceux qui, étant liquides, arrivent en pot. Ces derniers sont connus sous le nom de fromages de Meaux. Dans la classe des premiers, les meilleurs sont ceux de Nangis.

Par les statuts donnés aux Pâtissiers en 1522, le Roi accorde à ces artisans le droit de visite sur les fromages de Brie qui se vendent dans la ville de Paris & de ses fauxbourgs; *attendu qu'iceux Pâtissiers y ont intérêt, pour ce que journellement ils mettent en œuvre ladite marchandise.*

Platine, (ann. 1509), cite parmi les bons fromages ceux de Chauni en Picardie, de Bréhémont en Touraine, de la grande Chartreuse dans le Dauphiné, de l'Epine & de Rosanais en Bourgogne.

Charles Etienne vante ceux de Craponne en Auvergne, ceux de Béthune en Flandres, les *Angelots* de Normandie, & les fromages de crême frais, que Montreuil & Vincennes fournissaient à Paris.

Champier, qui parle avec éloge de ces derniers, dit que les payfannes les apportaient à la ville, dans des petits paniers de jonc, & qu'on les mangeait faupoudrés de fucre. Aujourd'hui, non-feulement Vincennes & Montreuil, mais prefque tous les villages voifins de la Capitale, y en envoyent journellement de pareils. Les plus eftimés font ceux de Viri. L'Abbé de Marolles, au dernier fiècle, difait que les Parifiens recherchaient auffi ceux de Vanvres, de Clamart, de Montreuil, & de Grosbois (a).

Le même Champier vante auffi ceux de la Chartreufe, de Bréhémont, de Béthune, & de Craponne; qui, tous quatre, ont été déja cités. Il dit des *Angelots* qu'ils font agréables, mais qu'ils fe confervent peu. Dans fa lifte, il ajoute les rougerets de Lyon, les fromages de Brienne, de Breffe, de Sens, & de Limoges. Mais il met au-deffus de tous, ceux d'Auvergne, tant les ronds que les cylindriques; & regarde même ces deux efpèces comme les meilleures d'Europe.

Selon Liébaut, les Auvergnacs employaient dans la confection de leurs fromages la propreté la plus

______

(a) Ce témoignage de l'Abbé de Marolles fe trouve dans la traduction qu'il a publiée de Martial en 1655. A propos de ce que le Poëte latin dit fur le fromage de Touloufe, fon traducteur nous donne, dans une note, une très-longue lifte de tous les fromages de France, qui avaient quelque réputation.

minutieufe & la plus recherchée. Ils pouſſaient
même l'attention, dit-il, jufqu'à n'y faire travailler
que des enfans de quatorze ans, bien nets & bien
fains.

Il eſt parlé, dans le même auteur, de fromages
de carême, appellés à *la chardonnette*, & caillés
avec des œufs de brochet ; & de certains autres
petits fromages qu'on nommait à Paris *jonchées*,
& qui étaient faits de lait caillé fans preſſure.

Chaſſeneux, dans fon *Catalogus gloria mundi* (a),
compte au nombre des excellens, ceux de Brie, de
Craponne, de Bréhémont, de Berry, d'Eutigni près
Dijon, & ceux qu'en Breſſe on nommait, pour
leur rondeur, *têtes-de-morts*, ou *têtes de Moines*.

· De Serres vante les *petits fromageons* de Baux
en Provence, les angelots de Brie, & *fur-tout* les
fromages de Bretagne. Ce mot *fur-tout*, dans de
Serres, eſt d'autant plus furprenant que la Bretagne
n'a été nommée par aucun des Auteurs cités ci-
deſſus, & qu'aujourd'hui encore fes fromages n'ont
point de réputation. C'eſt-là fans doute une erreur
de l'Ecrivain. D'un autre côté cependant, comme
de tems en tems le goût change, un caprice paſ-
fager a pu donner à ceux dont nous parlons un inftant de faveur. Cette faveur au reſte, fi elle a exiſté,
n'a pas duré long-tems.

L'Abbé de Marolles, dans la liſte qu'il nous a

(a) Ce qui regarde les fromages dans le *Catalogus* de Chaſſeneux
eſt tiré d'un autre ouvrage, fur cette matière, par un certain Pan-
taléon de Conflans.

laissée des fromages de France les plus renommés, ne fait nul cas de ceux de Bretagne. Il estime médiocrement ceux de Poitou, & très-peu ceux d'Anjou & du Limousin. Les meilleurs, selon lui, étaient les fromages à la crême de Blois, & ceux des environs de Paris, déja cités ci-dessus ; c'étaient les angelots ; c'étaient les *cœurs* de Gournai & du pays de Brai ; c'étaient les fromages d'Auvergne, de Cantal, de Brie, de Linas, de Roche, de Roquefort (*a*), de Berry, de Beauvais, de Peyrez, de Fleurs, de Couzieres, de Truye, de Boisjency, d'Aunai, de S. Laurent-des-eaux, de Vauduloir, Montmaraut, Traverzai, Livarot, Pont-l'Evêque, Marolles, & S. Eure-de-Toul.

Dans certains endroits des montagnes de Franche-Comté, nommés Gruyeres, on faisait, sur la fin du dernier siècle, des fromages qui portaient le même nom. Le Mémoire de l'Intendant de cette Province (l'un de ceux que les divers Intendans du Royaume fournirent en 1698, par ordre du Roi, au Duc de Bourgogne, pour l'instruction de ce Prince), assure que *ces fromages se débitaient par toute la France, & que les paysans avaient gagné considérablement, pendant la guerre, à les porter*

(*a*) Celui-ci est devenu l'un des meilleurs & des plus estimés de France. M. Marcorelle, qui a publié un Mémoire curieux sur cet objet, nous apprend qu'il sort annuellement des caves de Roquefort, environ six mille quintaux de fromage, sans compter douze cens quintaux que vendent, sous le même nom, quelques villages voisins.

eux-mêmes

eux-mêmes dans les armées d'Italie & d'Allemagne.

Les fromages d'Italie ont été introduits affez tard Fromages étrangers.
dans le Royaume. Le Parméfan, tant prifé aujour-
d'hui, n'y a été connu que fous Charles VIII ; &
ce ne fut même, fi nous en croyons André de la
Vigne, que par une efpèce de hafard. Quand le
Monarque, dans fon expédition de Naples, paffa
par Plaifance, dit l'Hiftorien, les Bourgeois vinrent
lui offrir plufieurs fromages. Mais il fut tellement
émerveillé de leur grandeur énorme (la Chronique
à la fuite de Monftrelet les repréfente *auffi grands
quafi comme la largeur de meules à moulins*), que,
par curiofité, il en envoya un à la Reine & au Duc
de Bourbon, lefquels étaient alors en Bourbonnais.
La Cour le trouva excellent ; & l'on en prit fi bien
le goût, qu'au fiècle fuivant, felon Champier, c'é-
tait celui dont on faifait le plus de cas.

Le même auteur nous apprend que le plus eftimé
des fromages étrangers, après le Parméfan, était celui de Florence, appellé *marfolin.* Celui-ci, dit-il,
avoit la forme de concombre.

De Serres (ann. 1600) donne encore le premier
rang au Parméfan, qu'il appelle fromage de Milan
ou de Lombardie, & qu'il repréfente de même auffi
grand qu'une meule de moulin. Il donne le fecond
au fromage de Turquie, qui nous venait dans des
veffies ; le troifième à celui de Suiffe ; & le quatrième à ceux de Hollande & de Zélande ; " pays,
» dit-il, tellement abondans en pâturages, qu'une
» vache y rend par jour vingt-cinq à trente pintes
» de lait, & quelquefois jufqu'à quarante ; pays

» enfin qui, malgré leur peu d'étendue, produifent
» autant de lait dans une année que toute la Guyen-
» ne, dans le même efpace de tems, produit de
» vin »,

Gontier (*de Sanitate tuendâ*, an. 1668) nomme
parmi les excellens fromages étrangers celui de
Gryeres.

Ragoûts au fromage. Il en a été du goût pour le fromage, ainfi que de
celui pour les pâtes. Nous les regardons aujourd'hui
l'un & l'autre comme propres feulement à l'Allemagne, à l'Angleterre, & à l'Italie; & l'un & l'autre ont fait long-tems les délices de nos Peres. Quoiqu'un ancien proverbe de bonne-femme déclarât que

> Jamais homme fage
> Ne mangea fromage;

quoiqu'on citât, du Cardinal du Perron, un *diĉton*
pareil, *chiche main, bon fromage;* on l'employait
cependant dans une infinité de ragoûts; on le faifait entrer dans plufieurs fortes de pâtifferies. Il y
en avait même quelques efpèces qu'on mangeait en
grillades. Le Roman de Claris, manufcrit, parlant
d'une ville prife d'affaut, dit :

> Trueyent maint bon tonnel de vin,
> Maint bon bacon, maint fromage à roftir.

On coupait ce fromage par tranches; on mettait
ces tranches fur le gril ou dans la poële; & on les
faupoudrait enfuite de fucre & de canelle en poudre. Platine écrit que celui d'Auvergne avait fur-
tout la qualité d'être excellent en rôties.

Souvent, au lieu de faire griller le fromage, on le faisait fondre au feu dans un instrument de fer, creux & fait exprès; puis on le versait ainsi sur une rôtie de pain, brûlante, qu'on assaisonnait de même avec de la canelle, du sucre, & d'autres aromates. C'est de cette manière particuliérement qu'on mangeait, selon le même auteur, ceux de Bresse; &, selon Champier, ceux de Crapone.

Les Normands avaient une façon d'employer leur lait, laquelle était particulière à leur Province. Ils le faisaient bouillir avec de l'ail & de l'ognon. Cette liqueur aigrie, ils l'appellaient sérat, disent Champier & Liébaut, & ils la gardaient, pour leur usage, dans des vaisseaux particuliers.

En Provence, au rapport de Gontier, on connaissait un autre mêts du même genre, nommé brousse, mais plus ragoûtant. C'était du lait qu'on faisait chauffer sur un feu doux, de manière que, sans bouillir, il pût cependant écumer & monter. On enlevait successivement avec une cuillere cette sorte d'écume, & on la servait à table, saupoudrée de sucre.

Champier rapporte que Blois & Lyon estimaient beaucoup leur beurre. A Paris, dit-il, le plus recherché pour la table est celui de Vanvres. Charles Etienne rend sur ce dernier le même témoignage. Au dernier siècle, Sauval le regardait comme *le meilleur beurre qui fût au monde.* Il jouit encore aujourd'hui d'une grande réputation; cependant on lui préfére le beurre de l'*Enfant-Jesus,* ainsi nommé

D 2

d'une Communauté établie dans un des fauxbourgs
de la Capitale, où il se fait (a).

Mad. de Sévigné vante celui de la Prévalaye près
de Rennes. *Nous en faisons des beurrées infinies*,
dit-elle dans une de ses lettres. *Nous y mettons de
petites herbes fines & des violettes.*

Lorsque Louis XIV eut donné la Ménagerie de
Trianon à la Duchesse de Bourgogne, cette Princesse, dit Mad. du Noyer dans ses lettres, y prit un
tel goût, qu'elle *allait elle-même y traire les vaches,
& qu'elle y faisait du beurre qu'on servait sur la table
du Roi, que Sa Majesté trouvoit admirable, & dont
on étoit obligé de manger pour faire sa cour.*

„ La Nation qui consomme le plus de beurre,
„ ajoute Champier, c'est la Flamande. Elle ne passe
„ aucun jour, ni aucun repas sans en manger;
„ & je suis surpris qu'elle n'ait pas encore essayé
„ d'en mettre dans sa boisson. Aussi en France
„ l'appelle-t-on, par dérision, *beurriere*; &, quand
„ quelqu'un doit voyager dans ce pays-là, on lui
„ recommande d'emporter un couteau, s'il veut
„ tâter aux bonnes mottes de beurre.
„ Les Français, continue l'auteur, font cepen-
„ dant, & sur-tout au mois de Mai, servir du
„ beurre frais à leur table. Pour le peuple, il en
„ mange le matin avec de l'ail; afin de dissiper ce

(a) Cette Communauté instituée, à l'imitation de celle de S. Cyr,
pour élever trente-trois Demoiselles pauvres, doit son origine à
feu M. Languet, Curé de S. Sulpice, auteur de plusieurs autres établissemens très-estimables.

„ qu'il appelle le mauvais air, & tuer les vers
„ qu'il peut avoir dans les entrailles ».

Par l'art avec lequel nous faisons le beurre, nous
savons le conserver frais, au moins pendant un
certain nombre de jours. C'est à quoi nous sommes
parvenus pour celui qu'on appelle de Gournái. Des
marchands du Véxin français vont l'acheter au
marché de cette petite ville ; ils le repêtrissent dans
l'eau, le travaillent de nouveau, le lavent pour le
purger du lait & des sérosités qu'il pourrait contenir
encore, & qui bientôt le gâteraient. Alors ils le
mettent en grosses mottes depuis quarante jusqu'à
soixante livres, & l'envoient à Paris où il s'emploie
dans les cuisines.

La Bretagne & la Normandie, Provinces depuis
long-tems renommées pour leur beurre, avaient
imaginé de le conserver autrement, en le salant, à-
peu-près comme les viandes : chose qui leur était
d'autant plus facile que, par leur position sur les
côtes de l'Océan, elles pouvaient se procurer le sel
à bon marché. Ainsi assaisonné, elles les mettaient
dans de longs pots de grès cylindriques, & l'envoyaient par-tout le Royaume.

Champier nous apprend que, de son tems (ann.
1560), ces deux Provinces employaient cette méthode ; mais elle est plus ancienne que lui : les Statuts donnés en 1412 aux Fruitiers de Paris, parlent de *beurre salé en pot de terre*.

Charles Étienne, traitant des beurres salés, &
propres à la cuisine, met au premier rang celui de
l'Isle de France ; au second celui de Normandie ;

au troisième ceux de Flandres & de Bretagne.

Beurre fondu. Il y avait, pour conserver le beurre, un autre procédé ; c'était de le faire fondre : ce qui, dit de Serres, *le rend plus délicat.* « Pendant qu'il est sur » le feu, on l'écume, ajoute-t-il. Après quoi, lors- » qu'il est devenu clair & blond comme de belle » huile d'olive, on le verse dans de grands vases » de terre vernissés ». Telle était, selon l'auteur, la méthode qu'*on pratiquait en Lorraine* ; ce qui prouve que le reste de la France l'ignorait encore ; & que c'est à cette Province que nous la devons.

SECTION VIII.

Poissons.

Si les Écrivains Romains ont eu raison de pré- tendre que, parmi les animaux terrestres, on ne peut pas compter quarante espèces qui soient bonnes à manger, tandis que, parmi les poissons, on en trouverait plus de quatre cens ; il résulte de-là que ce dernier objet de nourriture doit deve- nir, soit comme commerce, soit comme consom- mation, un article bien intéressant aux yeux du Gouvernement & de la Politique. Cette réflexion est importante sur-tout pour un pays, situé aussi avantageusement que la France, baigné par deux mers, & arrosé, dans toutes les directions, par une infinité de rivières plus ou moins considé- rables,

D'après ce léger apperçu, il est aisé de sentir combien serait accueillie une histoire, bien faite, de la Pêche en France, depuis son origine jusqu'à nos jours. Quelque main savante se fera honneur, sans doute, de nous montrer les progrès successifs d'un art qui, par son ancienneté & son utilité reconnue, par les connaissances multipliées qu'il exige, par le perfectionnement dont lui est redevable l'art de la navigation, mérite notre admiration autant que notre reconnaissance. Pour moi, dont l'unique attention sans cesse est de rendre intéressant un ouvrage où tous les détails sont minutieux, j'avoue qu'un aussi beau sujet m'a séduit. Mais j'ai craint que si, après un traité du Jardinage & un traité de la Chasse, j'allais donner encore une histoire de la Pêche, on ne me reprochât pour le coup une licence abusive. Cependant, dût-on m'en blâmer, je me permettrai de dire un mot sur le commerce intérieur du poisson salé, dans le Royaume; & j'y joindrai en même tems un historique sur les pêches principales des poissons de mer. Je commence par ceux d'eau douce.

Doit-on en croire Ælien, lorsqu'il rapporte que les Celtes nourrissaient leurs chevaux & leurs bœufs avec du poisson? N'est-ce pas-là une de ces fables qu'on lui reproche d'avoir adoptées avec trop de crédulité? Ou plutôt n'est-ce pas une sorte d'hyperbole, pour exprimer combien les rivières de Gaule étaient poissonneuses.

La Loi Salique condamne à une amende de quarante-cinq sous celui qui volera un filet pour anguilles. Ce poiſſon eſt le ſeul dont elle parle, & il n'eſt pas aiſé d'en deviner la raiſon. Etait-ce le ſeul à la pêche duquel les Francs s'appliquaſſent ? Il paraît au moins, par la mention diſtinguée qu'en fait la loi, que c'était celui qu'ils eſtimaient davantage.

Tramail.   Cette même loi parle de la ſorte de filet, nommé tramail ; & elle condamne à quinze ſous d'amende celui qui en volera un. C'eſt un des articles qui ſe trouvent confirmés dans les Capitulaires de Charlemagne.

Naſſe.   Il eſt mention de naſſe dans la loi des Lombards.

Perche.   Auſone, antérieur à la Loi Salique, faiſant l'éloge de Bordeaux, ſa patrie, vante beaucoup la perche, qu'il compare, pour la bonté, au mulet de mer.

> *Nec te delicias menſarum, perca, ſilebo :*
> *Amnigeros inter piſces dignande, marinis*
> *Puniceis ſolus facilis contendere mullis.*

Il nous repréſente au contraire, la tanche & le brochet, comme abandonnés au bas peuple.

> *Lucius hic nullos menſarum lectus ad uſus.*
>
> *Quis non & virides, vulgi ſolatia, tencas*
> *Noverit.*

Brochet.   Champier, parlant du brochet, remarque que, de ſon tems encore, ainſi que du tems d'Auſone, ce poiſſon était mépriſé à Bordeaux ; & la raiſon qu'il en donne, c'eſt qu'on y avait beaucoup d'excellente marée. Le reſte de la France penſait bien différemment, ajoute le Médecin ; & le brochet y était regardé, d'une commune voix, comme un excellent poiſſon. Caulier, l'un des Ambaſſadeurs que l'Empereur Maximilien, envoya en 1510 au Roi Louis XII, raconte qu'à ſon paſſage par Blois pour aller trouver le Monarque qui était à Tours, la Reine leur envoya de très-bon vin avec des huîtres, de la marée, & *quatre grands lux*, (brochets).

Quant à la tanche, on ne l'eſtimait, dit Champier, que quand elle était fort groſſe. *Tanche.*

Au XIIe ſiècle, le poiſſon d'Etampes avait ſans doute de la célébrité ; car dans l'Etat des dépenſes & revenus de Philippe-Auguſte pour l'année 1202, on trouve une ſomme de quarante livres, ſomme alors conſidérable, employée à cet achat. La Juine, qui arroſe cette ville, eſt encore renommée aujourd'hui pour ſes écreviſſes. *Poiſſons d'Etampes.*

Cependant il n'eſt mention d'aucun poiſſon de la Juine dans la pièce manuſcrite du XIIIe ſiècle, intitulée *Proverbes*, laquelle contient, comme je l'ai dit ailleurs, un catalogue des meilleures choſes que produiſaient alors les différens cantons du Royaume. Voici les poiſſons les plus eſtimés dont fait mention cette liſte, & les lieux où ces mêmes poiſſons étaient les meilleurs. *Cantons les plus renommés pour le poiſſon.*

Anguilles du Maine,
Barbeaux de S. Florentin,
Brochets de Châlons,
Lamproies de Nantes,
Loches de Bar-ſur-Seine,

Pimpernaux d'Eure,
Saumons de Loire,
Truites d'Andeli,
Vandoises d'Aise.

Lamproies.	Les Lamproies de Nantes jouissaient encore de la même réputation au tems de Champier. Cet auteur nous apprend qu'on en envoyait en poste, de Nantes à Paris, dans des tonneaux; & qu'elles y arrivaient vivantes.

Dans l'état des Officiers des Ducs de Bourgogne, on voit que le Duc Philippe-le-Hardi, qui avait un Dominicain pour Confesseur, régalait tous les ans ce Moine, le jour de S. Thomas d'Aquin, avec une lamproie. S'il n'était pas possible d'en trouver une, on donnait au Confesseur quarante-cinq sous en argent.

Il y avait des marchands de poisson, qui rapportaient à Paris, que des lamproies : car, dans une Ordonnance du Roi Jean, publiée en 1350, & renouvellée par Charles VII, il est défendu aux détailleurs d'aller, sur les chemins, au-devant d'eux pour acheter leur marchandise.

Au commencement de ce siècle-ci, les lamproies se servaient encore sur les meilleures tables.

> ..Pleins d'une sainte joie,
> De dits joyeux & de bons mots,
> Nous assaisonnons la lamproie,
> Et l'arrosons du jus des pots.
> 						*Poés. de Chaulieu.*

Truites.	Selon Champier, les meilleures truites étaient celles de Dordogne, du Val-d'Auré en Dauphiné, de Tonure auprès d'Angoulême, & d'Orchies en Flandres. Ces dernières, fur-tout, étaient recherchées à la Cour. A Lyon, dit-il, on faifait cas de celles de Genève; mais il paraît que celles-ci n'étaient point prifées à Paris, puifque Champier ne parle que des truites de Lyon. Cependant on lit dans Sully que ce Miniftre, en 1600, accompagnant, comme Grand-Maître de l'artillerie, le Roi au fiège de Charbonnière, Henri lui envoya pour fa table un pâté de truite, qu'il avait reçu de Genève. Au refte, la réputation du poiffon de ce lac eft très-ancienne, puifqu'il en eft queftion dans Grégoire de Tours.

On avait apparemment, depuis le XIIIᵉ fiècle, changé d'opinion fur le mérite des barbeaux de S. Florentin, que vantent les *Proverbes* : car Champier ne fait mention que de ceux de la Somme, qui font, dit-il, les plus beaux ; & de ceux du Rhône & de la Loire qui, felon lui, étaient reconnus pour les meilleurs. Charles-Etienne vante auffi ces derniers. En général pourtant, ce poiffon était peu eftimé. Platine prétend qu'à quelque fauce qu'on l'apprête, il n'eft pas fupportable ; & en effet, nous avons dans la langue un vieux proverbe, qui, lorfqu'on veut parler de quelqu'un dont on ne peut abfolument tirer aucun parti, dit qu'il *reffemble au barbeau, lequel n'eft bon, ni à rôtir, ni à bouillir.*

Dans la lifte des *Proverbes,* il n'eft point mention de la carpe, poiffon fi multiplié aujourd'hui dans nos étangs, & fi commun dans nos marchés. Au rapport de Champier, les premières de toutes étaient celles de la Loire, de la Charente, & du Rhône.

Charles Etienne, au contraire, met au premier rang celles de la Sône & de la Seine.

Le même Etienne dit qu'on estimait singuliérement aussi les perches de Seine; les vandoises de Loire, les maigres d'Auvergne, & les gardons & goujons de Loire & de Seine.

Il y a une trentaine d'années environ, que nous possédons dans nos climats une espèce nouvelle de poissons, faite, par sa beauté, pour récréer les yeux. Leur écaille est d'un rouge éclatant, & en même tems dorée sur les bords. Ils sont originaires de la Chine; & ont été nommés, du lieu de leur origine, ou de leur couleur, poissons rouges, poissons de la Chine, poissons dorés. Les premiers qu'on ait vus en France, y avaient été apportés pour la Marquise de Pompadour. Ils s'y sont, depuis, tellement multipliés, qu'on en voit actuellement dans presque tous les bassins de nos jardins, & que les Marchands mêmes de la Capitale en ont dans des bocaux sur leurs boutiques. Mais, soit que leur chair ne vaille rien, soit plutôt que, malgré leur multiplication, ils ne soient pas encore assez communs pour être vendus dans les marchés, ils ne sont jusqu'à présent qu'un objet de curiosité.

La Nature qui, en mille endroits, offrait à l'homme des étangs, des viviers, & autres réservoirs pareils d'eau vive, creusés par elle, semblait l'inviter elle-même à profiter de ces prisons commodes pour y enfermer & nourrir sans frais les poissons qu'il des-

tinait à fa nourriture. Cette idée était fi fimple,
qu'il n'eft pas furprenant fi, dès le tems les plus
reculés, on voit chez nous des viviers, foit naturels,
foit artificiels. Nos Rois en avaient dans leurs différens Palais. Les Capitulaires de Charlemagne en
font mention. Il ordonne qu'on en faffe dans ceux
de fes domaines qui n'en ont pas; qu'on les ag-
grandiffe, s'il eft poffible, dans ceux qui en ont;
& que, quand il n'aura pas pu aller avec fa fuite
en confommer le poiffon, on le vende au marché.

Les Seigneurs firent fervir au même ufage les
foffés de leurs châteaux, quand ils purent les emplir
d'eau vive. Mais, au dernier fiècle, on s'avifa d'ap-
privoifer en quelque forte les poiffons de ces foffés,
ou au moins de les accoutumer à venir, au gré de
leur maître, fe placer en fpectacle fous fes yeux.
Voici ce qu'on lit dans les *Mémoires de Mlle. de
Montpenfier. J'allai chez M. de S. Germain-Beaupré,
où je fis la plus grande chère du monde, fur-tout en
poiffons, d'une groffeur monftrueufe, que l'on prend
dans les foffés qui font très-beaux. On donne à manger aux poiffons d'une manière extraordinaire. On
fonne une cloche, & ils viennent tous. Cela me parut
affez fingulier pour le remarquer ici.*

Quoique, de tous les animaux, les poiffons foient
ceux qui, par leur nature & par celle de l'élément
où ils vivent, fe refufent le plus aux foins de
l'homme & à fon éducation, cependant l'apprivoi-
fement dont parle la Ducheffe eft une chofe affez
facile. Il ne s'agit que de leur donner tous les jours
à manger dans un endroit, & à une heure fixes,

Pendant ce tems, quelqu'un fonne une cloche.
Bientôt les poiſſons fe familiariſent avec ce bruit;
& il fuffit enfuite de fonner la cloche pour les voir
tous accourir avec empreſſement. J'ai joui de ce
ſpectacle dans quelques châteaux; mais il eſt probable, d'après le récit de la Ducheſſe de Montpenſier, qu'on ne s'en eſt aviſé qu'au dernier ſiécle.
La petite-fille de Henri IV n'en parlerait pas avec
autant d'étonnement, ſi elle l'eût vu dans les Maiſons Royales, dans ſes terres, ou ailleurs qu'au
château de M. de S. Germain.

Au reſte, les Romains connaiſſaient cet amuſe-
ment; témoin ce vers de Martial :

Natat ad magiſtrum delicata murena.

Caſtration
des poiſſons.
Une autre imagination, plus récente encore, mais
au moins plus utile, eſt la caſtration des poiſſons.
Depuis ſi long-tems, on ſait que cette opération,
employée pour les quadrupèdes & les volailles, rend
leur chair plus exquiſe & plus tendre, qu'on doit
s'étonner de ce qu'elle n'a pas été tentée plutôt ſur
les animaux dont nous parlons. Un Anglais, nommé
Tull, l'employa, il y a environ cinquante ans; &,
comme les poiſſons qu'il engraiſſait chez lui après
leur avoir fait ſubir la caſtration, étaient plus gras
& plus délicats à manger que les autres, il en faiſait
un commerce conſidérable. Les *Mémoires de l'Académie des Sciences* parlent de ſon ſecret ſous l'année
1742. M. Duhamel en fait mention auſſi dans ſon
Traité des Pêches. On trouve même chez ce dernier la manière, fort détaillée, d'opérer ſur le poiſſon,
& il prétend que cette invention, même en mettant

à part le furcroît de plaifir qu'elle ajoute à la fen-
fualité des gourmands , mérite d'être accueillie ,
parce qu'elle peut fervir au moins à diminuer dans
un étang la multiplication des poiffons ; multiplication qui, comme on fait, devient quelquefois
affez grande pour les empêcher de croître, faute de
nourriture.

Le poiffon d'eau douce étant, par la nature de
fes parties humides & molaffes, très-aifé à fe cor-
rompre, & par conféquent d'un tranfport difficile,
on n'a guères dû fonger à le faire paffer d'une partie
du Royaume dans une autre. Il eft vrai qu'on avait
la facilité de le faler (*a*) ; & effectivement nos
Poëtes du XIIe fiècle parlent fouvent d'anguilles
falées. Champier fait auffi mention de ces anguilles ;
& il remarque qu'en Auvergne , dans le Velai, &
dans les cantons voifins , on falait de même les
truites. Mais ces poiffons étant également communs
à prefque toutes nos Provinces , ils ne pouvaient
point former un objet de commerce.

Il n'en eft pas ainfi du poiffon de mer. Comme
il n'eft propre qu'aux côtes maritimes ; que pour
le goût, il eft préférable à celui de rivière ; qu'on
peut le faler à moins de frais, parce qu'il fe trouve

Poiffon
de mer falé

Commerce
du poiffon
de mer falé

(*a*) Le fecret de faler la viande & le poiffon, eft fort ancien,
puifqu'il en eft mention dans Héfiode & dans Homere. Selon
Hérodote, il était pratiqué en Egypte de toute ancienneté. En
effet, le peuple qui, en embaumant fes morts, avait trouvé le
moyen de les préferver de la pourriture, devait avoir trouvé auparavant celui de conferver, par la falaifon, les chairs qu'il mangeait.

dans les lieux où est le sel; & que, par sa nature enfin, il résiste davantage à cette fermentation intestine, d'où naît la dissolution de principes que nous nommons putréfaction, il a dû nécessairement devenir, pour tout le Royaume, une denrée précieuse & commerçante. Cependant, malgré le débit qui lui était assuré, cette branche de commerce languit long-tems par le défaut de police intérieure, par le manque de chemins, la faiblesse du Gouvernement, la continuité des guerres qui depuis la conquête des Romains désolèrent la France, enfin par le peu de rapport qu'entretenaient entr'elles nos différentes Provinces, assujetties à des maîtres différens.

Elle ne commença pour Paris qu'au XIIe siècle; lorsque nos Rois eurent institué, ou plutôt lorsqu'ils eurent rétabli dans cette ville une Compagnie de *Marchands par eau.* L'une des premières denrées que fit venir la Compagnie fut, à ce que rapporte la Marre, des harengs salés qu'elle avait tirés de Normandie. Il est parlé de cette sorte de marchandise dans des Lettres-patentes de Louis VII, ann. 1170. Les harengs salés étaient débités par les revendeuses en détail; & c'est de-là probablement que ces marchandes de poisson ont été nommées *Harengères.*

Commerce de la marée dans l'intérieur du Royaume. Bientôt les succès & les profits du commerce de poisson salé furent tels qu'il mérita de devenir une profession particulière. Il y eut des gens qui s'y livrèrent exclusivement; & ils prirent le titre de *marchands de salines.* Leurs gains éveillant l'industrie, d'autres spéculateurs imaginèrent en même

tems

tems de faire arriver à Paris de la marée fraîche.
Ceux-ci, je ne sais trop pourquoi, furent nommés
Forains. Alors il fallut des réglemens pour distinguer
le district des deux professions, & pour prévenir
les disputes qui pouvaient arriver entr'elles. S. Louis,
en 1254, en fit un où il entre dans quelques détails
de police sur les Forains qui faisaient venir le poisson,
sur les Voituriers qui l'apportaient, & enfin sur les
Débitans qui le revendaient en détail. Il y classe tout
poisson sous trois états différens ; le frais, le salé,
& le sor, c'est-à-dire, celui qui est boucané ou
desséché à la fumée. Il y divise de même en deux la
profession des Détailleurs ; donnant aux uns le nom
de Poissonniers, & leur attribuant la vente du poisson
frais ; conservant aux autres l'ancienne dénomination de Harengers, avec la vente du sor & du
salé.

Ces réglemens subsistèrent long-tems, parce qu'ainsi
que presque tous ceux du Saint Monarque, ils étaient
sages, ou au moins nécessaires pour l'instant ; mais
la distinction des deux professions de Détailleurs fut
abolie en 1345 par Philippe-de-Valois ; & aujour-
d'hui encore il n'en existe plus qu'une.

Quant à la sorte de marée qui arrivait alors à
Paris, on peut la connaître par l'Ordonnance même
de S. Louis ; car les différens poissons y sont nommés. Ce sont des maquereaux salés, des flets, gournaux, rayes, célerins (sorte de sardine), des mer-
lans salés ou frais, de la morue fraîche ou salée,
enfin des harengs frais, salés, ou sors.

Les autres villes moins éloignées des côtes, avaient

d'autres poissons sans doute, qu'on n'apportait pas dans la Capitale, ou qu'on y dédaignait. Arnaud de Villeneuve, Médecin fameux qui écrivait sur la fin du même siècle, nommant ceux qu'on mangeait *en France*, compte le marsouin, le chien-de-mer, le dauphin, le rouget, le grondin, la plie, le saumon, le merlan, l'esturgeon, & la seche.

Le goût pour quelques-uns de ceux-ci passa probablement chez les Parisiens : car, dans une Ordonnance du Roi Jean, (ann. 1350), concernant la police de Paris, il est fait mention de saumons, de porpris, de chiens-de-mer, & de marsouins.

J'ai trouvé dans les manuscrits du XIIIᵉ siècle une pièce curieuse qui ne nous laisse rien à desirer sur ce sujet ; & qui, en nous donnant le nom de tous les poissons de mer qu'on pêchait alors, nous donne en même-tems, à ce qu'il semble, le nom de tous ceux qu'on mangeait dans le Royaume. La voici ; je n'y fais d'autre changement que de ranger le tout par ordre alphabétique.

> *ce sont   sortes*
> Se sunt les menieres de poissons que on prant à la mer.

Aloses.	Congre ,
Anons , (*merlus*)	Coques , (*salicoque*)
Baleigne , (*baleine*)	Dorées , (*dorade*)
Bar ,	Escrafin , (*égrefin*)
Barbue ,	Ecrévisses , (*houmar*)
Bertelette ,	Esturjons ,
Besque ,	Flairs , (*flets*)
Brême ,	Flectan , (*fletan*) sorte
Carramkes ,	de petite sole,

Gournaux,
Grisniers,
Hanons,
Hearans, (*hareng*)
Heirons,
Kien (*chien*) de mer,
Lievre de mer,
Louf (*loup*) de mer,
Lumandes, (*limande*)
Manniers,
Maqueriaux, (*maquereau*)
Mellans, (*merlan*)
Morues,
Moulles, *sorte de poisson différent du coquillage ainsi nommé.*
Mules, (*mulet*)
Oistes, (*huîtres*)
Paons,

Plais, (*plies*)
Polletes,
Port (*porc*) de mer, (*marsouin*).
Pourpois,
Quarriaux, (*carrelets*)
Rais, (*raye*)
Raoulles,
Rouges, (*rouget*)
Sardes, (*sardines*)
Saumons,
Scellans,
Seiches,
Seules, (*soles*)
Soteriaux,
Sormules, (*surmulet*)
Wivres, (*guivre, lamproie*).

Nous serons étonnés de voir le marsouin, le chien de mer, & autres monstres pareils, employés en alimens ; nous autres qui, pendant un repas, avons sans cesse à la bouche les mots de lourd & d'indigeste, & qui, par tous ces ménagemens méticuleux, sommes venus réellement à bout d'affaiblir notre constitution. Mais il faut se placer aux siècles dont nous parlons ici, & se rappeller sur-tout ce qui a été dit plus haut à l'article du gibier. Certainement les estomachs qui trouvaient exquis un heron, un butor, un cormoran, devaient sans peine digérer marsouin (*a*).

Une remarque assez étrange encore, qui se présente ici, c'est que plus la France a avancé en âge, & plus, ce semble, jusqu'à une certaine époque, se sont multipliés dans ses repas ces monstres marins dont le nom seul aujourd'hui nous effraie. Parcourez la liste des poissons bons à manger, que donne Platine dans son *traité des alimens*; & vous la trouverez plus nombreuse que la nôtre actuelle. Parcourez celle que donne Rabelais au Chapitre des Gastrolâtres (des gourmands); elle est bien autrement longue encore.

Pêche de la baleine. Nos Peres ont même mangé de la baleine. On vient d'en voir la preuve à l'instant, puisque ce poisson est compté parmi ceux qu'on péchait au XIIIe siècle. Dans le Fabliau intitulé *bataille de Charnage & de Carême*, il est placé au nombre des soldats que Carême arme contre son rival. Rabelais lui-même, Rabelais postérieur de plus de trois siècles à notre Fablier, compte la baleine au nom-

---

(*a*) Bélon, (*observations sur les singularités trouvées en Grece, en Asie, &c,* ann. 1553,) distingue deux sortes de marsouin; l'un auquel le vulgaire donnait ce nom; celui-là même, dit-il, *que nous avons en délices ès jours maigres*; l'autre qui, selon lui, est le vrai dauphin, & qu'on nommait oye, ou bec-d'oye. Selon Champier, les Pêcheurs de la Méditerranée envoyaient à Lyon du marsouin, & il s'y vendait fort cher. En carême, on le servait sur les meilleures tables de l'intérieur du Royaume. Mais, sur les côtes de cette mer, on n'en faisait nul cas, dit-il; le plus bas peuple même n'en voulait pas.

bre des mêts dont ufent les Gaftrolâtres ; &, fi après
tout on regardait comme trop frivole l'autorité bouf-
fonne de l'auteur de Gargantua, je citerais l'ancien
ufage des Pêcheurs bafques qui, lorfqu'ils avaient
pris une baleine, en offraient par dévotion la langue à quelque églife ; je citerais le témoignage de
Champier qui dit que la langue de baleine fe vendait par tranches dans nos marchés publics ; & que
fa chair s'accommodait avec des pois, ou fe fervait
rôtie à la broche ; je citerais celui de Rondelet qui
affure que cette langue était *eftimée fort délicieufe
& tendre*, & que fur la côte de Bayonne les Pêcheurs fe fervaient des os de l'animal pour faire des
clôtures dans leurs jardins ; je citerais enfin celui de
Charles Etienne qui rapporte qu'en carême la principale nourriture des pauvres était la graiffe & la
chair de baleine.

J'infifte fur l'article de ce poiffon, parce que c'eft
un objet qui tient à un autre bien plus important ;
car enfin, fi dans nos poiffonneries on vendait de
la baleine fraîche, on pêchait donc des baleines fur
nos côtes. Au défaut d'autres preuves, celle-ci fuf-
firait ; mais il en exifte plufieurs, & même de bien
antérieures au Fabliau.

La pêche de ce cétacée eft plus ancienne qu'on
ne l'imagine. Elle remonte au moins au IIIe fiècle
de l'Ere chrétienne, puifqu'Oppien en fait mention (a). Pour prendre l'animal, on employait, dit

____

(a) Cet auteur, qui écrivait fous les Empereurs Sévere & Ca-
racalla, nous a laiffé deux poëmes grecs, l'un fur la Chaffe, &

le Poëte, un hameçon particulier qui tenait à une longue corde, au bout de laquelle étaient attachés des outres enflés & d'autres corps légers. Les grands & inutiles efforts que faiſait la baleine pour ſe dé‑barraſſer de l'hameçon, quand une fois elle l'a‑vait avalé, affaibliſſaient peu‑à‑peu ſes forces. Dès que les Pêcheurs la voyaient fatiguée, ils s'ap‑prochaient d'elle avec leurs barques, la bleſſaient avec des faulx, des lances, des tridents; &, lorſ‑qu'ils l'avaient tuée, la tiraient au rivage où ils la dépeçaient.

J'ignore quand fut connue & pratiquée par nos Peres la pêche de la baleine. Je vois ſeulement qu'il en eſt parlé, ſous l'année 875, dans le livre *de la tranſlation & des miracles de S. Vaſt :* mais je vois en même‑tems par une vie de S. Arnoud, Evêque de Soiſſons au XIe ſiècle, que nos Pêcheurs, au lieu d'employer d'abord, ainſi qu'au tems d'Oppien, le procédé incertain & invraiſemblable de l'hame‑çon, allaient, ſans autre préambule, attaquer avec intrépidité l'animal, & le bleſſer à mort. Le paſ‑ſage du Légendaire eſt curieux, en ce qu'il prouve que dès‑lors on harponnait la baleine, comme au‑jourd'hui; &, à ce titre, je le citerai en entier.

« Des Pêcheurs Flamands avaient bleſſé avec des ,, traits & des lances une groſſe baleine. Déja ils

---

quatre livres ; & l'autre ſur la Pêche, en cinq. Ce qui regarde la baleine dans ce dernier ouvrage, eſt un article très‑long , qui occupe une grande partie du cinquieme livre. Je citerai encore Oppien ci‑deſſous, lorſque je parlerai du thon.

„ l'entouraient pour la conduire au rivage & la
„ partager entre eux ; mais le monſtre, quoique
„ percé en pluſieurs endroits avec leurs armes, n'é-
„ tait nullement affaibli ; &, loin de ſe laiſſer pren-
„ dre, il paraiſſait furieux. Tantôt il lançait juſ-
„ qu'au ciel des torrens d'eau ; tantôt il s'enfonçait
„ dans la mer, & diſparaiſſait ; &, l'inſtant d'après,
„ remontant ſur les flots, il venait briſer avec ſa
„ queue & ſes nageoires les agrès des navires. Au
„ milieu de ce danger, un des Pêcheurs propoſe à
„ ſes camarades d'invoquer S. Arnoud, & de pro-
„ mettre au Bienheureux une partie du poiſſon.
„ Les autres y conſentent ; mais à peine ont-ils
„ fait leur vœu (a), qu'à l'inſtant la baleine ſe cal-
„ me, & que, ſans aucune réſiſtance, elle ſe laiſſe
„ lier & conduire à bord „.

Il eſt aſſez ſingulier que, de toutes les pêches un
peu importantes, celle-ci, quoique la plus dange-
reuſe & la plus hardie de toutes, ſoit cependant
la plus ancienne. Celles de la morue, du hareng,
& autres, lui ſont poſtérieures. Au moins les monumens qui parlent de ces dernières ne remontent-
ils pas auſſi haut, comme on le verra dans l'inſtant.
Mais tout ceci peut s'expliquer.

La baleine alors était plus commune qu'aujour-
d'hui ; on en voyait fréquemment ſur nos côtes. Par

(a) C'eſt probablement quelque vœu pareil qui donna lieu à
la coutume, établie parmi les Baſques, d'offrir à l'égliſe, comme
je l'ai remarqué plus haut, un morceau des baleines qu'ils avaient
priſes.

la manière dont elle vit, par le beſoin qu'elle a de reſpirer, elle ſe montre ſouvent à la ſurface des eaux. Pour aller l'y attaquer, il ne fallait que du courage; & quelle Nation eut jamais plus de courage que la Françaiſe. Il n'en eſt point ainſi des autres poiſ-ſons. Comme ils ſe cachent continuellement ſous les flots, on ne peut les prendre qu'avec des ap-pâts, des rûſes, des filets particuliers; or, tout ceci exige une longue expérience & une connaiſſance approfondie de la Pêche, que le tems ſeul peut donner.

Vraiſemblablement l'uſage de manger de la ba-leine n'a point d'autre origine. On n'avait encore, pour les jours maigres, ni harengs, ni morue; on uſa du poiſſon qui ſe pêchait communément; &, quand la coutume en fut une fois établie, elle ſe perpétua, quoiqu'on eût, dans la ſuite, des poiſſons bien meilleurs. Cependant peu-à-peu ceux-ci pré-valurent. Déja dans le XVIᵉ ſiècle, il n'y avait plus que les pauvres, ainſi qu'on l'a vu plus haut, qui mangeaſſent la chair & la graiſſe de baleine; mais lorſqu'on eut trouvé l'art de convertir cette graiſſe en une huile qui avait quelque valeur, on dédaigna tout-à-fait l'animal.

Outre la pêche avec le harpon, il y en avait une autre qui ne ſe faiſait que l'hyver, & dans laquelle on employait des filets. C'eſt au moins ce qui ré-ſulte de quelques vers d'un certain Tortarius, Moine de Fleuri, lequel floriſſait au commencement du XIIᵉ ſiècle. Cet auteur, décrivant le pays Beſſin, dit qu'il aſſiſta ſur la côte à l'une de ces pêches, qui,

felon lui, ne fut pas heureufe, parce que les Pê‑
cheurs manquaient de filets.

> *Hiberno Cete tempore quo capiunt.*
> *Me prefente truci pifcem clamore fecuti ;*
> *Fraudati , caffes nam deerant , redeunt.*

Je foupçonne que les Matelots, quand ils avaient
apperçu une baleine, la fuivaient avec de grands
cris pour l'effrayer, & l'obliger, s'ils le pouvaient,
de s'échouer fur le rivage. Voilà, felon moi, ce que
fignifie l'expreffion *truci pifcem clamore fecuti.* Mais
qu'était-ce que ces filets capables d'arrêter & de
repouffer un animal auffi énorme, auffi redoutable
qu'une baleine? Voilà en même tems, je l'avoue,
ce que je ne conçois pas. Cependant le Moine parle
comme ayant vu par lui-même, & de fes propres
yeux, *me prefente.* Il faudrait donc donner un autre
fens à fon mot *caffes*, & c'eft encore-là ce que les
gens du métier devineront plus aifément que moi;
ou fuppofer que, par celui de *cete*, il entend un
autre poiffon que le cétacée dont je parle.

A la vérité, Rondelet (*de pifcibus*, an. 1554) nous
apprend que, de fon tems, les Bafques prenaient
des baleines l'hyver fur leurs côtes; mais ceux-ci
ne fe fervaient point de filets pour les prendre;
ils les harponnaient. « L'un d'eux, dit-il, fe tient
» en fentinelle fur un lieu élevé. Si par hazard il en
» apperçoit une, il fonne du tambour; & auffi-
» tôt fes camarades mettent leurs nacelles en mer.
» Chaque nacelle porte dix hommes pour ramer,
» & quelques autres armés de harpons pour frap-
» per l'animal. Tous s'avancent vers lui à la fois;

» ils l'attaquent ; &, quand ils l'ont mis à mort,
» ils le tirent à terre, où ils le partagent selon la
» quantité de dards qu'il porte sur le corps :
» car chaque Harponneur a sa marque pour être
» reconnu ».

Quoiqu'on ne voie plus aujourd'hui de baleines
dans la Méditerranée, on y en a pêché autrefois
cependant. Les Troubadours (on appelle ainsi les
Poëtes de nos Provinces méridionales qui ont rimé
en ancienne langue Provençale) en font mention
dans plusieurs endroits de leurs ouvrages. Il serait
d'ailleurs aisé de prouver par certains passages de
Pline, que, plus anciennement encore, elles étaient
communes dans cette mer ; ou au moins que, pareilles à certains poissons de passage, elles y voyageaient en certains tems. Si aujourd'hui elles pa-
raissent l'avoir abandonnée, si elles ont quitté même
nos côtes de l'Océan (a), c'est apparemment parce
que nos Pêcheurs les poursuivant, les chassant annuellement sur nos parages, les ont obligées enfin à
se réfugier dans les mers du Nord. On remarque
même, depuis un certain tems, qu'elles s'éloi-
gnent toujours de plus en plus ; de sorte que,
pour en rencontrer actuellement, disent les Navi-

____

(a) Cependant les Anglais, possesseurs de Gibraltar, pêchaient
encore annuellement, dans le détroit, des baleines de l'espèce de
celles qu'on nomme Grampus. On en voit aussi de tems en tems
quelques petites sur les côtes de Gascogne ; &, l'année derniere, 1781,
on y en a pris une qui s'y était échouée, & qui avait soixante
pieds de long.

gateurs étrangers qui fe dévouent à cette chaffe périlleufe, il faut s'élever affez près du pôle. On fait qu'en Amérique les caftors ont fait, fur la terre, la même chofe que fur mer ont fait les baleines. Sans ceffe inquietés par les Chaffeurs, ils ont délaiffé les cantons qu'ils peuplaient autrefois, & fe font retirés dans des contrées plus feptentrionales, où la Nature inculte & fauvage les défend des mains avides qui les pourfuivaient.

On a écrit que les Bafques font les premiers des Français, & même les premiers des Européans, qui aient ofé tenter la pêche de la baleine. L'on prétend même que c'eft en allant chercher au loin ces monftres à mefure qu'ils fe retiraient de nos parages, que ces intrépides navigateurs découvrirent le grand banc de Terre-Neuve, environ un fiècle avant l'entreprife de Colomb. Je viens de citer à l'inftant des paffages qui prouvent que la pêche dont nous parlons, a eu lieu fur les côtes de Flandres, fur celles d'Artois & de Normandie, long tems avant l'époque dont on fait honneur aux Bafques fans aucunes preuves. Ce qu'on peut dire en faveur de ceux-ci, c'eft que quand à leur tour ils s'y font livrés, ils l'ont fait avec beaucoup de fuccès. On peut ajouter même que ce font ceux des Français qui l'ont pratiquée le plus long-tems. Vers le milieu du dernier fiècle, les feules villes de S. Jean-de-Luz, de Bayonne, & de Ciboure, envoyaient encore annuellement à la pêche cinquante ou foixante vaiffeaux. Les chofes ont, depuis, bien changé pour elles; mais les Bafques ont eu au moins la gloire

d'être les premiers qui aient fait fentir de quel
avantage était le commerce d'huile de baleine : or
cette huile, lorfqu'on ne mangea plus l'animal
même, devint un objet tres-important pour l'emploi
qu'en firent, & qu'en font encore tous les jours
une infinité de manufactures & d'arts différens.

Le même motif d'équité qui m'oblige de n'attribuer aux Bafques que la gloire qui leur eft due,
m'oblige auffi de leur rendre au moins toute celle
qu'ils méritent. Quand on avait mis à mort la baleine, l'ufage général était de la conduire à terre,
de la dépecer, & de faire fondre fa graiffe ; mais
cette opération, indépendamment de la dépenfe
qu'elle entraînait en établiffemens & en attéliers,
occafionnait au navire une perte de tems confidérable, & l'expofait fouvent à être pris par les glaces.
Un Bourgeois de Ciboure, nommé Soupite, imagina de faire la fonte fur le vaiffeau même, &
en pleine mer ; & fon procédé devint à l'inftant
celui de fes compatriotes. Ils emportaient avec eux
une certaine quantité de briques, & du bois à brû-
ler. La pêche faite, ils bâtiffaient avec ces briques,
fur le fecond pont du navire, un fourneau ; & là
ils fondaient & cuifaient leur huile ; fe fervant,
pour la première cuite, du bois qu'ils avaient apporté, &, pour la feconde, du marc & des grillons
de la première. La fonte s'achevait ainfi fans les
retarder ; &, pendant ce tems, ils revenaient chez
eux avec leur marchandife toute apprêtée, & réduite fous le moindre volume poffible.

Les autres Nations de l'Europe adoptèrent auffi

la méthode des Basques; mais la quantité de bois
dont elles étaient obligés de surcharger leurs navires
pour le moment de la cuite, l'odeur insupportable
des cretons brûlés, les dangers du feu enfin, dangers
trop réels, & dont plusieurs vaisseaux furent les
victimes, la leur firent abandonner. Elles s'en sont
formée une autre, qui consiste à emporter chez
elles le lard en tonneaux, pour l'y fondre dans leurs
attéliers; & elles prétendent que la fermentation
qu'il subit en route, ajoute non-seulement à la qualité de l'huile, mais encore à sa quantité.

Au reste, quelqu'ait été le succès du procédé de
Soupite, il n'en est pas moins une invention ingénieuse; & peut-être ce procédé était-il celui qui
convenait le mieux à une Nation qui, comme les
Basques, se trouvait, par sa position, très-éloignée
des mers où se pêche la baleine.

Une pêche beaucoup plus ancienne encore, est
celle des mulets. Pline nous en a transmis une description très-détaillée. « Dans la Province Narbon-
» naise, dit-il, au territoire de Nîmes, est un étang
» appellé Latèra *(a)*, où les hommes pêchent en
» société avec les dauphins. Les mulets qu'il con-
» tient en sortent dans un certain tems de l'année, à
» la faveur d'une espèce de reflux, pour gagner la
» haute-mer; & leur nombre est tel, qu'il n'y a point
» de filet capable d'arrêter une pareille masse. Ce-
» pendant, quand ils sont arrivés à l'embouchure de

Pêche
ancienne des
mulets.

____

(a) C'est aujourd'hui la Tour-de-Latte.

» l'étang, à l'endroit où il eſt le plus étroit, & où
» l'on pourrait tendre des filets, ils ſe preſſent les
» uns les autres, pour franchir, le plus vîte qu'il
» leur eſt poſſible, ce lieu de danger. Auſſi-tôt que les
» Pêcheurs s'en apperçoivent, ils appellent les dau-
» phins à leur ſecours, en criant de toutes leurs for-
» ces, *Simon*, *Simon*. Le peuple qui, dans ces jours
» ſinguliers, accourt en foule ſur le rivage pour
» jouir du ſpectacle, joint ſes cris à ceux des Pê-
» cheurs. Les dauphins entendent le ſignal; ils ac-
» courent, ſe rangent en ordre de bataille; &,
» comme prêts à combattre devant le défilé, fer-
» ment ainſi aux mulets épouvantés le chemin de
» la mer, & les obligent de ſe jetter à droite & à
» gauche ſur les bas-fonds. Là il eſt facile aux Pê-
» cheurs de les envelopper dans leurs filets. Malgré
» cela cependant, il y en a beaucoup qui échappent
» par leur légèreté : mais les dauphins, ſe mettant
» à la pourſuite des fuyards, les tuent auſſi-tôt,
» ſans vouloir même les manger, de peur de perdre
» du tems. Enfin, quand le combat a ceſſé, &
» qu'ils ne voient plus d'ennemis, ils ſe repaiſſent
» des morts. Le lendemain, ils reviennent encore
» au même lieu, comme s'ils ne ſe trouvaient point
» aſſez payés du ſervice rendu par eux la veille; &,
» non-ſeulement on leur abandonne les cadavres,
» mais on leur jette encore une pâtée compoſée de
» pain & de vin ».

Le récit qu'on vient de lire, quoique je l'aie
traduit le plus clairement & le plus intelligiblement
qu'il m'a été poſſible, contient néanmoins encore

de l'obscurité; & il offre visiblement des circonstances fabuleuses : mais tel qu'il est, il atteste au moins l'industrie de nos premiers Ayeux; & c'est-là une observation qui me fait tant de plaisir à remarquer, que je saisis toujours avec une joie nouvelle l'occasion de la faire.

Calais se vante d'avoir été la première de nos villes qui ait connu la pêche du hareng. Elle soutient que Dieppe, & ceux de nos autres ports situés sur la Manche, ne l'ont pratiquée qu'à son exemple.

Si ce qui est vraisemblable devenait par-là même une preuve, comme c'est des mers du Nord que partent tous les ans ces masses énormes de harengs qui vont, sur plusieurs colonnes, voyager vers le midi, on pourrait avancer, avec quelque degré de probabilité, que les Pêcheurs Calaisiens ont dû être, par leur position, les premiers à observer ces bizarres voyages, & les premiers à en profiter.

On a lu ci-dessus qu'une des premières salines qu'au XIIe siècle la Compagnie des *marchands par eau* avait fait venir à Paris, étaient des harengs; & j'ai remarqué que ces harengs, la Compagnie les avait tirés des ports de Normandie. Mais ce fait ne prouverait rien contre Calais. Si la Capitale tirait de Normandie ses harengs, c'est que les ports de cette Province sont plus prés d'elle que celui de Calais (a).

(a) La pêche du hareng & du maquereau était pratiquée aussi alors ur les côtes de Guyenne. Il en est mention dans les réglemens que

D'un autre côté, l'on ne peut se diflimuler que les Négocians Dieppois ont joué autrefois dans la navigation un rôle brillant (*a*). Il paraît certain qu'au XIVe fiècle une Compagnie, formée par eux, naviguait & commerçait déja fur les côtes de l'Afrique occidentale, par-de-là le Cap-blanc. En 1365, on les voit s'affocier des marchands de Rouen, équiper enfemble plufieurs vaiffeaux, pouffer de proche en proche leurs établiffemens, bâtir des comptoirs, &, l'an 1382, poffèder trois forts fur la côte de Guinée. Labat (*Voyage d'Afrique*) dit avoir lu les pièces originales qui conftatent ces faits. S'ils étaient vrais, s'ils l'étaient même en partie, ne ferait-ce pas une chofe intéreffante de découvrir par quels moyens une ville auffi peu confidérable que Dieppe, a pu s'élever à un pareil degré de puiffance & de richeffe.

Je le répète ; les antiquités de notre Nation n'ont point été jufqu'à préfent fuffifamment approfondies ; & cependant, que de chofes neuves & piquantes

---

la Duchefle Eléonore fit pour le commerce maritime de cette Province, fous le nom de *roole d'Oleron*.

L'île d'Oleron était devenue, par fa fituation, un lieu de plaifance pour les Ducs de Guyenne. Ils y avaient bâti un château qu'Eléonore habita quelque tems, après avoir été répudiée par Louis-le-Jeune. Ce fut là qu'elle rédigea & publia le code dont je viens de parler ; code qui, peu après, augmenté fous le même titre, par fon fils Richard, Roi d'Angleterre & Duc de Guyenne, devint la bafe des loix que fe compoferent dans le même genre les Royaumes du Nord, & les villes anféatiques d'Allemagne.

(*a*) En 1697, ils employaient encore annuellement foixante bâtimens à la pêche du hareng.

elles

elles offriraient à l'homme laborieux qui entreprendrait de les fouiller ! L'histoire de la Pêche, par exemple, la puissance & le commerce dont elle fut la source, les établissemens en contrée étrangére auxquels donna lieu en différens tems, son influence enfin sur la marine, sur la construction des vaisseaux, sur l'art de la navigation, &c., ne sont-ils pas un objet de dissertation aussi curieux que la patte de la Reine Pédauque, ou le vrai nom du Cardinal Balue ? Au reste, si Dieppe a été, il y a quelques siècles, une ville importante, sa grandeur, ainsi que celle de la Hollande, a commencé certainement par la Pêche. Mais, sans décider à qui des Dieppois ou des Calaisiens est due celle du hareng, je vais rapporter une anecdote qui, je crois, intéressera pour les derniers.

Le Monastère de S. Bertin, dans le voisinage de Calais, avait pour Abbé un homme débauché & scandaleux, mais intriguant très-adroit. Cet Abbé avait connu en France le Pape Alexandre III, & lui avait même rendu quelques services. Etant allé à Rome, dans le dessein d'en obtenir une grace, il demanda, pour son Monastère, la dîme de tous les harengs qui se pêchaient à Calais & sur la côte : objet considérable, sans doute, puisqu'il tenta l'avidité du Moine. Elle lui fut accordée par une Bulle particulière (ann. 1180). Mais ce tribut odieux, auquel le Couvent n'avait assurément aucun droit, & que le Pape lui-même n'avait pas plus le droit d'accorder, fit jetter un cri général d'indignation. On le trouvait d'autant plus révoltant, que les Moines qui

allaient en jouir, étaient tombés alors dans un relâchement, ou plutôt dans un déréglement, scandaleux.
Les Calaisiens, sur-tout, s'y refuserent avec opiniâ-
treté, déclarant qu'*ils aimeraient mieux décimer les
Moines, que de voir leur pêche décimée par eux*.
Toute cette résistance fut inutile néanmoins. Le
Pape avait chargé de l'exécution de sa Bulle, Didier,
Evêque de Térouanne, & Philippe d'Alsace, Comte
de Flandres, en qualité de tuteur d'Ida, sa nièce, à
laquelle appartenaient Calais & le Comté de Bou-
logne. Philippe, après avoir envain exhorté à la
soumission les Calaisiens, leur envoya enfin des lettres d'injonction; & il se trouva, parmi les Moines,
deux hommes assez téméraires pour oser les porter
eux-mêmes. Peu s'en fallut que leur imprudence ne
leur coutât la vie; car, à leur vue, la fureur
générale devint telle, que s'ils ne se fussent réfu-
giés dans une église, la populace les eût mis en
piéces.

Malgré tant d'acharnement, cette affaire se termina comme toutes celles du même genre; c'est-
à-dire, que les faibles furent obligés de se soumettre, & que le fort prévalut. Le Comte vint avec
des troupes; le tribut fut imposé militairement,
& Calais condamné même, pour châtiment de sa
résistance, à mille livres d'amende. Cependant il y
eut quelques modifications qui rendirent un peu
moins criante l'exécution de l'Arrêt. Les Moines
n'eurent pas la dîme en entier, comme ils l'avaient
obtenue d'abord; elle fut partagée en trois parts,
dont une pour eux, une consacrée aux pauvres, &

la troisième à l'entretien de l'église Paroissiale.

Le détail de cette querelle injuste, occasionnée par l'avidité d'un homme, & par le despotisme d'un autre, se trouve dans la *Collection de Martene.*

Au reste, la dîme du poisson, pour certains Mo-
nastères, n'était pas une chose nouvelle. Plusieurs en jouissaient; & on lit même dans les *Annales des Bénédictins*, (ann. 845) l'histoire d'un miracle fait par S. Maur, pour punir un Grand-Seigneur, nommé Ulfin, lequel avait retranché à je ne sais quel Cou-
vent le tribut de poisson qu'on lui payait dans le carême. Ce tribut, dit l'auteur, s'appellait alors *Cœnaticum.*

Quelques-uns de ces privilèges subsistent encore aujourd'hui dans des mains moniales, ou dans celles du Clergé; & je ne doute point que, dans ce nom-
bre, il n'y en ait dont l'origine a été juste (*a*).

Dîme
du poisson.

(*a*) La dévotion du tems faisait regarder la dîme comme une chose sacrée, & qui, de droit, appartenait à l'Eglise. D'après ces idées religieuses, beaucoup de personnes portèrent le scrupule jus-qu'à donner au Clergé celle de tout ce qu'ils consommaient. En 1143, Louis-le-Jeune accorda un droit pareil à l'Abbaye d'Hyeres, lequel devait se percevoir pendant tout le tems qu'il séjournait à Paris; c'était la dîme de tout le pain que lui, & sa Maison, pouvaient consommer par jour. S. Louis & Philippe-le-Bel, donnèrent de même à l'Abbaye de la Saussaie, l'un, la dîme du vin de Vincennes, qui était pour la bouche de la Reine; l'autre, celle de tout le vin que lui, la Reine, & les Rois ses successeurs, recueilleraient dans la banlieue de Paris. Au XIIe siècle, un Curé ayant exigé ce droit de dîme, sur le produit d'un moulin-à-vent que possédait son Seigneur, il y eut un procès. L'affaire fut por-tée devant le Pape Célestin III, qui déclara le revenu de ces moulins sujet à la dîme.

L'Evêque de S. Pol-de-Léon leve un droit de quatre fous fur chaque millier de maquereaux qu'on pêche à Rofcof. L'impofition eft peu de chofe ; & il en eft ainfi de prefque toutes celles qui fe perçoivent en argent, parce que la taxation eft reftée la même que dans fon origine, & que d'un autre côté le prix des monnaies & des denrées a augmenté confidérablement. A Dieppe encore, quand les Matelots ont pris un marfouin, ils font tenus de le porter à la Vicomté de l'Archevêché de Rouen, & de frapper trois fois à la porte avec fa queue. S'il était trop gros, il leur eft permis de frapper avec le marteau de la porte ; mais, fans cet hommage, ils feraient mis à l'amende, & leur poiffon confifqué. Quoique ce ne foit plus là qu'une vaine cérémonie, elle repréfente encore d'anciens droits que le tems a mitigés. Mais je reviens aux harengs.

Les peuples qui habitaient les bords de la Baltique & de la mer d'Allemagne fe livrèrent avec beaucoup d'ardeur à cette pêche que leur offrait annuellement la Nature ; &, comme elle ne dure que peu de tems, & qu'elle finit avec le paffage du poiffon, le S. Siège, *pour les dédommager de la ftérilité de leur terre,* leur avait même permis d'y vaquer les fêtes & dimanches. Envain quelques Evêques, par un effet de cette dévotion peu éclairée qui régnait alors, s'opposèrent à la publication & à l'exécution de la Bulle ; Alexandre III, ce même Pape, dont il a été queftion dans l'inftant à l'occafion des Calaifiens, mais bien plus eftimable dans celle-ci, adreffa à ce fujet aux Prélats oppofans

Ane décrétale qui est datée de l'année 1160.

La même permission fut sans doute accordée successivement aux autres peuples occidentaux, ou ils en profitèrent par adoption : car nos Français, pendant tout le tems que dure la pêche du hareng, y travaillent encore actuellement les dimanches. Quant à celle des Allemands, soit qu'ils soient placés plus avantageusement que nous, soit par d'autres raisons particulières, elle prit chez eux des accroissemens considérables ; &, si l'on en doit croire un de nos vieux ouvrages manuscrits, *le Songe du Pélerin*, publié en 1389, ils y occupaient annuellement plus de quarante mille bateaux.

Au XVIᵉ siècle, ce n'était plus sur les côtes de France que nos Pêcheurs faisaient leur pêche. Ils se rendaient, ainsi que les autres nations Européanes, sur celles des Orcades, d'Angleterre, & d'Ecosse ; où, pour éviter toute dispute, les différens peuples, au rapport d'Adrien Junius, convenaient entr'eux d'une station déterminée. *Classes variæ, inter quas Hollandica, Zelandica, Frisica, Flandrica, Gallica, Britannica, & Scotica, quasi ex condicto ad evitandas simultates & contentiones, partitæ inter se certas ac definitas stationes, sub Britanniâ, Scotiæ orâ, & Orcadibus, singulæ pro viribus isti piscium generi insidiantur.*

On se rappellera d'avoir lu ci-dessus, que le hareng avait été la première des salines que le commerce, dans le XIIᵉ siècle, avait procurées à Paris ; mais nos Pères ne connaissaient pas encore l'art véritable de saler ce poisson. Cet art n'a été perfectionné, ou plutôt inventé, que deux ou trois siècles plus tard; & l'auteur du secret, dit Schoockius (*de Harengis*), est un nommé Buckelz, mort à Biervlit, dans la Flandre Hollandaise, l'an 1447. Le premier, il imagina ces procédés ingénieux pour tirer, pour vider, pour préparer par une saumure particulière, pour encaquer avec adresse le hareng. C'est assurément un objet bien peu important en apparence que la pêche d'un poisson; & cependant c'est à cette pêche que la Hollande doit sa gloire & sa liberté; c'est avec cette pêche qu'un pays pauvre & marécageux parvint à résister au Monarque de l'Europe le plus puissant; c'est elle enfin qui est devenue l'origine de cette marine formidable avec laquelle ces Pêcheurs ont joué un si beau rôle dans le dernier siècle, & de cette étendue de commerce qui les enrichit dans celui-ci.

La patrie de Buckelz lui a témoigné sa reconnaissance, en élevant à sa mémoire un tombeau; & l'on prétend que Charles-Quint, passant en 1556 par Biervlit, avec la Reine de Hongrie sa sœur, alla visiter ce mausolée; monument vraiment respectable, parce qu'il était consacré à un homme vraiment utile. Les procédés de Buckelz, conservés jusqu'à nos jours, sont encore suivis scrupuleusement par les Hollandais : aussi leurs harengs passent-ils pour les meilleurs de l'Europe; & le Gouvernement lui-même veille avec soin à ce que cette réputation se conserve.

La pêche du hareng était particulière aux côtes de l'Océan. Nos Provinces situées sur la Méditer-

tanée, ne connaiſſaient pas ce poiſſon, dit Rondelet; & Beaujeu, (*de laudibus Provinciæ*), en parle
comme d'une privation. Auſſi le hareng a-t-il été
inconnu des auteurs Grecs & Latins. Ce que ces
derniers appellaient *alec* eſt un animal différent.

Une autre pêche, qui de même n'avait lieu que
ſur les ſeules côtes du Ponent, était celle du Maquereau.

Bélon (*Obſervations ſur les ſingularités trouvées en*   Maquereau.
Aſie, en Grece, &c, (ann. 1553), nous apprend qu'on
le pêchait avec des lignes traînantes; & qu'on choi-
ſiſſait même le tems où la mer était orageuſe. *D'au-*
tant que la tourmente eſt plus violente, & que le
navire va plus vîte, dit-il; *d'autant plus l'on en*
prendra.

Le maquereau ſalé, ſi peu priſé aujourd'hui,
l'était beaucoup anciennement. Au nombre des
revenus de l'Evêque d'Auxerre en 1290, je trouve,
(*Hiſtoire de l'égliſe & de la ville d'Auxerre,* par
l'abbé le Bœuf,) une redevance de trois mille maquereaux. D'après une quantité auſſi conſidérable,
l'on peut imaginer combien il en entrait dans la
ville, & par conſéquent qu'elle devait en être la
conſommation.

Au reſte, ſi la France, pendant long-tems, a   Rigueur
mis un grand prix & attaché beaucoup d'eſtime au avec laquelle on obſer-
hareng & au maquereau ſalés, l'on ne doit point vait le carê-
en être ſurpris: ces poiſſons étaient, pour le carême, me.
une denrée eſſentielle. Or le carême alors s'obſervait très-régulièrement. Charlemagne, en 789, avait
décerné peine de mort contre celui qui, ſans raiſon

légitime , l'enfreindrait. On le pratiquait même ,
autant qu'il était possible, dans les Hôpitaux ; & ,
ce qui prouve qu'il était pratiqué, c'est la quantité
de harengs qu'on y consommait. Il existe une charte
de Thibaut, Comte de Blois, (ann. 1215 ,) dans
laquelle le Comte accorde annuellement à l'Hôpital de Beaugenci un demi-millier de harengs. Parmi
les aumônes que faisait tous les ans S. Louis aux
différens Monastères, aux Léproseries, & aux Hôpitaux de son Royaume, (aumônes que le S. Monarque , par une Ordonnance de 1260, obligea les
Rois ses successeurs à faire comme lui) ; il y avait
deux mille cent-neuf livres en argent, (environ
38000 livres de notre monnaie), soixante - trois
mesures de blé, & soixante-huit mille harengs.
Enfin, pour nous rapprocher davantage de nos tems
modernes , *l'état des biens & des dépenses annuelles
pour l'Hôtel-de-Dieu de Paris* , (ann. 1660), compte
au nombre des objets de dépense, année commune,
9200 liv. pour vingt-trois milliers de carpes , &
2320 liv. pour des panniers de marée & de harengs
frais, fournis aux domestiques de l'Hôpital , & à
une partie des malades.

Ce n'est que sur la fin du dernier siécle, & au
commencement de celui-ci, qu'on a commencé à
secouer les scrupules sur l'observance du carème.
Jadis tout le monde le pratiquait, jusqu'aux soldats
dans les armées ; & notre Histoire fournit même à
ce sujet une anecdote célèbre qui le prouve.

Tandis que les Anglais, possesseurs de la partie
septentrionale du Royaume, étaient occupés devant

Orléans, à ce siége fameux que fit lever Jeanne d'Arc, un des convois deftinés pour leur camp fut attaqué par le Duc de Bourbon. Ce convoi était en très-grande partie compofé de harengs falés, parce qu'on était en carême; & l'action en fut même appellée, comme on fait, la *journée aux harengs.*

Au fiècle fuivant néanmoins, quoique la loi confervât toujours à l'extérieur fon ancien rigorifme dans les camps, déja le foldat commençait à ne plus l'y regarder avec autant de refpect; & il l'enfraignait en particulier. Une anecdote rapportée par Brantôme (*Vies des illuftres Capitaines étrangers*), nous montre les progrès rapides arrivés, fur cet objet, dans les mœurs & dans la façon de penfer. L'aventure que cite l'hiftorien fe paffa auffi en carême, pendant un nouveau fiège d'Orléans, quelques jours après l'affaffinat du Duc de Guife par Poltrot. Mais, avant d'en tranfcrire l'anecdote, je prie mes Lecteurs de fe rappeller que ce fiége fe faifait au commencement de nos guerres de religion; qu'il fe faifait contre les Huguenots; enfin qu'il fe faifait par des Catholiques, c'eft-à-dire, par des gens qui, dans ce moment-là, devaient fe piquer de catholicifme & d'obéiffance aux préceptes de l'Eglife.

Après la mort du Duc, dit Brantome, *le gentil & brave Seigneur, M. de Sipierre, commanda pour peu de jours à l'armée, parce qu'il n'y avoit pour lors plus grand que luy, puifqu'il eftoit Gouverneur de la perfonne du Roy. Cependant les foldats ne pouvoient bien vivre, qu'avec grandes incommodités, de feul poiffon. M. de Sipierre fut prié, de la part des Capitaines,*

*de supplier M. le Légat, le Cardinal de Ferrare, qui
estoit pour lors au camp avec la Reyne-Mere, qu'il
donnast dispense de manger de la chair, quelques jours
de la semaine. M. le Légat trouva d'abord cette question fort odieuse; alléguant qu'on faisoit la guerre contre les Hérétiques, ennemis du carême. Mais, après
avoir un peu songé, il fist responce que de chair il n'en
falloit point parler, comme de chose abominable;
mais pour du beurre, du fromage, & du laittage, qu'ils
en mangeassent en quantité, & tant qu'ils voudroient;
& leur en donnoit toute la dispence. M. de Sipierre,
qui estoit prompt, fort libre, & un des gallants Seigneurs qui jamais naistra en France, luy dit franche-
ment :* " *Monsieur, ne pensez pas régler nos gens de*
,, *guerre comme vos gens d'Eglise ; car autre chose est*
,, *de servir Dieu & de servir la guerre. Voulez-vous*
,, *que je vous dise le vray ; ce n'est point en ce temps*
,, *ny en ceste armée, composée de plusieurs sortes de*
,, *gens, que vous devez faire tels scrupules. Car quant*
,, *à vostre beurre, fourmage, & laittage, nos soldats*
,, *François n'en veulent point, comme vos Italiens &*
,, *Espagnols. Ils veulent manger de la chair & de*
,, *bonne viande, pour mieux se sustenter. Ils en man-*
,, *geront aussi bien de çà comme de là, & à couvert*
,, *& en cachette, quelque défense qui s'en fasse.*
,, *Par quoy, faites mieux. Ordonnez-leur d'en man-*
,, *ger, & donnez-leur une bonne dispense & absolu-*
,, *tion. Que si d'eux-mêmes ils s'en dispensent, votre*
,, *autorité en sera plus ravalée ; & au contraire elle*
,, *en sera eslevée, si vous le leur permettez ; & chacun*
,, *dira, M. le Légat, cet homme de bien, nous a*

„ *donné dispense ; & cela sonnera mieux par-tout* „.

*M. le Légat y ayant un peu songé , il dispensa aussi-
tost chascun d'en manger, qui pria Dieu fort, aussi
bien le François que l'Espagnol, pour M. le Légat , &
sur-tout pour M. de Sipierre, lequel eut raison de parler ainsi , & d'en prendre bien l'affirmative, comme
il le fit, & M. le Légat d'avoir lasché la bride. Car
j'ay ouy dire à aucuns grands Docteurs, qu'il est nécessaire quelques fois aux Prélats de dispenser pour ce
sujet ; afin de prévenir ces friands mangeurs de chair
& infracteurs de loix Ecclésiastiques ; & afin que quand
ils en viennent-là , le monde sache & croye que c'est
par dispence du Prélat , & non par désobéissance de lui
& de l'Eglise.*

On voit par ce récit, que les Français commençaient à ètre, sur l'abstinence Ecclésiastique, moins
scrupuleux que les Italiens & les Espagnols ; qu'ils
l'enfraignaient déja dans les camps ; & que la politique même, forcée de tolérer cette infraction, ne
cherchait plus qu'à sauver en quelque sorte l'honneur de la Cour de Rome, en obligeant cette Cour
elle-même de l'approuver.

Il n'en était pourtant pas ainsi des villes. L'opinion sur l'abstinence de chair dans les tems défendus, y garda tout son rigorisme, tandis qu'elle se
relâchait dans les camps. En 1534, Guillaume du
Moulin, Seigneur de Brie, ayant demandé à l'Evêque de Paris la permission de faire gras, pour sa
mère, qui était âgée de quatre-vingt ans, & qui ne
pouvait se passer de viande, celui-ci ne l'accorda
qu'à condition que la Dame mangerait en secret,

loin de tout témoin, & qu'elle ferait maigre, en
outre, les vendredis. Le même Brantôme, qui nous
a tranſmis l'anecdote de Sipierre & du Légat, nous
en apprend une autre dans ſes *Dames galantes,* laquelle annonce des mœurs auſſi ſévères.

Certaine ville avait fait une proceſſion en carême,
dit-il. Une femme y avait aſſiſté, nus pieds, *faiſant
la marmiteuſe plus que dix. Au ſortir de-là , l'hypo-
crite alla dîner avec ſon amant , d'un quartier d'agneau
& d'un jambon. La ſenteur en vint juſqu'à la rue. On
monta en haut. Elle fut priſe , & condamnée à ſe
promener par la ville avec ſon quartier d'agneau, à la
broche, ſur l'épaule, & le jambon pendu au col.*

Une façon de penſer auſſi ſévère s'était fortifié
encore par les principes contraires qu'affectaient
ſur ce point les Novateurs. Comme le mépris &
l'inobſervance du carême étaient un de leurs
dogmes, on ſoupçonnait tous ceux qui ne l'obſer-
vaient point, d'être imbus de l'héréſie nouvelle.
„ On traîne au ſupplice, preſque comme un par-
„ ricide, celui qui, au lieu de poiſſon, a mangé
„ du porc, écrit Eraſme dans une de ſes lettres.
„ Quelqu'un a-t-il goûté de la viande, tout le monde
„ s'écrie, ô ciel! ô terre! ô mer! l'Egliſe eſt ébran-
„ lée, tout inonde d'hérétiques „. *Velut parricida,
pene dixerim, trahitur ad ſupplicium qui pro piſcium
carnibus guſtarit carnes ſuillas.... Guſtavit aliquis
carnes; clamant omnes, ô cœlum! ô terra! ô maria
Neptuni! Nutat Eccleſiæ ſtatus; inundant heretici.*

Souvent même le Gouvernement employa ſon
autorité pour faire pratiquer l'abſtinence dont il

s'agit. Il existe un Edit de Henri II, ann. 1549, lequel défend de vendre de la viande en carême à tout autre qu'à ceux qui apporteront un certificat de Médecin. Quatorze ans après, Charles IX défendit d'en vendre, même aux Huguenots, pendant ce tems. Non content de cet Edit, il en publia un autre en 1565, par lequel il accorde aux Hôtels-Dieu le privilège d'en vendre exclusivement; & ordonne qu'on n'en livrera qu'aux seuls malades. Celui-ci fut confirmé par deux Arrêts du Parlement, rendus l'un en 1575, l'autre vingt ans plus tard. Le Parlement exigeait, non-seulement que celui qui venait acheter apportât une attestation du Médecin; mais encore que le Boucher prît le nom & la demeure du malade, afin qu'on pût vérifier si réellement il avait besoin de faire gras.

Bientôt les formalités augmentèrent encore. Au certificat du Médecin, il fallut en joindre un second de la main du Curé. Dans l'un & dans l'autre étaient spécifiées la nature de la maladie & la qualité de viande qu'il fallait. Encore ne permettait-on que la viande de boucherie; la volaille & le gibier étaient prohibés.

Cette sévérité se maintint assez long-tems. Elle était encore telle vers le milieu du siècle dernier, que ceux des Parisiens qui étaient moins scrupuleux, & qui voulaient faire quelque partie en gras, se rendaient au village de Charenton, où il y avait un prêche de Huguenots, & où par conséquent on pouvait trouver de la viande. Le scandale attira l'attention du Magistrat préposé à la Police. Il rendit en 1659 une Ordonnance qui l'arrêta.

En un mot, veut-on connaître d'une manière ſûre & préciſe, quelle révolution, depuis un ſiècle & demi, s'eſt opérée dans les opinions ſur le point de diſcipline dont il s'agit ici? Le tableau en ſera court, & les réſultats concluans.

En 1629, il ſe tua dans l'Hôtel-Dieu de Paris, pendant le carême, ſix bœufs, & environ ſoixante veaux. Il ne faut point oublier que cette conſommation était celle, non-ſeulement de l'Hôpital, mais encore de toute la ville; puiſque l'Hôtel-Dieu avait alors le privilège excluſif de vendre de la viande (a).

(a) Non-ſeulement la viande, mais encore les œufs & la volaille, ſe vendaient alors dans l'enclos, & au profit de l'Hôtel-Dieu. Ce triple droit s'affermait à un Boucher; &, dans le tems dont nous parlons, il était affermé 300 livres. Vers le milieu du ſiècle, les Adminiſtrateurs firent avec le Boucher de carême un autre arrangement. Au lieu d'argent, il donna en nature, pour les malades, *quelques jarrets de veau*, les iſſues des bêtes qu'il tuait, & journellement, pendant les quarante jours, vingt-quatre volailles; ſavoir douze à dîner pour bouillir, &, le ſoir, douze lardées pour rôtir : car il faut remarquer que tout le rôti qu'on ſervait, le ſoir, aux malades, dans le cours de l'année, était lardé. Ce ſeul objet montait même annuellement à 500 liv. On peut voir tous ces détails dans l'*état des revenus & de la dépenſe de l'Hôtel-Dieu*, publié l'an, 1660.

L'Hôpital dont il s'agit n'avait à nourrir, année commune, que quinze cens bouches; y compris deux cens perſonnes, Eccléſiaſtiques, Religieuſes, domeſtiques, & autres, employés au ſervice de la maiſon. Aujourd'hui que le Gouvernement paraît s'occuper beaucoup de la réforme des Hôpitaux, peut-être ne ſera-t-on pas fâché de voir où montait alors la conſommation annuelle de celui-ci. L'état que je vais en donner, offrira à mes Lecteurs un autre avantage; celui de leur montrer quel était au moins le prix des denrées, il y a un ſiècle.

Conſommation

En 1665, on tua deux cens bœufs, & par conséquent deux mille veaux à-peu-près : car alors telle était ordinairement, dans les boucheries, la balance respective entre les deux espèces ; dix veaux ou moutons (a) pour un bœuf. (Aujourd'hui la proportion a changé ; c'est, pour chaque bœuf, quatre moutons & deux veaux).

Consommation annuelle de l'Hôtel-Dieu.

Deux cens bœufs, & neuf mille trois cens veaux & moutons , coutant	60000 livres
(Nota, Chaque malade avait par jour une livre de viande, Le bœuf coûtait 1 ſ. 11 d. la livre ; le veau & le mouton 3 ſ. 8 d.)	
Volailles , non compris celles de carême qui étaient fournies gratis par le Boucher, coutant.	4902
Vingt-trois milliers de carpes, tant pour les malades que pour les domestiques.	9200
Harengs frais & marée , pour les uns & les autres.	2320
Six cens mille œufs, à 34 liv. environ le millier.	14438
Vingt-deux milliers de beurre tant salé que frais ; à 6 ſ. 6 d. environ la livre l'une dans l'autre .	7051
Vingt milliers de pruneaux, à 6 ſ. le cent. .	1200
Mille voies de bois flotté, ...	9000

(a) Ces relevés sont tirés du *Traité des dispenses du carême* ; par le Médecin Hecquet, (ann. 1709 ;) ouvrage dont les principes, quoique dictés par une piété austere , sont malheureusement trop souvent fondés sur une érudition peu solide, & sur une physique peu éclairée. Aussi fut-il réfuté, l'année suivante, par un livre du D.r Andri, intitulé le *Régime du Carême*. Andri, dans sa critique, attaque les relevés qu'on vient de lire ; ou plutôt, sans vouloir contester la vérité des faits, chose dont il convient, il nie les résultats qu'en tire son confrere. Selon lui, il s'en faut beaucoup que l'Hôtel-Dieu fournît seul à Paris toute la viande qui s'y consommait en carême. Les Religionnaires, dit-il, avaient

En 1708, on tua cinq cens bœufs : ce qui, dans la proportion dont je viens de parler, doit faire cinq mille moutons ou veaux.

Un des Bouchers les plus achalandés de Paris, établi depuis trente-deux ans, m'a dit que, quand il commença ſa profeſſion, il ſe tuait à l'Hôtel-Dieu environ 1500 bœufs. Le nombre doubla en peu de tems. Il y eut même pluſieurs années où il monta juſqu'à 4000. Depuis 1775, les Bouchers ayant eu la permiſſion d'étaler en carême comme dans les autres tems de l'année, il a augmenté encore ; &, cette année 1782, il a été de 9000.

Abſtinence du Samedi. Tout ce qu'on vient de lire ſur la rigueur avec laquelle s'obſervait anciennement le carême, pourrait induire mes Lecteurs à croire qu'on a dû pratiquer avec autant de ſcrupule l'abſtinence du Samedi. Ils ſe tromperaient. Celle-ci a été beaucoup

---

la liberté d'en faire venir de Charenton pour leur uſage ; ils en fourniſſaient en cachette aux gens peu ſcrupuleux, ou même à des Catholiques malades : & cette contrebande, ajoute-il, était d'autant plus aiſée que la police, ſur ce point, n'était pas auſſi exacte qu'elle l'a été depuis.

On pourrait répondre au D.r Andri, que, malgré les réglemens des Magiſtrats, & malgré toute leur vigilance, il y avait ſans doute de la contrebande en ce genre ; comme il y en a pour tous les objets qui offrent l'appas d'un gain aſſûré : mais cependant il fallait, quoi qu'il en diſe, qu'elle ne fût ni aiſée, ni conſidérable ; puiſque les indévots qui voulaient faire gras étaient obligés d'aller à Charenton, comme on l'a vu par l'Ordonnance de police, citée quelques lignes plus haut. Quant à la ſévérité avec laquelle ſe maintenaient les différens Edits du Parlement, on en a la preuve dans cette Ordonnance même.

mou5

moins refpectée; apparemment parce qu'elle eft plus récente, & qu'elle n'a pas reçu par conféquent ce caractere d'antiquité impofant qu'avait reçu l'autre. Il s'eft même paffé plufieurs fiècles, depuis fon établiffement, avant qu'on l'ait obfervée avec une certaine régularité.

Glaber Rodolphe, Ecrivain du XIe fiècle, rapporte qu'elle eft due à un Concile qui, après plufieurs années confécutives de guerres & de calamités, l'ordonna, l'an mille, pour remercier Dieu d'avoir enfin rendu à la France l'abondance & la paix. Le fameux Grégoire VII en confirma l'inftitution dans un autre Concile tenu à Rome. Cependant, malgré cette double fanction, elle fut très-mal pratiquée chez nous; puifque Baldric ou Baudri, Abbé de Bourgueil, mauvais Poëte latin qui écrivait fur la fin de ce même fiècle, & peu d'années après l'exaltation de Grégoire, fe moquait d'un de fes Moines qui voulait l'obferver :

Sabbata cuftodis tanquam judæus Apella ;
. . . . tu refugis per fabbata tangere carnes.

N'étant point obfervée dans les Monafteres, on ne fera point furpris qu'elle ait été méconnue auffi du Clergé. Un Concile de Béziers, tenu en 1351, EXHORTE *les Eccléfiaftiques, & fur-tout les Bénéficiers, comme gens qui par leur état font obligés de donner bon exemple aux Laïcs, à ne point manger de viande le Samedi.*

Enfin pourtant, il y eut un autre Concile, tenu à Lavaur dix-fept ans après, qui impofa cette loi à tout Bénéficier eccléfiaftique; ainfi qu'à toute

perſonne dans les Ordres ſacrés ; & qui les y obligea par un *commandement* exprès, ſous peine de ſe
voir interdire l'entrée de l'égliſe autant de mois qu'ils
auraient péché de jours.

Dans ce réglement, on voit qu'il ne s'agit nullement des Laïcs. Quant aux Eccléſiaſtiques, comme
il n'était que l'émanation d'une aſſemblée provin-
ciale, il n'aſtraignait qu'un certain canton. Probablement même il ceſſa bientôt d'y être pratiqué :
car S. Antonin, Archevêque de Florence, écrivant
ſur cette matière au ſiècle ſuivant, parle de l'abſtinence en queſtion comme d'une coutume inuſitée
en France. *In Sabbatis comedere carnes, in locis ubi
eſt conſuetudo univerſaliter non comedi, mortale eſt.
Secus, ſi conſuetudo patriæ habet quod comedantur;
ut in Franciâ, Cataloniâ.* « Manger de la viande
» le Samedi dans les lieux où la coutume n'en eſt
» point univerſellement établie, eſt un péché mor-
» tel. Ce n'eſt point péché, quand l'uſage d'en man-
» ger ſubſiſte dans le pays, comme en France, en
» Catalogne, &c ».

Comme S. Antonin mourut en 1459, le P. Tho-
maſſin a donc eu raiſon d'avancer dans ſon *Traité
des jeûnes de l'Egliſe,* que l'obéiſſance ſur ce point
d'abſtinence a été, pendant fort long-tems, volon-
taire chez nous, & qu'elle n'a commencé à s'établir univerſellement que poſtérieurement au milieu
du XVe ſiècle. Alors même il ſe trouva certaines
Egliſes & certains Diocèſes qui, en s'y ſoumettant,
voulurent néanmoins ſe réſerver le droit de faire
gras, ſelon l'ancienne coutume, quelques ſamedis

de l'année ; par exemple, depuis Noël jufqu'à la Purification. Du nombre des Prélats qui admirent la réferve, fut Poncher, Evêque de Paris. Dans fes Ordonnances fynodales (ann. 1500) il dit expreffément : *toleramus diebus fabbathinis carnes comedere à fefto Nativitatis Domini ufque ad Purificationem B. Mariæ. Aliis vero temporibus prohibemus.* « Nous » *tolérons* de manger de la viande, les famedis de-» puis Noël jufqu'à la Purification. Hors de ce » tems, nous le défendons ».

Les fucceffeurs de Poncher ont adopté l'ufage qu'il avait établi. Il en a été ainfi de plufieurs Diocèfes ; & l'on fait que cet ufage y fubfifte encore.

En Italie, on avait obfervé avec plus de rigueur la loi primitive. S. Antonin, comme on la vu cideffus, y en avait déclaré l'infraction un péché mortel. La Cour de Rome elle-même chercha quelquefois à infpirer ces principes aux Français. Quand le Roi Jean, à fon avénement au Trône, alla voir dans Avignon Clément VII ; le Pontife, pour répondre à la prière du Prince qui lui avait demandé quelques graces, lui envoya, l'année fuivante 1351, vingt-huit Bulles différentes ; dans l'une defquelles il accordait au Monarque, & à fes fucceffeurs, la faculté de faire gras à l'armée, le famedi, & quelques autres jours de l'année qui feraient maigres accidentellement. La Bulle lui donnait la même permiffion pour fes troupes ; & elle chargeait le Confeffeur, ou le premier Chapelain du Roi, d'accorder la difpenfe.

Dans la ſuite, les Grands-Aumôniers firent de
cette diſpenſe un des privilèges de leur Office; &
quand, par les changemens d'opinion dont je viens
d'eſquiſſer l'abrégé, elle fut devenue néceſſaire, ils
l'accordèrent eux-mêmes, ſoit conjointement avec
le Confeſſeur, ſoit ſans lui. En 1600, Henri IV
s'étant rendu à Lyon pour épouſer Marie de Médicis, & voulant, comme il ſe trouvait en cette
ville ſur la fin de Décembre, y faire gras le ſamedi
d'après Noël, ainſi qu'il le faiſait dans le Diocèſe
de Paris; ce fut l'Evêque d'Evreux qui le lui permit
en qualité de Grand-Aumônier. Envain l'on repré-
ſenta à celui-ci que Lyon avait en ce moment ſon
Archevêque primat, & un Légat du S. Siége; il fut
décidé que le Grand-Aumônier étant Evêque né de
la Cour, il en demeurait l'Evêque en quelque lieu
qu'elle ſe trouvât : & l'on cita l'exemple d'Amyot
qui accompagnant Charles IX à Avignon, y avait
accordé une diſpenſe ſemblable, quoique cette ville
ne fût pas du domaine du Roi, & qu'il s'y trouvât
de même alors un Archevêque & un Légat. En 1672,
lorſque Louis XIV marcha contre les Hollandais
avec un corps d'armée commandé par Turenne, les
troupes firent gras le ſamedi, en vertu de la pré-
ſence du Roi. Péliſſon en parle dans ſes lettres. Il
y fait mention de la Bulle donnée au Roi Jean.
Elle ſe remet, dit-il, *à l'avis du premier Chapelain
& du Confeſſeur. M. le Cardinal de Bouillon (Grand-
Aumônier) prétend être à la place du premier Chapelain; & en effet, le Roi lui en parla auſſi bien
qu'à ſon Confeſſeur, le P. Ferrier : mais il n'y a*

point eu d'avis par écrit ni de l'un ni de l'autre.

Que ce soient les Basques qui, en cherchant des baleines, aient les premiers découvert le banc de Terre-Neuve, comme j'ai dit plus haut que le prétendent quelques Auteurs, le fait n'a rien que de très-possible. Nous pouvons prouver au moins, par des monumens historiques, que ce sont des Français qui ont découvert l'île, nommée de Terre-Neuve, ainsi que le grand banc. En 1504, des vaisseaux bretons & normands allèrent y faire la pêche. Ce fut en conséquence de ce fait que, vingt-neuf ans après, François I envoya Vérasani, puis ensuite Jaques Cartier, pour reconnaître ces contrées. Ce dernier découvrit en effet le golphe de S. Laurent, & reconnut l'île dont nous parlons. Il est probable que nos Pêcheurs, en s'éloignant des côtes, ne tardèrent pas à découvrir le grand banc (a); & que ce fut ainsi qu'ils procurèrent à leur patrie le plus sûr, & à la fois le plus lucratif de tous les commerces, celui de la morue.

Quelle surprise ravissante ne dûrent-ils pas éprouver, lorsqu'ils reconnurent, pour la première fois, cette montagne soumarine qui, dans une étendue de cent cinquante lieues, semble être devenue, par une sorte d'attraction inexplicable, le rendez-vous de toutes les morues de l'Univers; & où le Pêcheur, maître, s'il le veut, de recueillir dans un jour jus-

____

(a) Gonxier, qui écrivait en 1668, parle de la pêche de la morue comme employée par les Français *depuis plus d'un siècle.*

qu'à trois ou quatre cens de ces poiſſons, n'a d'autre
peine que de plonger ſans ceſſe, & de retirer ſa
ligne. Que ſont, auprès d'une pareille ſource de
richeſſe, ces mines de la poſſeſſion deſquelles l'Eſpagne aveuglée s'eſt applaudie ſi long-tems ? La
France, ſi elle eût voulu mettre à profit un ſi heureux événement, aurait pu s'en faire une bien plus
ſûre & bien plus inépuiſable. Malheureuſement la
langueur où ſe trouvait l'Etat influa d'abord ſur ce
commerce, qui était fait pour l'enrichir. Il languit
aſſez long-tems, & ne prit quelque force que quand
Sulli l'eut mis ſous la protection directe du Gouvernement, & que dans le Canada s'établit une Colonie, dont le voiſinage le fit valoir. Avant la ligue
d'Ausbourg en 1687, la ſeule ville de Honfleur
envoyait annuellement à la pêche de la morue quarante vaiſſeaux ; le Havre en envoyait quatre-vingt;
& ainſi des autres ports de Normandie, de Bretagne, &c. Les déſaſtres de deux guerres malheu-
reuſes ruinèrent inſenſiblement un commerce ſi
floriſſant. Il n'eſt plus, en quelque ſorte, que pré-
caire, depuis que par le traité d'Utrecht nous avons
cédé à l'Angleterre la propriété du grand banc.

On pêche auſſi cependant quelques morues ſur
nos côtes ; & Gontier remarquait qu'au dernier
ſiècle cette morue fraîche, nommée cabillau, était
regardée comme un mets digne des meilleures tables;
mais pour la morue ſalée, c'était, ſelon lui, un
aliment abandonné aux manœuvres.

Je citerai ci-deſſous, à l'article des huîtres, un
paſſage d'Auſone, qui prouve que les parcs pour

cette forté de coquillage, étaient ufités alors dans la Gaule.

Outre ces parcs, les plus faciles de tous à imaginer & à conftruire, on en connaiffait d'autres encore qui s'établiffaient de même fur les bords de la mer, & qui fe nommaient *pifcariæ*, (pêcheries), parce qu'ils fervaient à prendre le poiffon qu'on y laiffait entrer avec le flux. Il eft mention de ces derniers dans la Loi des Lombards. Elle condamne à fix fous d'amende celui qui fera convaincu d'y avoir volé du poiffon. *Si quis de pifcariâ alienâ pifces tulerit, componat folidos fex.*

Chez nous, la conftruction & la poffeffion de ces fortes d'établiffemens devint, avec le tems, fujette à plufieurs abus. Certains Seigneurs en ayant conftruit quelques uns de ce genre dans des endroits où, par leur bâtiffe & leur fituation, ils occafionnerent des plaintes, Henri III, en 1584, rendit une Ordonnance, par laquelle il enjoignit de démolir tous ceux qui n'étaient formés que depuis quarante ans. Quant aux pêcheries antérieures à cette époque, il voulut qu'elles fuffent faites, felon l'ancien ufage, en purs filets, fans claies, fans bois ou pierres capables de retenir l'eau.

Louis XIV, en 1681, publia un réglement pareil. Tous les parcs conftruits à l'embouchure des rivières navigables, ou fur la greve de la mer à deux cens braffes du paffage des vaiffeaux, tous ceux dont les propriétaires n'avaient pas un titre antérieur à l'an 1544, devaient être démolis. Quant aux parcs qui étaient confervés, le Roi ordonnait que ceux qu'on

nomme bouchots, fuſſent conſtruits en bois entre-
lacés ; que ceux compoſés en bois & en filets fuſſent de ſimples claies d'un pied & demi de hauteur,
auxquelles ſeraient attachés des filets ; enfin que
pour les parcs en pierres, on n'employât que des
pierres ſans ciment & ſans maçonnerie, & qu'ils
n'euſſent que quatre pieds de hauteur tout au plus,

Bourdigues.   On peut compter au nombre des parcs à poiſſon,
les bourdigues, uſitées ſur la Méditerranée. C'eſt une
ſorte de labyrinthe, fait en cannes ou en roſeaux, &
compoſé de différens réſervoirs dans leſquels le poiſſon paſſe ſucceſſivement juſqu'à celui du milieu,
d'où il ne peut plus ſortir. Pitton, (*Hiſtoire d'Aix*)
en attribue l'invention à la ville de Martigues.

Pêche
du Thon.   De tous les parcs qu'a inventés juſqu'à préſent
l'induſtrie des hommes, le plus ſavant, ſans contredit & le plus parfait de tous, eſt celui du thon.
En effet, l'appareil qu'on emploie pour cette pêche ;
l'artifice ingénieux de cette enceinte immenſe de
Madrague.   filets faits de joncs cordés, & nommée madrague ;
cette priſon où ſe trouvent renfermés à la fin pluſieurs
centaines de ces poiſſons, dont quelques-uns pèſent
juſqu'à cent cinquante livres ; la hardieſſe & l'agi-
lité des Pêcheurs qui s'y précipitent pour harponner,
aſſommer, ou ſaiſir les thons ; les efforts de ceux-ci
pour s'échapper ou ſe défendre ; les cris des ſpec-
tateurs enfin ; la muſique qui accompagne ordinairement ces ſortes de fêtes ; tout cela forme un
ſpectacle raviſſant, qu'on ſe reprocherait de ne pas
voir quand on voyage en Provence, & dont on ne
parle plus qu'avec enthouſiaſme, lorſqu'une fois en

en a été le témoin. Ce fpectacle a mérité, comme
chacun fait, d'exercer le pinceau de notre célèbre
Vernet.

Mais quand a commencé la pêche à la madrague ?
Quel eft l'homme de génie qui l'imagina ? Par quels
degrés s'eft-elle perfectionnée fi admirablement ? Les
Provençaux enfin, dont elle fait aujourd'hui l'une
des principales branches de commerce, en font-ils
les inventeurs, ou l'ont-ils reçue de quelque autre
peuple ? A toutes ces queftions intéreffantes, j'avoue
avec franchife que je n'ai point de réponfe fatisfai-
fante à donner. Cependant, fi j'ofais me décider
d'après une defcription affez vague que fait Oppien,
je croirais que l'invention de la madrague a plus de
quinze fiècles.

» Sur la fin du printems, dit le Poëte, lorfque
» les thons font en chaleur, ils fortent de l'Océan &
» entrent dans notre Méditerranée. D'abord on les
» apperçoit fur les côtes d'Efpagne, puis vers l'em-
» bouchure du Rhône & le rivage de l'antique Mar-
» feille, puis fur ceux d'Italie & de Sicile, d'où ils
» fe difperfent fans ordre, & fe répandent dans la
» vafte mer. C'eft-là, pour les Pêcheurs, une proie
» abondante & immenfe. Ceux-ci choififfent fur
» le rivage une anfe qui ne foit ni trop étroite, ni
» trop expofée aux vents. Un d'entr'eux fe place fur
» une colline élevée, pour épier de loin l'arrivée
» des thons. Dès qu'il les apperçoit, il avertit fes
» compagnons ; & auffitôt les filets, *pareils à une*
» *ville,* s'avancent en pleine mer. *Ces filets ont*
» *leurs veftibules, leurs portes, leurs chambres inté-*

» rieures. *Les poiſſons s'y jettent en troupe ; & la* » *priſe en eſt conſidérable* ».

Le récit d'Oppien ne nous apprend pas ſi la pêche dont on vient de lire la deſcription, était également en uſage chez les trois nations, Eſpagnole, Gauloiſe, & Italienne ; ou ſi elle n'était propre ſeulement qu'à l'une des trois. D'ailleurs, quoiqu'il eût été à portée d'être bien inſtruit ſur cette pêche, puiſque pendant quelque tems il avait habité Malthe, où ſon père avait été envoyé en exil, on ne peut ſe diſſimuler pourtant qu'il n'y ait dans ſon récit quelques circonſtances invraiſemblables ſur leſquelles il paraît avoir été mal informé. Telle eſt celle de ces filets immenſes qu'on faiſait avancer en pleine mer, & cette ſentinelle placée ſur une colline pour avertir de l'arrivée des poiſſons. Néanmoins, il faut convenir auſſi que, dans la deſcription de ces mêmes filets *pareils à une ville qui avait ſes portes, ſes rues, ſes priſons intérieures* , on ne peut s'empêcher de reconnaître une madrague, ou quelque choſe de ſemblable. Si les Provençaux l'employaient alors, l'uſage de cette ingénieuſe machine ſe ſera donc conſervé chez eux de ſiècle en ſiècle juſqu'à nous.

. Beaujeu, (*de laudibus Provinciæ* , ann. 1551), rapporte qu'à Marſeille on avait pris, de ſon tems, juſqu'à huit mille thons dans un jour ; & que ce poiſſon, ſi recherché ailleurs, n'avait aucune valeur dans la Province, tant il y était commun. Aujourd'hui nos Pêcheurs provençaux regardent comme une journée très-heureuſe de pouvoir en prendre ſix cens. Mais alors ſans doute ces poiſſons étaient plus communs qu'aujourd'hui. La guerre continuelle que, depuis tant de siecles, on leur fait toutes les années, a dû nécessairement en diminuer beaucoup le nombre.

Le thon, dit Champier, se coupait en morceaux, il se salait, & en cet état, il formait un objet de commerce sous le nom de Thonine ; mais c'était, selon l'auteur, une chair dure, un aliment bilieux & qui produisait des hémorrhoïdes. Rondelet, (*de piscibus*) en parle dans les mêmes termes.

Je voudrais avoir à citer sur chacune de nos Provinces maritimes des anecdotes pareilles à celles qu'on vient de lire. Je voudrais au moins qu'il me fût permis de rendre témoignage à l'industrie de chacune d'elles sur ce qui regarde la Pêche , & faire le dénombrement des différentes inventions dont elle leur est redevable : mais, encore une fois, c'est-là la matière d'un ouvrage ; & , à travers les digressions que je me permets quelquefois, je ne dois point oublier les bornes que me prescrit le mien. Je citerai seulement un ou deux exemples en ce genre ; & je citerai le premier pour faire honneur aux Saintongeois , dont il n'a point été question jusqu'à présent dans tout cet article de la Pêche. Il s'agit d'une manière ingénieuse de fermer une ance, tellement que quand la mer est retirée, le poisson se trouve pris & arrêté sur le sable. Palissi, (*discours admirable sur la nature des eaux* , ann. 1580), en attribue l'invention aux Pêcheurs de Saintonge.

» Ils plantent dans toute la largeur de l'ance , » dit-il, de distance en distance, des perches gar-

» nies d'une poulie à leur extrêmité ſupérieure;
» D'une perche à l'autre, par le moyen des poulies,
» ils ſuſpendent perpendiculairement un filet, dont
» le bas eſt armé de plomb & de pierres, afin qu'il
» poſe ſur le ſable. Lorſque la marée monte, on
» lâche le filet qui ſe couche par ſon propre poids,
» & qui laiſſe paſſer le poiſſon : mais, dès qu'elle
» commence à ſe retirer, les Pêcheurs viennent en
» bateau hiſſer les cordes ; alors s'élève une eſpèce
» de muraille qui arrête tout , & ils n'ont plus
» d'autre peine que de ramaſſer ».

Autre par les habitans de S. Valeri. Les habitans de S. Valeri , ſitués à l'embouchure de la Somme , avaient inventé auſſi une ſorte de pêche, dans laquelle ils employaient de même l'effet du flux. Au tems de la baſſe marée, lorſqu'il y avait peu d'eau dans la rivière , ils y tendaient certains filets particuliers. Des Matelots allaient , dans des bateaux , ſe placer à quelque diſtance du filet; puis ils s'en approchaient, chacun de leur côté, en pouſſant de grands cris , & frappant l'eau avec de longues perches pour chaſſer en avant le poiſſon. Celui qui ſe prenait ainſi , s'appellait *poiſſon hué*. Louis XIII , paſſant par S. Valeri, voulut jouir de ce ſpectacle , dit Sélincourt, (*Parfait Chaſſeur*, ann. 1683). La pêche fut heureuſe ; & l'on y prit, entr'autres pièces , un eſturgeon de douze pieds (a).

____

(a) L'auteur fait mention d'un privilége particulier à la Couronne de France , lequel mérite d'être cité ici. Comme la mer, le long des côtes d'Angleterre , eſt plus profonde que ſur les côtes de France , & que la pêche par conſéquent , doit y être plus fa-

Selon le même Ecrivain, les Suisses étaient les Pêcheurs à la ligne les plus habiles de l'Europe. Ils employaient pour amorce plusieurs sortes de vers & de mouches; mais ils faisaient encore, avec de la soie verte & jaune, une sorte de mouche artificielle, si bien imitée, qu'il n'y avait aucun poisson, dit l'auteur, qui n'y fût pris.

Parmi les poissons qui entraient dans le commerce des salaisons de France, & dont j'ai parlé cidessus, il n'a point été mention d'anchois. Celuici ne se trouve pas même dans la liste de ceux qu'on pêchait au XIIIᵉ siècle; mais il en est question dans nos auteurs du XVI. Beaujeu nous apprend qu'il avait été un tems où cette pêche formait une des principales branches du commerce des Provençaux; mais il ajoute que les Espagnols s'y étant adonnés aussi avec le plus grand succès, ils apportaient en Provence une telle quantité d'anchois, & les donnaient à si bas prix, que les Provençaux, hors d'état de soutenir la concurrence, avaient abandonné leur pêche, & s'étaient tournés vers d'autres objets plus lucratifs.

Champier parle du commerce des anchois comme d'un article qui enrichissait également la Provence & le Languedoc; ce qui suppose qu'on en pêchait aussi dans cette dernière Province.

La même pêche avait également lieu sur les côtes

---

vorable, le Roi avait droit d'y entretenir, toute l'année, soit en paix, soit en guerre, quatre bateaux de Pêcheurs.

de Gascogne, si nous en croyons Gontier. Il remarque même que si les anchois de Provence étaient
plus délicats, ceux de Bayonne étaient plus gros.

Sardines.   Les sardines étaient connues au XIIIe siècle, puisqu'elles sont comptées dans la liste, citée ci-dessus,
des poissons qui se pêchaient alors en France. On
peut assurer encore avec vraisemblance qu'elles
étaient dans ce tems-là aussi abondantes sur nos
côtes qu'elles le sont aujourd'hui. Mais probablement les Espagnols y firent tomber cette pêche,
comme ils avaient fait tomber en Provence celle
des anchois. Je vois au moins par Champier, que
les sardines qui, de son tems, se vendaient dans
le Royaume, se tiraient d'Espagne. Selon Beaujeu,
la plus grande partie de celles qu'on mangeait en
Provence, se consommait sur les galères.

Au dernier siècle, la pêche de ce poisson devint
pour la Bretagne une branche de commerce très-
considérable. Dans le Mémoire que l'Intendant de
cette Province fournit en 1697 au Duc de Bourgogne, sur l'état de sa Généralité; on lit que la seule
ville de Port-Louis faisait annuellement quatre mille
barriques de sardines, (la barrique est composée de
neuf à dix milliers). Bellisle en faisait douze cens;
& ainsi des autres ports de la Province.

Parmi les œuvres diverses du Chancelier de l'Hôpital, on lit une épigramme dans laquelle il parle
de ce poisson. C'est à propos d'un certain *Sardini*,
Italien, qui, comme beaucoup d'autres de ses compatriotes, était venu en France à la suite de Catherine de Médicis, & comme eux s'y était enrichi à

nos dépens. Choqué de la fortune de cet homme,
le Magistrat fit sur lui les deux vers suivans, où il
fait allusion au mot *Sardini.*

> *Sardinii fuerant qui nunc sunt grandia cete :*
> *Sic alit italicos Gallia pisciculos.*

On pêchait au XVIᵉ siècle le veau marin sur nos   Veau marin
côtes. Champier assure avoir mangé à la Cour de
François I, du boudin fait avec le sang, la chair, la
graisse, & les boyaux de cet amphibie; & il ajoute
qu'il le prit pour du boudin de cochon.

A l'article des poissons de rivière, j'ai donné ci-
dessus le nom de ceux dont nos Ayeux, en différens
tems, avaient fait le plus de cas; & l'on a vu que
ces jugemens ne s'accordaient pas toujours avec
notre façon de penser actuelle. Je pourrais dire la
même chose des poissons de mer; & sous ce nom
je comprens, & j'ai compris jusqu'ici (comme l'a
réglé un Arrêt du Parlement, rendu en 1681),
ceux qui, dans certaines saisons de l'année, quit-
tent la mer pour entrer dans des eaux douces.

Parmi les poissons les plus estimés, l'esturgeon a   Esturgeon
tenu le premier rang. On le prisait même tant, qu'en
certains pays, tels que l'Angleterre, le Roi s'appropriait exclusivement tous ceux que pouvaient prendre les Pêcheurs. En France, plusieurs Seigneurs
particuliers s'étaient, par la même raison, emparé
du même privilège. L'*Ordonnance de la Marine,*
publiée en 1681, adjuge encore au Roi ceux qu'on
trouve échoués sur la côte (*a*). Dans une charte

____

(*a*) L'Ordonnance règle la même chose pour le dauphin, le sau-

du Comte d'Eu, ann. 1059, le Comte abandonne à l'Abbaye de S. Michel d'Outreport, tous les eſturgeons que pourront prendre les vaſſaux de l'Abbé. C'était-là ſe dépouiller de ſon droit en faveur du Monaſtère.

On voit par une autre charte d'Etiennette, Comteſſe de Provence (ann. 1063), qu'il y avait, ſur le Rhône, des bateaux deſtinés à la pêche de l'eſturgeon. Beaujeu (ann. 1551) parle de ce poiſſon comme d'une denrée ſi commune en Provence, qu'il n'y coûtait qu'un ſou la livre.

En 1758, on en a pris un à Paris dans la Seine, lequel avait ſix pieds, ſept pouces de long. Cette année 1782, on y en a pris un autre de pareille grandeur, le 25 Juin. Il a été porté à Verſailles, & préſenté au Roi, au nom du Corps Municipal; comme l'avait été le premier.

Quant à l'eſturgeon ſalé, l'auteur du *Dictionnaire de Commerce* remarquait au commencement de ce ſiècle-ci, qu'il n'y avait plus que les Maiſons réligieuſes, & même celles où, comme chez les Chartreux, on faiſait toujours maigre, qui en mangeaſſent.

Rougets. Les rougets de Marſeille avaient anciennement de la réputation; ou au moins ils méritaient d'en avoir, ſi l'on s'en rapporte à une anecdote que

---

mon, & la truite; & ce ſont ces quatre eſpèces de poiſſons qu'elle nomme *poiſſons Royaux*. Néanmoins, elle aſſigne une certaine rétribution, ſous le titre de ſalaire, à ceux qui les auront mis en ſûreté.

nous a transmise Dion Cassius. Milon, coupable d'un meurtre, avait choisi pour défenseur Cicéron ; mais l'Orateur s'étant troublé, & par conséquent ayant mal défendu son client ; celui-ci avait été exilé à Marseille. Pendant ce tems, Cicéron retouche son plaidoyer ; & en cet état il le lui envoie. « Je » m'applaudis de ce qu'il ne l'a point prononcé » ainsi, répond plaisamment Milon. Autrement je » serais encore à Rome, & ne mangerais point de » ces excellens rougets de Marseille ».

En la mer Océane, environ le tems de Pasques, dit Palissi, (*Traité du Mitridat*), *il se prend un grand nombre de poissons, qui sont grands comme enfans, que l'on nomme maigres, desquels les Pêcheurs font grand argent. J'ay veu plusieurs fois des hommes & des femmes qui ont pelé par le corps, les mains, & le visage, pour avoir mangé du foye des dits poissons ; & dit-on que cela se fait quand le dit poisson est en chaleur.* Dans son traité *de la Glace,* l'auteur ajoute que, sur la côte de Saintonge, les Pêcheurs prenaient, en été, tant de maigres & de séches, que tel d'entr'eux en faisait saler ou sécher par an pour plus de cinq cens livres.

Le maigre, dit Champier, s'appellait à Bayonne borruguat ; à Narbonne, daine ; & ailleurs, ombre. Gontier assure qu'il était servi sur la table des Grands-Seigneurs.

Les *Proverbes* du XIII._e siècle, déja cités pour les poissons d'eau douce, donnent la liste suivante des poissons de mer renommés.

Tome II.   H

Aloſes de Bordeaux,
Congres de la Rochelle,
Eſturgeons de Blaye,
Harengs de Fécamp,
Saumons de Loire,
Seches de Coutances (*a.*)

Séches. Paris, au dernier ſiècle, faiſait encore cas des ſèches; comme le prouve une Ordonnance du Prévôt, rendue en 1610 contre un marchand qui en avait reçu directement chez lui cinq tonnes, au lieu de les laiſſer deſcendre d'abord à la Halle, ainſi que le preſcrivent les réglemens.

Congre. Du tems de Champier, on s'abſtenait du congre, parce qu'on l'accuſait de donner la lèpre.

Saumon. Pline dit que les rivières de Gaule abondaient en ſaumons, & que les Aquitains préféraient ce poiſſon à tous les autres poiſſons de mer. Selon Champier, le meilleur ſaumon était celui de la Loire & du

---

(*a*) Il eſt à remarquer que dans cette liſte il ne ſe trouve que des poiſſons de l'Océan, & aucun de ceux de la Méditerranée. La meilleure raiſon qu'on puiſſe alléguer pour excuſer ce ſilence, eſt ce que dit Bouchet dans ſes *Sérées*, que le poiſſon de la Méditerranée eſt beaucoup moins fort, moins gras, & moins bon que celui de l'Océan. *Ma chere enfant*, écrivait Mad. de Sévigné à ſa fille qui habitait la Provence, *vous n'avez point de bons poiſſons dans votre mer ; je m'en ſouviens. Je ne reconnoiſſois pas les ſeles, ni les vives. Je ne ſais comment vous pouvez faire le carême.* Cependant, Champier témoigne que les Provençaux & les Languedociens eſtimaient la brême de la Méditerranée, plus que celle de l'Océan.

Rhône. Selon Charles Etienne, c'était celui de Strasbourg. Mais ce dernier auteur ajoute qu'il n'en arrivait point de frais à Paris, & qu'on n'y en mangeait que de salé. Dans la plupart de nos Provinces, on en faisait tant de cas, qu'il y avait des cantons, dit Palissi, (*recepte véritable par laquelle les
hommes pourront apprendre à augmenter & multiplier
leurs tréfors*), où, à force de les pêcher, on en avait
épuisé l'espèce. Beaujeu remarque que les saumons
de la Méditerranée étaient plus petits que ceux de
l'Océan qu'il avait vus à Paris dans les marchés
publics.

Dans la liste des *Proverbes*, qu'on vient de lire,
l'alose de Bordeaux est vantée ; & Ausone au contraire, nous apprend que, de son tems, cette même
alose était regardée par les Bordelais comme un aliment abandonné au bas peuple :

. . . . . Opsonia plebis alosas.

Voilà un exemple bien frappant des changemens
arrivés dans l'opinion ou dans le goût. Depuis ce
changement, l'opinion n'a plus varié sur l'alose ;
& ce poisson a été regardé, jusqu'à nos jours, comme
un des meilleurs. Lorsqu'en 1431, le célébre Comte
de Dunois prit la ville de Chartres, ce fut à la faveur d'un prétendu convoi dans lequel était une
charrette qu'on disait remplie d'aloses. Enfin, au
rapport de Champier, l'alose était si estimée qu'on
la réservait pour la table des Grands.

Le même Champier dit qu'à Paris on prisait beaucoup la dorade & le turbot ; que la raie était éga-

lement recherchée à la table des Grands, & à celle
des Bourgeois; mais que le merlan était un poisson
méprisé, & abandonné au peuple.

Selon Gontier (an. 1668), les Parisiens estimaient
beaucoup la vive, & le turbot.

Quant à ce dernier, de tout tems on en a fait
le plus grand cas. On lit dans la vie de S. Arnoud,
Evêque de Soissons, un miracle qu'opéra le Saint
à cette occasion, lorsqu'il n'était encore qu'Abbé
du Couvent de S. Médard dans la même ville. L'u-
sage, tous les ans, à une certaine fête du Monastère, était, dit l'Historien, de régaler les Moines
d'un turbot. Arnoud qui se trouvait nouvellement
en place, & qui par conséquent ignorait la coutume, ne songea point à faire acheter le poisson.
Les Moines, peuple quelquefois séditieux & gourmand, se soulevèrent alors contre leur Abbé; &
déclarerent formellement qu'ils ne chanteraient
point la Messe. Celui-ci, ne sachant comment faire,
envoya au marché; & le Ciel, pour le tirer d'em-
barras, y fit trouver miraculeusement un turbot.
Cette historiette, pareille à presque toutes celles
qu'on trouve dans les légendes des siècles d'ignorance, ne mériterait pas d'être rapportée dans un ouvrage
critique où l'on se piquerait de quelque respect
pour le Lecteur; mais elle prouve qu'au XIe siècle
le commerce de marée fraîche avait lieu dans l'intérieur du Royaume; &, à ce titre, elle m'a paru
digne de trouver ici une place.

Beaujeu (ann. 1551) regarde le turbot comme
le premier des poissons; il met la sole au second

rang. Selon lui, on ne faisait nul cas à Marseille des dorades & des lamproies de mer. Gontier au contraire (ann. 1668) assure que la dorade était un des meilleurs poissons de la Méditerranée, & celui dont les Provençaux se glorifiaient le plus.

Dans le nombre de ces poissons recherchés qu'on a vus nommés ci-dessus, il y avait encore, ainsi que dans les quadrupedes, des morceaux de préférence, des parties qui passaient pour meilleures que les autres, & que la politesse faisait servir aux personnes que l'on considérait. Dans l'esturgeon & dans l'ombre, dit Champier, c'était la hure; dans le saumon, la hure & le ventre; dans la raie & le merlus, le foie; dans le barbeau, le museau; enfin, dans la carpe & la tanche, ce qu'on appelle improprement la langue, c'est-à-dire le palais (a). Je n'ai pas besoin de faire observer que, sur ces différens objets, le goût n'a point changé, & que nous pensons encore de même qu'au XVIe siècle.

On mangeait aussi alors des grenouilles, & même aux meilleures tables, puisque l'auteur se plaint de ce goût bisarre; ne concevant pas, dit-il, comment des gens délicats peuvent, sans que leur cœur se souleve, voir servir devant eux un insecte, tel que celui-ci, né dans des marais & dans des eaux croupissantes. « J'ai vu un tems, ajoute-t-il, où l'on

Animaux amphibies.

Grenouilles.

(a) L'auteur fait mention d'un certain gourmand, nommé Verdelet, qui fit pêcher dans les étangs de la Maison de Bourbon trois mille carpes, pour s'en procurer ce morceau délicat. Il fut pendu en punition. Le peuple fit alors beaucoup de chansons sur lui.

» n'en mangeait que les cuisses; mais actuellement
» on mange tout le corps, excepté la tête. Du
» reste, on les sert frites avec un peu de persil ».

Tortues.   Les tortues, que nous n'employons plus maintenant qu'en bouillons pour certaines maladies, étaient
aussi un mêts fin & recherché. On en pêchait beaucoup dans les rivières du Blaisois, de la Touraine,
& du Poitou, ajoute Champier; & toutes s'envoyaient à Paris, ou à la Cour. Liébaut vante ce
plat comme *les délices des Princes & des Grands-
Seigneurs.* Cependant il dit que les tortues de rivière
ne valent pas celles de terre ou de bois. Selon lui,
le Languedoc & la Provence faisaient de celles-ci
un grand commerce; & il donne même dans son
ouvrage la recette d'un appât particulier pour les
prendre. Charles Etienne rapporte qu'on en mangeait beaucoup aussi dans le Limousin.

Il paraît pourtant que le goût pour cet animal
n'était pas bien ancien. *Je me riois de Perdix* (écrivait en 1550 l'auteur des *devis sur la vigne*), *quand
on lui apporta des grenouilles en façon de poulletz
fricassez, des escargots bouilliz, & des tortues en leur
coquille à l'estuvée.* Trente ans plus tard, Palissi disait de même en son *Traité des pierres; c'est une
chose qui se voit tous les jours que les hommes mangent des viandes desquelles anciennement l'on n'en
eust mangé pour rien du monde. Et de mon temps
j'ai veu qu'il se fust trouvé bien peu d'hommes qui
eussent voulu manger ni tortues ni grenouilles.*

Biévres.   Nos différentes Provinces avaient des castors, dit
Liébaut; mais la Lorraine sur-tout, plus encore que

toutes les autres. Les cantons de France où l'on en
trouve le plus aujourd'hui font les bords du Rhône;
encore y font-ils affez rares, parce que cet amphibie coupant & rongeant les faules qui dans ce pays-
là font un des principaux revenus des propriétaires
riverains, on le détruit le plus qu'on peut. L'ufage
cependant n'était point d'en manger. On l'écorchait
pour en avoir la peau; & le cadavre était jetté enfuite, comme celui d'un chien mort. En 1749, un
Chartreux s'avifa d'en mettre un en étuvée. On fait
que les Religieux qui font toujours maigre, mangent
fans fcrupule la chair des quadrupedes amphibies (a).
Celui-ci fervit fon bièvre; c'eft le nom qu'en France
nous donnons au caftor; il fut trouvé excellent, &
particuliérement la queue qui en eft le morceau le
plus délicat. L'exemple a gagné. Depuis ce tems,
tout le monde mange du bièvre dans nos Provinces
méridionales. On le met en ragoût, en pâté; on en
conferve les cuiffes dans de l'huile, comme on le
fait pour l'oie; & ces cuiffes font devenues, comme
les cuiffes d'oies, un objet de commerce ou de préfent. Cependant il n'a point encore gagné dans la
Capitale; & probablement, avant qu'il ait le tems
d'y pénétrer, les caftors, déja fi rares, auront été
détruits en France.

(a) Beaucoup de gens penfent différemment fur le caftor; ils le
croient à la fois chair & poiffon, & regardent en conféquence la
partie antérieure de fon corps comme viande graffe, tandis que,
felon eux, la poftérieure eft maigre. C'eft là un des plus étranges préjugés qu'offre l'hiftoire de l'efprit humain.

Il ne faut pas confondre le biévre avec un oiſeau du même nom, qui ne vit que de poiſſon. Celui-ci paraiſſait quelquefois dans les marchés publics; mais, dit Bélon (*Hiſtoire des Oiſeaux*), il paſſait pour n'*être bon qu'à régaler le diable.*

Loutre.   Selon Gontier, il n'y avait que les payſans qui mangeaſſent de la loutre. Les Minimes, dit-il, ne ſe faiſaient nul ſcrupule d'en manger auſſi, parce que ſa chair ſent le poiſſon.

Coquillages.   Arnaud de Villeneuve remarquait au XIIIe ſiècle, comme un goût particulier aux Français, qu'ils mangeaſſent des coquillages. Les habitans de nos côtes maritimes ont dû, ſans doute, profiter en tout tems des ſecours que leur offrait en ce genre la Nature; & c'eſt ce qu'ils font encore actuellement. Cependant, ce goût n'eſt point devenu général à beaucoup près. De tous les coquillages qu'ont nos ports de mer, Paris ne connaît guères que les moules; encore eſt-ce-là un ragoût bourgeois. On en faiſait pourtant quelque cas dans certains cantons, dit Beaujeu; mais, en Provence, quoiqu'elles y fuſſent très-communes, on n'eût oſé les préſenter à une table honnête. Tout au plus en ſervait-on le bouillon, qu'on recherchait quelquefois, parce qu'il paſſait pour tenir le ventre libre.

Gontier rapporte que les Normands avaient ſur leurs côtes un coquillage qui était regardé comme ſi excellent, que les gourmands le préféraient à tout autre ragoût. Ils le nommaient *pouſſe-pied.*

Eſcargots.   « On mange des eſcargots en carême, écrivait » Champier; mais on n'en mange que dans ce ſeul

» tems, à cause de la peine qu'ils donnent à accom-
» moder : car il faut les échauder succevivement
» dans plusieurs eaux, pour leur faire jetter cette
» humeur muqueuse qui leur est propre. Les uns
» les mangent frits, d'autres bouillis ; chez les gens
» riches, on en fait des pâtés ; ou bien on les sert
» enfilés à de petites broches d'argent. Les lima-
» çons les plus estimés sont ceux de vigne ou de
» houblon ».

Au dernier siècle, il y avait, au rapport de Gontier, des *potages à l'escargot.*

On vend encore aujourd'hui de ces animaux dans
certains marchés de Paris ; ce qui suppose qu'il y a
quelques personnes qui en mangent. Ils sont fort
recherchés en Lorraine. On en envoie même dans
nos Colonies d'Amérique ; & c'est un objet de commerce pour l'Aunis, la Saintonge, & le Poitou.

Les *Proverbes* du XIIIe siècle citent comme les
meilleures écrevisses celles de Bar. Selon Champier,
ce qu'on estimait le plus dans ce crustacée, c'était
les œufs.

On faisait grand cas aussi de la petite écrevisse de
mer, nommée chevrette, ou salicoque. En Saintonge, on lui avait même donné, dit-il, le nom
de *santé* ; parce qu'on l'y regardait comme un aliment très-sain. En conséquence, on en faisait manger aux convalescens, & sur-tout aux personnes malades d'épuisement & d'éthisie.

Les huîtres du Médoc, appellées huîtres de Bordeaux, sont renommées depuis long-tems. Pline en
fait l'éloge. Ausone nous les représente comme étant

blanches, douces, graſſes, n'ayant de ſel que ce qu'il en faut pour plaire. Il les compare à celles de Baies, ſi eſtimées des Romains; & prétend que leur renommée leur a procuré même plus d'une fois l'honneur de paraître à la table des Céſars.

Oſtrea , Baïanis certantia , quæ Medulorum
Dulcibus in ſtagnis reflui maris æſtus opimat.

Et ailleurs

Sed mihi præ cunctis mitiſſima quæ Medulorum
Educat Oceanus , quæ Burdigalenſia nomen ,
Uſque ad Cæſareas tulit admiratio menſas.
. . . . iſta & opimi
Viſceris , & nivei , dulci que tenerrima ſucco
Miſcent æquoreum tenui ſale tincta ſaporem.

Parcs pour les huîtres.
Ce vers du Poëte , *dulcibus in ſtagnis reflui maris æſtus opimat,* ſemble indiquer , ſi je ne me trompe, que dès-lors, on employait, pour les huîtres, de grands baſſins où pouvait pénétrer la marée, & où on les enfermait pour les faire multiplier & les engraiſſer. C'eſt ce qu'aujourd'hui l'on nomme des parcs.

Après les huîtres de Bordeaux, Auſone met au ſecond rang, mais à une grande diſtance, celles de Marſeille , de Collioure , & de la côte d'Evreux. On loue encore , dit-il, celles de Bretagne & de Poitou.

Henri IV aimait beaucoup ce coquillage. Le flux de ſang dont il fut incommodé en 1603, pendant ſon voyage de Rouen, ne fut attribué , dit Létoile, qu'à la quantité d'huîtres qu'il avait mangées. Sully raconte que quand le Roi l'eut nommé Duc & Pair,

& qu'il voulut donner son repas de reception, Henri
vint tout-à-coup le surprendre, &, sans être attendu, se placer au nombre des convives. Mais,
comme on tardait trop à se mettre à table, il commença, ajoute l'Historien, par manger *des huitres de
chasse, qu'il trouva très-fraîches.*

Il est probable qu'on appellait huitres de chasse
celles qui venaient à Paris par les *Chassemarées.* L'é-
tablissement des Chassemarées subsistait donc, au
commencement du dernier siècle, pour cette sorte
de marchandise.

Saint-Evremont, dans une description fort pom-
peuse qu'il fait de Paris, & qu'on trouve parmi ses
autres œuvres, compte, pour cette seule ville, jusqu'à quatre mille vendeurs d'huitres. Peut-être cet
article renferme-t-il un peu d'exagération. Lorsqu'on traite un sujet en forme de panégyrique, facilement la tête s'échauffe ; & toutes les phrases de
l'auteur prennent une teinte d'hyperbole. Mais d'un
autre côté, si Saint-Evremont a été bien instruit,
s'il n'a parlé que d'après des renseignemens sûrs, il
s'ensuivrait que l'on consommait à Paris plus d'huitres
dans le dernier siècle que dans celui-ci.

L'auteur du Mémoire sur la Généralité de la Rochelle, fourni en 1697 au Duc de Bourgogne
par l'Intendant de cette Généralité, avance que les
huitres vertes qu'on pêchait à l'embouchure de la
Charente, *passaient pour les meilleures qu'il y eût
au monde.*

CHAPITRE TROISIEME.

METS APPRÊTÉS.

PREMIERE SECTION.

Des choſes qui compoſent les Aſſaiſonnemens.

J'AI déja traité ci-deſſus ce qui regarde le lait, le beurre, les œufs, & certaines herbes aromatiques. Il me reſte à parler maintenant de quelques autres ſubſtances qui, en différens ſiècles, ont été, ainſi que les premières, employées à donner de la ſaveur aux alimens; car, dans tous les tems, comme dans tous les lieux, l'homme, en ſatisfaiſant ſa faim & ſa ſoif, a cherché non-ſeulement à ſoulager un beſoin, mais encore à ſe procurer un plaiſir.

Mouſſerons.   Toutes les eſpèces de mouſſerons que produit notre climat, n'étaient point également admiſes ſur nos tables. On n'y ſervait, dit de Serres (ann. 1600), que ceux qui ſont petits, blancs au-dehors, & rougés en-dedans. Comme c'était une friandiſe eſtimée, on avait trouvé, ajoute-t-il, l'art d'en faire naître artificiellement ſur des couches. Ces couches étaient compoſées alternativement d'un lit de terre de taupinière, puis d'un lit de fumier : & on les arroſait enſuite avec de l'eau, dans laquelle on avait fait bouillir quelques mouſſerons mûrs.

Au reste, pour montrer quel cas on faisait de cet aliment, je ne citerai qu'un fait, rapporté par Mad. de Motteville. La Cour, pendant les troubles de la Fronde, s'étant trouvée près d'Orléans, on vint y acheter ce qui était nécessaire pour la bouche du Roi & pour celle de la Reine-mère. Mademoiselle, qui s'était emparée de cette ville, & qui était ennemie du Cardinal Mazarin, se fit apporter les provisions ; puis, après les avoir examinées, y trouvant des mousserons, *elle les prit, & les jetta ; en disant : « cela est trop délicat ; je ne veux pas que le « Cardinal en mange »*.

Lorsque les mousserons passèrent de mode en France, & que les champignons prirent faveur, on sema aussi les champignons sur couche. Mais les couches de mousserons furent les premières. Quant aux autres, elles ont au moins près d'un siècle; puisqu'il en est parlé dans la Quintinie.

Au reste, si la gourmandise a pu s'applaudir quelquefois d'une industrie pareille, il est peut-être du devoir de l'humanité de l'approuver aussi : car personne n'ignore combien sont dangereux, & souvent combien sont mortels, presque tous les champignons ordinaires; & personne n'ignore en même tems que ceux de couche au moins ne sont pas malfaisans.

Cependant, il faut convenir que cette qualité pernicieuse, attribuée assez généralement aux champignons, n'est peut-être pas aussi bien démontrée qu'on le croit communément. Je trouve du moins quelques faits qui peuvent en faire douter; & qui

ſembleraient prouver au contraire, ou que cet éli-
ment n'eſt point par-tout un poiſon, ou qu'il eſt des
eſtomacs ſur leſquels ce poiſon n'a aucune force.
On prétend que les Ruſſes mangent ſans choix,
comme ſans danger, tous ceux que le hazard leur
offre; même dans les eſpèces reconnues pour les
plus dangereuſes. Bernier (*Hiſtoire de Blois*), rapporte de Noel Deſlandes, Evêque de Tréguier, mort
en 1645, une réponſe qui ſuppoſe le même fait
chez nous. Deſlandes venait de confeſſer un de ſes
Diocéſains, empoiſonné par des champignons.
Comme on parlait ſur cet événement, quelqu'un
s'aviſa de dire qu'il en était d'autant plus ſurpris,
que tous les jours on voyait des perſonnes en uſer
impunément. Le Prélat, homme reſpectable, qui
de la plus baſſe naiſſance était parvenu par ſon mérite à l'Epiſcopat, ajouta avec humilité : « Oui,
» vous avez raiſon. Pour moi, il m'eſt arrivé main-
» tesfois d'en manger, lorſque je gardais le trou-
» peau de mon père : je les cueillais indiſtinctement,
» parce que j'avais faim ; & jamais je n'en ai éprouvé
» l'incommodité la plus légère ». Enfin Beaujeu,
raiſonnant ſur cette renommée funeſte dont jouit
le champignon, s'étonne du préjugé qui s'eſt établi
à ce ſujet. Il témoigne que, par toute la Provence,
on ne mangeait dans la ſaiſon preſque rien autre
choſe ; & il aſſure que, ſoit la nature du ſol, ſoit
le tempérament des habitans, ou l'effet de l'huile
dans laquelle ils les faiſaient bouillir, aucun d'eux
n'en était incommodé.

Quoique tout ceci ne ſoit pas ſuffiſant pour raſfurer entiérement fur l'ufage de la fubftance dont nous parlons, peut-être néanmoins en eft-ce affez pour infpirer quelque doute fur fa qualité vénéneufe; ou au moins pour engager des gens honnêtes & inftruits, à conftater fon danger par des expériences multipliées.

Le fecret qui nous enfeignerait à détruire en elle cette propriété funefte, ferait bien plus utile encore. Il y a quelques années qu'on l'a annoncé dans les papiers publics. Il fuffit, difait-on, de faire paffer le champignon, avant de l'employer, par une eau bouillante, dans laquelle on aura verfé un peu de vinaigre. Si ce moyen était certain (fait dont doutent les gens de l'art), celui qui en eft l'auteur jouirait de l'avantage d'avoir ajouté un aliment de plus à tous ceux qui compofent notre nourriture.

Les champignons, au XVIe fiècle, s'apprêtaient à-peu-près comme aujourd'hui. Après les avoir dépouillés de leur peau extérieure, coupés par morceaux, & cuits dans l'eau, on les fricaffait dans de l'huile ou dans du beurre avec un peu de farine; puis on les fervait foupoudrés de fel & de poivre.

Les ragoûts aux champignons étaient fous Louis XIII, en ufage à la Cour. On le voit par une efpèce de bon mot, attribué à Marets, Fou du Prince. Un jeune Gentilhomme, nommé Baradas, forti de Page la veille, avait eu l'honneur de jouer à la paulme avec le Roi. Cette faveur inefpérée, l'ouvrage d'un feul jour, furprit tous les courtifans; & en effet, on pouvait la comparer à cette crue fubite du champignon qui naît dans l'intervalle d'une nuit à l'autre. Marets en avait été choqué. Aſſiſtant au dîner du Roi, il ſe mit à crier; *qu'on apporte un plat de Baradas.*

Morilles. Bien antérieurement au temsoù l'on commença à rechercher les champignons, les morilles étaient un ragoût eſtimé. Nous liſons dans la vie de S. Par-doux, qu'un jour certain payſan ayant trouvé des morilles, il voulut, par reſpect pour le Saint, lui en faire un préſent. Dans ſa route, il fut rencontré par un Grand-Seigneur, nommé Ragnacaire, qu'elles tentèrent. Celui-ci les lui arracha, & ſe les fit ſer-vit à dîner. Mais, par une punition divine, dit le Légendaire, elles lui donnèrent des coliques affreu-ſes, dont il ne fut guéri qu'avec de l'huile qu'on lui fit avaler, & que Pardoux avait bénite.

Du tems de Champier, preſque toutes les mo-rilles qui ſe conſommaient en France, venaient de Narbonne & des cantons ſitués aux environs du Rhône. Elles arrivaient confites dans du ſel.

Truffes. Euſtache Deſchamps, auteur qui floriſſait ſous Charles VI, & dont il nous reſte un recueil de Poé-ſies manuſcrites, ayant un jour mangé des truffes qui l'avaient incommodé, il s'en vengea par une ballade qu'il fit contre ce ragoût; à-peu-près comme Horace, en pareil cas, avait fait une ode contre l'ail. Le Poëte, en finiſſant ſa ballade, ajoute qu'il a beau décrier cet aliment pernicieux; que toutes ſes déclamations ſeront inutiles; & que ſur ce point la gourmandiſe des gens de Cour eſt telle que le riſque auquel ils expoſent leur ſanté & leur vie, ne pourra les arrêter.

Comme

Comme les truffes, par la manière dont elles naiſſent, reſtent cachées ſous terre, ſans aucune apparence de pouſſe extérieure qui les indique, il a fallu chercher quelque moyen ſûr & facile pour les découvrir. Le plus ordinaire, comme on ſait, eſt de conduire dans les champs où l'on en ſoupçonne, des cochons muſelés. L'animal les trouve par l'odorat, il les déterre avec ſon muſeau, & l'on n'a d'autre peine que de les ramaſſer. Ce moyen, ſimple & adroit, ne remonte que vers le milieu du XVIe ſiecle. Champier en parle comme d'un uſage *très-récent.*

On cuiſait les truffes dans le vin, dit-il; ou ſous la cendre, enveloppées d'étouppes ; ou dans l'eau, avec de l'huile, du ſel & des plantes aromatiques.

Les meilleures, ſelon lui, étaient celles de Franche-Comté, de Saintonge, du Dauphiné, de Bourgogne, & d'Angoumois. Aujourd'hui celles du Périgord paſ-ſent pour les premières de toutes.

Quand on voulait garder des truffes, on les met-tait dans du vinaigre. Cependant, comme elles y contractaient un goût déſagréable, on avait ſoin, avant de les employer, remarque de Serres, de les faire tremper pendant douze ou quinze heures dans de l'eau de riviére. Après quoi on les cuiſait dans du beurre avec des épices.

Cet auteur nous apprend encore que de ſon tems, on commençait à cultiver en Dauphiné une eſpèce particulière de truffe qui était venue de Suiſſe. " Celle-ci ſe nomme cartoufle, dit-il; elle a l'écorce » liſſe & plus claire que la truffe ordinaire ; mais » du reſte, elle s'accommode de même ».

Ce que nous appellons verjus aujourd'hui eſt le *jus*, ou ſuc acerbe, exprimé d'une ſorte de raiſin particulier, lorſqu'il eſt encore *verd*. Anciennement on appellait ainſi le ſuc de certaines herbes acidules & vertes, telles que l'oſeille. C'était véritablement là un *jus verd*, ſelon la dénomination qu'on lui donna. Celui-ci s'employait dans beaucoup de ſauces, comme on le verra ailleurs. On s'en ſervait pour aſſaiſonner les viandes, le poiſſon, & les œufs; & l'on diſait même proverbialement en Auvergne, écrit Champier, que le veau & le chevreau ne valaient rien ſans le verjus d'oſeille.

Lorſqu'on connut en France l'orange & la bigarrade, on employa également dans nos cuiſines le ſuc de ce fruit; & il porta le nom général de verjus, quoiqu'il ne fût point verd. Bientôt cependant, pour le diſtinguer du verjus d'oſeille, on s'accorda à le nommer *aigret*.

J'ignore ce qu'on doit entendre par le *verjus de grain*, dont il eſt mention dans les Poéſies manuſcrites du XIIIe ſiecle; peut-être était-ce le ſuc du blé verd, pilé. Au reſte, je trouve que c'était alors un des cris de Paris.

Quant au verjus de raiſin, Champier en parle comme d'une *invention nouvelle*. Cependant il en eſt mention dans la traduction de Creſcent, ſur l'agriculture, ouvrage entrepris par ordre de Charles V; & dans une Ordonnance du Prévôt de Paris pour les Jaugeurs en 1303. Ce verjus, moins cher que l'aigret, plus agréable que le jus d'oſeille, eut bientôt aſſez de vogue pour les faire abandonner tous deux. Mais il avait sur eux le désavantage de n'avoir lieu que pendant un tems de l'année fort court. On chercha donc le moyen d'en faire une liqueur de garde; & l'on y parvint en le mettant, comme le vin, dans des tonneaux, & en le salant lorsqu'il avait fermenté. Préparé ainsi, il se conservait pendant deux ou trois ans, ajoute Champier. Nous en salons encore de même; mais, quoiqu'en dise le Médecin, il ne se garde guères qu'un an dans toute sa bonté. Après ce tems, il s'affaiblit & perd sa force. Cependant, on peut prolonger sa durée en le couvrant d'une couche d'huile.

A Paris, le verjus était une de ces provisions qu'on a coutume de faire annuellement dans un ménage, lorsqu'à une certaine aisance on joint de l'économie. Il s'établit même dans l'intérieur de la ville, au siècle suivant, plusieurs pressoirs publics, pour la commodité des Bourgeois qui possédant des vignes en propriété étaient curieux de faire eux-mêmes leur verjus. Nous lisons dans le *Jardinier françois* (ann. 1651), qu'il y avait de ces pressoirs en différens quartiers; & notamment au pont S. Michel, & à Sainte Opportune.

Ce dernier a subsisté jusqu'à nos jours; mais enfin on l'a supprimé, il y a huit ou neuf ans. Paris maintenant n'en a plus que trois, où les particuliers puissent aller faire leur verjus; car je ne compte point ceux que les Vinaigriers ont chez eux pour leur usage. Ces trois sont à Sainte Catherine, à S. Lazare, & aux Récollets.

L'état des revenus & de la dépense annuelle de

l'Hôtel-Dieu de Paris, publié en 1660, fait monter la consommation du verjus pour cet Hôpital à quarante muids par an : ce qui doit d'autant plus étonner que l'Hôtel-Dieu ne nourrissait alors, année commune, que quinze cens bouches, y compris deux cens pour le service de la maison.

Selon le même auteur du *Jardinier françois*, l'espèce de raisin, la meilleure pour faire du verjus, était celle qu'on nommait bizanne ou bourdelas.

La vente détaillée du verjus appartenait aux Vinaigriers. Il y eut même en 1657 un Arrêt du Parlement, qui défendit aux Cabaretiers d'en faire commerce ; &, en 1682, deux Arrêts du Conseil qui firent la même défense, l'un aux Epiciers-Apothicaires, l'autre aux Chandeliers.

Comme nos Provinces à vignobles se fabriquaient un verjus avec leurs raisins, nos Provinces à cidre s'en faisaient un aussi avec certaines pommes sauvages; & celui-ci, ainsi que l'autre, se gardait en le salant de même. C'est ce que nous apprend Liébaut. Mais, ce qui surprendra davantage, c'est que le Mâconnais, le Lyonnais, & la Franche-Comté, pays à raisins, employaient pourtant ce verjus de préférence. Champier l'assure.

Vinaigre. Le vinaigre, dans l'origine, ne fut que du *vin aigri*, qu'on employa sans doute, parce qu'après la décomposition de ses premiers principes, on lui trouva, pour l'assaisonnement, une qualité qu'il n'avait pas auparavant. Mais, comme cette sorte de vinaigre a naturellement un goût désagréable, on chercha à s'en procurer par art un autre qui le fût moins. La façon la plus commune, dit Liébaut, était de remplir à moitié un vaiſſeau avec du bon vin, & d'y favoriſer, en le-laiſſant débouché dans un endroit chaud, une fermentation nouvelle qui l'aigrît. Une autre manière plus expéditive encore, ſelon lui, mais qu'aujourd'hui nous trouverons fort vicieuſe, était d'y jetter certaines choſes propres à le faire tourner; telles que des mûres de haie, des nefles, des racines de choux, des prunelles encore vertes, &c. Quant à ceux qui employaient en vinaigre du vin pouſſé, ils avaient ſoin auparavant, ajoute Liébaut, de le faire bouillir, & de bien l'écumer. Lorſqu'il était réduit au tiers, ils le verſaient dans un barril fermé qui avait déja contenu du vinaigre, & y jettaient enſuite du cerfeuil.

Les Vinaigriers employaient anciennement la lie de vin pour faire des cendres gravelées. On voit même, par les ſtatuts que Louis XII leur donna en 1514, qu'ils couraient les rues de Paris, en criant & demandant qui voulait leur vendre de la lie.

Comme les Bourgeois de Paris avaient le droit de vendre en détail & *à pot*, ainſi que je le dirai ailleurs, le vin de leur crû, ils eurent auſſi celui de vendre leurs vins devenus aigres. Ce privilège leur fut accordé en 1567 par Charles IX, & enregîtré, deux ans après, au Parlement.

Il y a pluſieurs ſiècles qu'on avait déja l'art d'aromatiſer les vinaigres avec des infuſions de fleurs; ou d'y faire entrer des ſubſtances étrangères, capables d'augmenter ſa force. Au tems de Liébaut, l'on

Vinaigres composés.

connaiſſait le vinaigre roſat; le vinaigre doux, fait avec du mout; un vinaigre fait avec des ſeuls fruits & ſans vin; enfin un vinaigre ſec, qui ſe vendait en paſtilles. Ce dernier, dit l'auteur, était, pour la Provence & la Touraine, un objet de commerce.

En 1600, l'on en connaiſſait quelques autres dont les noms & la recette ſe trouvent dans de Serres; tel était celui, appellé de ſureau, parce qu'il y entrait la fleur de cet arbuſte; le vinaigre de ſanté, fait avec des fleurs de chicorée, de bugloſe, & de roſes ſauvages; & le giroflent, nommé ainſi à cauſe des giroflées & des œillets qui lui donnaient de l'odeur & du goût.

Cependant, ſoit que ces nouveautés n'euſſent pas plu au public, ſoit que leurs inventeurs ne leur euſſent pas donné d'abord le degré de bonté dont elles étaient ſuſceptibles, elles n'eurent qu'un ſuccès très-médiocre. Le premier qui les accrédita, fut un Vinaigrier, nommé Savalette, établi à Paris vers le milieu du dernier ſiècle. Il ſut rendre ces ſortes d'infuſions beaucoup plus parfaites qu'elles ne l'avaient été juſqu'à lui; & ſur-tout celles au ſureau, à l'eſtragon, à la roſe, & à l'œillet. Il inventa auſſi en même tems, comme je le dirai plus bas, les moutardes fines; &, par cette double branche d'induſtrie, gagna une fortune conſidérable.

En 1742, un autre Vinaigrier, nommé le Comte, imagina d'employer, pour les infuſions dont nous parlons, du vinaigre blanc; car juſqu'alors on n'avait connu que le rouge.

Enfin, dix ans après, un de ses confrères, le sieur Maille, s'est aquis, dans sa profession, par une foule d'inventions nouvelles, une réputation qui lui a valu le titre de Vinaigrier-Distillateur ordinaire du Roi & de Sa Majesté Impériale, dont il jouit aujourd'hui. Il la commença par les vinaigres de toilette à l'usage des Dames. Aux neuf espèces qui subsistaient avant lui, il en ajouta quatre-vingt-douze autres de propreté ou de santé; & les Dames qu'il avait eu l'adresse d'intéresser à son nom en travaillant à augmenter ou à conserver leur beauté, se font empressées de le prôner. Il a multiplié également les vinaigres composés, de table & de cuisine. Avant qu'il commençât sa profession, ses confrères ne connaissaient que le surard, les vinaigres de baume, de céléri, de pimprenelle; ceux à l'ail, au basilic, à l'estragon, à l'œillet, à la rose, & aux truffes. Il en a inventé cinquante-cinq autres: l'anisé, l'impérial, le mariné, le rouge fort, le surard distillé, le verd; le vinaigre à l'ail distillé, à la belle-evêque, à la camaldule, à la capucine, à la charolais, à la chartreuse, à la chicorée, à la choisi, à la ciboulette, à la civette, à la cristemarine, à la dauphine, à la framboise, à la d'isanghien, à la minorque; à la mongolienne, à la nevers, à l'oseille, à la p..., à la polonaise, à la ravigote, à la rocambole, à la rouille, à la sarriette, aux anchois, aux câpres, au fenouil marin, au gingembre, aux herbes fines, aux ognons, aux pistaches; les vinaigres d'aubépine, de bigarade, de canelle, de cerises, d'épine-vinette, d'estragon à la S. florentin, d'estra-

gon à la vrilliere, d'eſtragon diſtillé, de fumet
pour le gibier, de gérofle, de macis, de millefleurs,
de mûres, de muſcat, de pêche, de piment, de fan-
tilis, & des ſix ſimples.

Je ſuis entré dans ces détails, parce qu'ils feront un jour époque pour nos Neveux, & qu'aujourd'hui les objets qu'on vient de lire, ſont devenus
entre les mains de leur inventeur, celui d'un commerce très-conſidérable, non-ſeulement avec nos
Provinces & nos Colonies, mais encore avec la
Ruſſie, & ſur-tout avec l'Allemagne. Pour Paris,
le Sr Maille m'a dit que les vinaigres qu'il y débite
le plus, ſont la ravigotte, l'eſtragon, le millefleurs,
la fleur de ſureau, & ceux aux truffes, & aux
fines herbes.

Les Provinces à cidre qui avaient imaginé de ſe
faire un verjus avec le ſuc de pommes ou de poires ſauvages, ſe firent auſſi un vinaigre avec les
mêmes fruits. Leur méthode, écrit Liébaut, était
de hacher ces fruits par morceaux, & de les mettre,
pendant trente jours, infuſer dans un barril avec de
l'eau de pluie ou de fontaine.

On employait auſſi, ſelon de Serres, le vinaigre
à confire certains fruits, certaines fleurs, ou plantes potageres, comme cornichons, pourpier, fé-
noüil, choux-cabus, aſérolles, laitues pommées,
violettes doubles, côtes de poirée, pommes même,
& abricots verds. L'auteur des *Eſcraines dijonnaiſes*
(ann. 1620) nous apprend que *cela s'appelloit
communément des compôtes.* On s'en ſervait pour
aſſaiſonner quelques alimens, ou quelques ſalades;

ce qu'aucuns , dit-il , *estimoient aussi bon & agréable comme les olives d'Espagne , de Provence , ou de Lucques.*

Les Provençaux faisaient commerce de perce-pierre préparée ainsi. Leur méthode pour la confire, écrit Beaujeu, (*de laudibus Provinciæ*, ann. 1551), était de la mettre macérer pendant trois heures dans de l'eau tiéde , de la laver ensuite dans l'eau froide ; & , quand elle était bien séchée , de l'enfermer dans un baril avec du vinaigre.

Le sieur Maille , pour mariner sa perce-pierre & ses cornichons , y jette , trois jours de suite, du vinaigre bouillant. Ce n'est qu'à la troisieme opération, m'a-t-il dit, qu'ils commencent à verdir. Quant aux fruits marinés qu'il vend , ce sont l'ail, les brugnons , les abricots verds , champignons , petits ognons, passe-pierre, pavie de Pompone, poivrons, piment blanc , barbe-de-chevre , blé de Turquie , bigarreaux-à-la-Reine , (nommés ainsi , parce que la feue Reine les aimait), câpres , cornichons , cristemarine, épine-vinette, haricots, graine de capucine, melons , noix , & truffes. Les neuf premiers étaient connus avant lui ; mais il a fait & inventé les douze derniers.

Un autre objet de commerce qu'avaient autrefois les Provençaux, & qu'ils ont conservé, étaient les câpres. Il s'en consommait alors en France de deux espèces ; les unes fort grosses , qui nous étaient apportées d'Egypte , & qui provenaient d'un câprier sans épines , dit Bélon, (*Observations sur les singula- rités trouvées en Grèce , en Asie)*; les autres, petites,

Câpres

& venant du câprier épineux, lequel perd ſes feuilles en hyver.

C'étaient celles-ci que cultivaient les Provençaux; & cette culture était une choſe aſſez ſingulière pour mériter d'être remarquée ici. J'en tire les détails de Beaujeu. « Ils pulvériſent, dit-il, des platras de
» vieux murs. Cette poudre, ils la mêlent avec de
» la graine de câprier, en rempliſſent une ſarba-
» canne, & la ſoufflent dans les crevaſſes de quel-
» que muraille antique, bien expoſée au ſoleil.
» Comme l'opération ſe pratique ſur la fin de l'au-
» tomne, l'humidité de l'hyver a le tems de faire
» germer les graines. Elles pouſſent au printems,
» ſans que le mur en ſoit aucunement endommagé.
» En été, on coupe l'arbuſte ; mais on a ſoin de
» lui laiſſer ſes racines, & celles-ci, l'année ſuivante,
» produiſent une fois encore ».

Ce qu'enſeigne la Quintinie ſur la manière dont s'élevait de ſon tems le câprier, ſe rapporte aſſez bien à ce qu'on vient de lire. C'étaient des niches particulieres, pratiquées à deſſein dans des murs bien expoſés. On y mettait de la terre pour nourrir l'arbuſte ; & on le taillait au printems, comme les autres arbres.

Quant à la façon dont les Provençaux , au XVIᵉ ſiecle, préparaient leurs câpres, elle était à-peu-près la même que celle de la perce-pierre. Après les avoir laiſſées pendant vingt-quatre heures dans l'eau, puis pendant quarante jours dans du ſel, ils les faiſaient paſſer par l'eau chaude, & les jettaient en-ſuite dans un barril plein de vinaigre.

Champier témoigne que, de son tems, il y avait dans le commerce quatre sortes d'olives ; les majorines, ou royales, lesquelles avaient, pour la grosseur, beaucoup d'apparence, mais qui néanmoins étaient fort séches ; les olives de Syrie, qui au contraire avaient beaucoup de chair, quoiqu'elles ne fussent gueres plus grosses que des câpres ; celles d'Espagne, qui étaient fortes, charnues, & les plus estimées de toutes ; enfin les olives de Provence & de Languedoc, dont la grosseur était moyenne, mais *que dans le pays on excelloit à apprêter.*

L'olive est un de ces fruits pour lesquels l'apprêt est nécessaire ; car il a par lui-même un goût si acerbe que, sans une préparation particulière, il ne serait point mangeable. Cependant, il paraît que ces procédés des Provençaux, si vantés par Champier, n'étaient pas sûrs ; puisqu'il en existait plusieurs à la fois, & que d'ailleurs les cultivateurs ont, sur ce point, varié depuis en différens tems. On lit dans Liébaut que, pour confire l'olive, les uns les trempaient dans du verjus ; les autres dans du vinaigre, édulcoré avec du miel ; d'autres enfin dans une saumure particuliere, aromatisée par des feuilles de laurier & des herbes odoriférantes. Il y avait pourtant une méthode générale, & qui consistait à faire infuser, pendant huit jours, les olives dans de l'eau de mer ; à y joindre, après ce terme, du moût de vin nouveau, & à attendre, pour fermer le tonneau, que le tout eût bien fermenté.

La méthode n'était déja plus la même sur la fin du siecle. De Serres nous apprend qu'alors on les

confifait dans du fel, avec du fenouil & un peu
d'eau ; mais que, pour donner au fel le moyen de
pénétrer, on avait foin auparavant de piquer les
olives en différens endroits avec la pointe d'un canif,
ou même de les fendre longitudinalement : fans
cela, il n'eût pas été poffible de les manger d'une
année entiere. Néanmoins, on pouvait éviter de les
déchiqueter ainfi ; mais alors il fallait fe fervir d'eau
chaude pour l'infufion, & employer, au lieu de
fel, des cendres ou de la chaux. Ce procédé avait
encore un autre avantage, celui d'accélérer de beaucoup le tems où l'olive pouvait être livrée au marchand.

Aujourd'hui les Provençaux, au lieu de cendres
& de chaux, emploient, pour la macération de leurs
olives, une leifive particuliere, par laquelle ils prétendent les rendre plus douces & moins malfaifan-
tes. Celui qui l'inventa était un nommé Picholini ;
& de-là vient le nom de *Picholines*, qu'on donne
à toutes celles qui nous arrivent de Provence préparées fuivant cette méthode. Au refte, des fix ef-
peces d'olives qu'on y cultive, il n'y en a qu'une
qui foit deftinée à être confite, parce qu'elle produit peu d'huile. Les cinq autres font portées au
preffoir.

Moutarde.   Nous connaiffons deux fortes de moutardes ; l'une
grife, compofée avec du vinaigre blanc ; & l'autre
rouge, dans laquelle on fait entrer du moût de vin,
& qui n'eft propre par conféquent qu'au pays de
vignobles : encore tous les vignobles n'y convien-
nent-ils pas également ; car il faut un vin fort. Pen-

dant long-tems, l'on n'a connu en France que cette derniere ; & telle est, disent les Etymologistes, l'origine de son nom, (*mustum ardens*, moût ardent).

Il est mention de la grise dans Platine, (ann. 1509). Mais celle-ci n'était point la même que la nôtre ; puisque, selon la recette qu'il en donne, elle se faisait avec des miettes de pain, des amandes, & du sénevé, qu'on pilait ensemble, qu'on délayait ensuite dans du fort vinaigre, & qu'on passait enfin par l'étamine. Le premier auteur chez lequel j'ai trouvé celle que nous employons aujourd'hui est Liébaut. Il compose la sienne de sénevé, macéré dans l'eau, pilé avec du vinaigre, puis passé : ce sont-là à-peu-près nos procédés modernes.

Quant à la moutarde rouge, si l'on était curieux de connaître sa composition, on l'apprendrait dans Platine, qui nous dit qu'il y entrait du moût, du sénevé, des raisins, de la canelle, & du verjus; ou, au lieu de verjus, du vinaigre.

Au siecle dont nous parlons, la moutarde de Dijon passait pour la *meilleure de France* : ce sont les expressions avec lesquelles en parle Liébaut. Précédemment à lui encore, elle avait joui de la même réputation. Mais, si l'on s'en rapporte à certains Auteurs, cette réputation n'est due qu'à une équivoque : & sur cela, ils citent l'anecdote suivante.

En 1382, Philippe-le-Hardi, Duc de Bourgogne, voulant soumettre les Gantais révoltés, marcha contr'eux avec son neveu, le Roi Charles VI. Dijon, dans cette circonstance, se piqua de témoigner du zele à son Souverain, & lui fournit mille hommes. Le Duc, de son côté, se piquant de reconnaissance, accorda à la ville différens privilèges ; & entr'autres celui de porter ses armes avec son cri, *moult me tarde.* Elle fit sculpter l'un & l'autre sur sa porte principale : mais par hasard il arriva, dit-on, que les trois mots de la devise, au lieu d'être placés sur une seule & même ligne, comme ils devaient l'être, le furent de travers. Le mot *me* se trouvait au des-sous des deux autres ; de sorte qu'au premier coup d'œil, on lisait *moult tarde* : ce qui, ajoute-t-on, trompa beaucoup de gens, & leur fit croire que c'était-là une sorte d'enseigne placée par la ville sur la plus passagere de ses portes pour annoncer sa *moutarde.*

Le premier qui, autant que je puis me rappeller, ait accrédité cette plate facétie, est Tabourot, dans le livre qu'il intitula : *Bigarrures & touches du Sei-gneur des accords,* (ann. 1582) ; & , après tout, elle était digne d'un ouvrage, où, pour la premiere fois, l'on enseignait l'art honteux des quolibets, des pointes, & des calembours. Il s'est trouvé des gens néanmoins qui l'ont répétée d'après lui ; d'autres l'ont prise dans ceux-ci ; & voilà, comme en voulant faire des recueils d'anecdotes, on perpétue des sot-tises. De mille & une raisons que je pourrais allé-guer pour détruire celle-ci, je n'en citerai qu'une. La moutarde de Dijon était célèbre au XIIIe siecle. Elle se trouve vantée dans les *Proverbes,* piece de ce tems que j'ai déja citée, & qui contient, comme je l'ai dit plufieurs fois, les différentes chofes de France & des pays étrangers, les plus renommées. Il était naturel au refte que la Province qui fournit en grande partie les meilleurs vins du Royaume, fît avec ces vins la meilleure moutarde.

On voit par Champier, que cette moutarde s'envoyait féche & en paftilles. Quand on voulait s'en fervir, on délayait les paftilles dans du vinaigre ; & c'eft, dit-il, la différence qu'il y avait entre celle-ci, & celle d'Angers qui, fort renommée auffi, s'envoyait liquide, dans de petits barrils. Tabourot parle même de certains frippons qui couraient d'hôtellerie en hôtellerie, offrant à vendre de prétendus pains de moutarde de Dijon, dans lefquels ils avaient mêlé de la terre graffe pour lui donner la confiftance qu'elle devait avoir.

Aujourd'hui Befançon, & quelques autres villes, en vendent encore de la féche, mais réduite en poudre.

Pour Dijon, on y prit enfin le parti d'en faire auffi de la liquide.

L'auteur du *Jardinier françois*, (ann. 1651) en enfeigne la recette. C'eft une raifinée particuliere, dans laquelle on jette du fénevé, broyé avec un peu d'eau. Quand le tout eft bien mêlangé, on y *éteint*, dit-il, *des charbons ardens, pour ôter au fénevé fon amertume.*

Fort incrédule fur ces charbons ardens dont je ne comprenais pas trop l'effet, j'ai confulté à ce fujet le fieur Maille, qui m'a répondu que rien n'était plus vrai ; que lui-même, quand il a des moutardes à envoyer très-loin, il enfonce dans le pot un charbon enflammé ; & que cela suffit pour les conserver très-long-tems. Seulement il a soin de les saler davantage ; mais, avec ce double moyen, il en fait passer jusques dans nos Colonies, & elles y arrivent très-fraîches.

Savalette, dont il a été parlé ci-dessus à l'occasion des vinaigres, a été le premier qui ait fait des moutardes fines. Jusqu'à lui, elles avaient été moulues grossiérement. Il imagina des moulins d'une construction nouvelle, qui la broyerent beaucoup mieux, & lui procurerent ainsi un coup d'œil plus agréable. Le Comte, autre Vinaigrier dont j'ai fait mention au même article, trouva le premier aussi l'art de faire entrer, dans la moutarde, des câpres & des anchois. Mais celui qui a travaillé avec le plus de succès sur cet assaisonnement, est le Sr Maille.

Les moutardes qu'il vend sont au nombre de vingt-quatre : moutarde rouge, moutarde fine aux câpres & aux anchois, moutarde en poudre, moutarde à l'ail, aux câpres, à la capucine, à la chartreuse, au citron, au jus de citron, à la choiseul, à la choisi, à la conserve, à l'estragon, aux fines herbes, à la grèque, à la maréchale, à la marquise, aux millefeuilles, aux mousserons, à la ravigotte, à la reine, à la romaine, aux six graines, & aux truffes. Toutes, à l'exception de la seconde & de la troisieme, ont été inventées, ou introduites par lui dans Paris. Celles qu'il vend le plus, sont la moutarde à l'ail, aux truffes, à la ravigotte, à l'estragon, & aux anchois.

Ail.   Arnaud de Villeneuve avait dit au XIIIe siècle que

l'ail eſt la thériaque du payſan. L'adage du Médecin
eſt devenu un proverbe national, qui prouve l'eſtime qu'on faiſait anciennement des vertus & des
qualités de l'ail. Les Moines en conſommaient con-
ſidérablement. C'était, dans la plupart des Monaſ-
teres, une des proviſions qu'on avait coutume de
faire tous les ans ; & celle-ci regardait particuliérement le Prieur, ou l'Adminiſtrateur. Pluſieurs
Couvens même, outre la quantité qui leur était néceſſaire, en cultivaient aſſez pour s'en former un
revenu ; &, dans quelques endroits, ce revenu devait être conſidérable, puiſqu'en Picardie, le Monaſtere de S. Quentin s'était aſſujéti à payer au Comte
de Vermandois, la dîme de celui qu'il recueillait
dans ſes poſſeſſions.

Champier remarque qu'au mois de Mai les gens
de qualité, ainſi que les bourgeois, avaient coutume, dans la plupart de nos Provinces, de manger
de l'ail avec du beurre frais ; perſuadés que ce re-
méde affermiſſait leur ſanté pour l'année entiere.
On en donnait auſſi aux enfans, dit-il, pour tuer
les vers qui les tourmentaient.

Parmi les ſauces anciennes qui étaient renommées
autrefois, il y en avait une, dont il ſera mention
plus bas, & qu'on nommait *aillée*, parce qu'elle
était faite à l'ail. Cependant l'odeur infecte de cet
aſſaiſonnement l'a éloigné peu-à-peu des tables honnêtes. Il y a déja deux ſiècles que Ch. Etienne en
parlait comme d'un ragoût relégué dans la claſſe du
bas peuple ; mais ce changement ne regarde que
le nord de la France : nos Provinces méridionales

eſtiment & recherchent encore l'ail autant que faifaient nos Peres. C'eſt une des marchandiſes qui ſe
vendent à la fameuſe foire de Beaucaire.

Épices. Quoique les épices fuſſent connues en France
long-tems avant les Croiſades, cependant elles ne
commencèrent guères à y devenir un peu communes que quand les expéditions maritimes qu'occa-
ſionnèrent ces güerres religieuſes, eurent fait naître
& affermi le commerce des Occidentaux avec le
Levant. Malgré ce débouché nouveau, ce que les
épiceries exigeaient de frais pour être tranſportées
de l'Inde dans la Méditerranée, ſoit par Alèxandrie,
ſoit par Smyrne, ſoit par Caffa ; les profits qu'y
faiſaient les Italiens qui nous les apportaient, étaient
tels qu'elles furent toujours énormément chères.
Mais cette cherté même, la ſorte d'eſtime qu'on attache ordinairement à ce qui eſt rare & qui vient
de loin, leur odeur agréable, la ſaveur enfin qu'elles
ajoutaient aux liqueurs & aux alimens où elles étaient
employées, leur donna un prix infini. Chez nos
vieux Poëtes du XIIᵉ & du XIIIᵉ ſiècle, on ren-
contre, preſque à chaque page, les mots de canelle, de muſcade, de gérofle, & de gingembre.
Veulent-ils donner l'idée d'un parfum exquis ; ils le
comparent aux épices. Veulent-ils peindre un jardin
merveilleux, un ſéjour de Fées ; ils y plantent les
arbres qui produiſent ces aromates. En un mot,
c'était un préſent digne d'être offert aux Souverains.
En 1163, un certain Bertrand, Abbé de S. Gilles
en Languedoc, ayant une grace à demander au Roi
Louis-le-Jeune, il lui écrivit ; mais, pour donner

du poids à sa prière, il envoya en même-tems au Monarque une certaine quantité d'épiceries du Levant.

Les différens vins apprêtés qui servaient alors de liqueurs étaient fortement assaisonnés d'épices. On faisait entrer beaucoup d'épices dans les confitures, dans les dragées, conserves, pastilles, & autres bonbons du tems; & ces sortes de friandises en prirent même le nom, comme je le dirai ailleurs lorsque je traiterai l'article des desserts.

Au reste, il paraît que ce goût pour les épiceries tenait beaucoup à la manière dont on vivait alors. A des estomachs qui se nourrissaient de viandes lourdes & indigestes, de cochonaille, de hérons, de chiens-de-mer &c, il fallait des assaisonnemens chauds qui favorisassent la digestion; & de-là sans doute vint l'usage du safran, de l'ail, de l'anis, de la coriandre, des herbes fortes, des aromates enfin, tant employés dans les alimens & les boissons. Notre cuisine moderne, plus raffinée, mais aussi plus délicate, est fondée sur d'autres principes. En cherchant, comme l'ancienne, à rendre plus aisés à digérer les mêts qu'elle apprête, elle a pour but en même-tems de les rendre également agréables à l'œil & au goût; mais elle fait consister son art à mélanger si habilement les ingrédiens divers dont elle use, qu'il en résulte une saveur générale, à laquelle tous contribuent également sans qu'aucun néanmoins se fasse distinguer.

Tant que les épiceries d'Orient n'arrivèrent en Europe que par la voie de la Méditerranée, elles nous furent fournies, ainsi que je l'ai remarqué à l'inftant, par les Italiens. Mais quand les Portuguais, en doublant le cap de Bonne-Efpérance, eurent trouvé, pour aller aux Indes, une route plus facile & plus sûre, quoique beaucoup plus longue; quand ce peuple, à la fois négociant, navigateur, & conquérant, fe fut établi par la force dans ces riches contrées, il s'empara du commerce dont nous parlons; & ce fut, dit Champier, l'un de fes plus grands revenus. Chaffé à fon tour, par les Hollandais, de la plupart des établiffemens que lui avaient procurés fes armes, il le perdit. Mais à peine ceux-ci s'en furent-ils rendus maîtres, que, d'après cet efprit de calcul, de politique, & de patience qui leur eft propre, ils fongèrent à fe l'approprier affez exclufivement pour que, par la fuite, aucune autre Nation Européanne ne pût le partager avec eux. Tout, jufqu'à la guerre même, fut employé pour l'exécution de ce projet hardi; &, malgré tous les obftacles, il a eu lieu, au moins pour les deux fortes d'épiceries principales, la mufcade & le gérofle.

Les précautions qui avaient fervi à l'affurer étaient fi bien prifes, elles l'ont tellement maintenu que, jufqu'à nos jours, aucune des Puiffances d'Europe qui ont des établiffemens dans l'Inde, n'a tenté de s'y fouftraire. Enfin, il s'eft trouvé un de ces voyageurs fi rares, que l'amour de la patrie excite aux grandes chofes, qui l'a ofé pour la fienne, & qui en eft venu à bout. Cet homme eft M. Poivre, déja cité à l'occafion du riz fec, & qu'on ne prut nommer ici fans un éloge nouveau. Il forma le

deſſein de ſe procurer les deux ſortes d'arbres dont
la Compagnie Hollandaiſe s'était aſſuré la poſſeſſion
excluſive, & d'en peupler nos îles de-France & de
Bourbon, qui, par la chaleur de leur climat, paraiſſent propres à cette culture, & qui déja poſſé-
daient des poivriers & des canelliers de la bonne
eſpèce, tirés de Céylan & du Malabar.

Ce deſſein paraiſſait d'autant plus chimérique que
la politique raiſonnée des Hollandais ne laiſſait ab-
ſolument pénétrer perſonne dans les îles à épices,
& qu'il n'y allait pas moins que de la vie pour celui qui eût entrepris d'en enlever quelques plants.
Auſſi la première tentative de M. Poivre, en 1754,
fut-elle ſans ſuccès. Mais, à ſon retour en France,
ayant communiqué ſes projets au Miniſtre de la
Marine, celui-ci qui en ſentit l'importance, l'ex-
horta à les reprendre ; &, pour lui donner les
moyens de les exécuter plus ſûrement, il lui confia
l'Intendance des deux Colonies deſtinées aux plantations futures. Le nouvel Intendant partit en 1767.
Arrivé à l'île-de-France, ſon premier ſoin fut d'y
chercher un homme intelligent, auquel il pût con-
fier ſon plan & ſes vues. Croyant l'avoir trouvé
dans M. Provot, il le fit embarquer en 1769 ſur
une corvette que commandait M. de Trémignon.
Les deux Argonautes ſe rendirent aux Moluques.
Là ils ſe ſéparèrent pour aller, chacun de leur côté,
faire leurs recherches ; &, malgré mille dangers,
malgré mille obſtacles qui traverſèrent les travaux
de leur récolte, elle fut aſſez heureuſe néanmoins
pour rapporter à la Colonie, le 25 Juin 1770, qua-

tre cens cinquante plants de muscadiers, soixante-
dix pieds de girofliers, dix mille muscades, ou
germées, ou prêtes à germer, &c. Ils avaient même
poussé leurs précautions jusqu'à ramener avec eux
plusieurs Moluquois pour cultiver les jeunes arbres
& en enseigner la culture aux Colons.

Néanmoins, les succès d'un si heureux voyage ne
répondirent pas aux espérances qu'on avait droit
de s'en former. Une partie des arbres se trouva d'espèce sauvage; par conséquent inutile pour la culture : la plupart des autres périrent, parce que les
Colons auxquels on les distribua, ignoraient la manière de les élever; & le produit total se réduisit
à peu de chose.

M. Poivre, sans se décourager, résolut de tenter
une seconde expédition; &, de concert avec le Chevalier des Roches, Gouverneur des deux îles, il fit
partir pour les Moluques, l'année suivante, deux
bâtimens commandés par MM. de Coëtivi & de
Cordé. Le Jason de cette nouvelle entreprise fut
encore le brave & habile M. Provôt. Les lumières
qu'à son premier voyage il avait aquises sur la qualité des arbres, les liaisons qu'il avait faites avec les
naturels du pays, lui furent, dans le second, d'un
grand secours. Envain les Hollandais armèrent pour
attaquer les deux vaisseaux. A' force de soins &
d'activité, on eut le tems de faire passer à bord
tout ce que lui & les Commandans avaient pu recueillir dans leurs courses, c'est-à-dire, un nombre
infini de muscadiers & de girofliers en plants; sans
compter plus de quarante mille muscades, soit déjà

germées, soit prêtes à germer. Tout cela, bien encaissé, fut réparti sur les deux navires. Ils arrivèrent heureusement dans l'île, l'un le 4, l'autre le 6 Juin de l'année 1772; & les richesses qu'ils apportaient furent distribuées aussi-tôt aux Colons, avec une instruction sur la manière de cultiver les arbres nouveaux: précaution essentielle, qu'on avait oubliée à la première répartition.

On en planta aussi un certain nombre dans le Jardin Royal de l'île, nommé Montplaisir; mais ce fut le seul endroit où ils prospérèrent : encore n'y put-on sauver que cinquante-huit muscadiers, & trente-huit géroffiers. La première & la seconde année, il y eut treize de ceux-ci qui fleurirent; il y en eut trente & un, en 1778. Ces différentes pousses avaient produit en 1776, deux cens soixante cloux de gérofle; cinq mille en 1777; & cent mille l'année suivante. Les muscadiers y étaient moins avancés. Cependant, un d'eux provenu d'une noix plantée en 1770, par M. Poivre, au retour du premier vaisseau, a donné, sept ans après, six muscades. L'une des six, parvenue à sa grosseur, après neuf mois & dix jours de nouaison, a été envoyée en France, & présentée au Roi le 23 Mai 1779. Les cinq autres étaient destinées à être plantées.

Quant à la canelle de l'île, on en a fait aussi un envoi en Cour. Elle y a été trouvée âcre; mais peut-être ce défaut vient-il de ce que les Colons ne savent pas encore la préparer.

De l'Isle-de-France, on a transporté dans celle de Cayenne, en 1772, quelques plants des arbres à

épices. Ils y ont d'autant mieux réuſſi, que le climat
de Cayenne étant le même que le climat des Moluques paraît être celui de toutes nos poſſeſſions qui
leur convient davantage. En 1780, un Colon a envoyé à M. l'Abbé Rainal une branche de géroflier,
chargée de cloux provenus d'un arbre planté dans
l'île.

Poivre.   De toutes les épiceries, le poivre eſt celle qui, de
tout tems, a été la plus répandue dans le commerce,
parce que c'eſt celle qui, de tout tems, a été la plus
employée dans nos cuiſines. Il y en a même eu un,
où toutes portèrent le nom commun de poivre, &
où les Epiciers n'étaient connus que ſous celui de
Poivriers.

Au reſte, cette grande conſommation ne faiſait
qu'augmenter encore ſon prix; & ce haut prix eſt
atteſté par l'ancien proverbe, *cher comme poivre,*
qui eſt parvenu juſqu'à nous. On ne ſera point
ſurpris après cela, quand je dirai que c'était un préſent d'importance, & l'un des tributs que les Seigneurs eccléſiaſtiques ou ſéculiers exigeaient quelquefois de leurs vaſſaux ou de leurs ſerfs. Geoffroi,
Prieur du Vigeois, voulant exalter la magnificence
d'un certain Guillaume, Comte de Limoges, raconte qu'il en avait chez lui *des tas énormes, amon-*
celés ſans prix, comme ſi c'eût été du gland pour les
porcs. L'Echanſon étant venu un jour en demander
pour les ſauces du Comte, l'Officier qui gardait ce
magaſin ſi précieux, *prit une pelle,* dit l'Hiſtorien,
& il en donna une pelletée entière. Quand Clo-
taire III fonda le Monaſtère de Corbie, parmi les

différentes denrées qu'il affujettit fes domaines à payer annuellement aux Religieux il y avait trente livres de poivre. Roger, Vicomte de Béziers, ayant été affaffiné dans une fédition par les Bourgeois de cette ville, en 1107, une des punitions que fon fils impofa aux Bourgeois, lorfqu'il les eut foumis par les armes, fut un tribut de trois livres de poivre à prendre annuellement fur chaque famille. Enfin, dans Aix, les Juifs étaient obligés d'en payer de même deux livres par an à l'Archevêque. C'étaient, difent les *Annales de l'églife d'Aix,* Bertrand & Roftang de Noves, Archevêques de cette ville, l'un en 1143, l'autre en 1283, qui avaient impofé aux Juifs cette fervitude.

On ne fe fervait, pour affaifonner les alimens, que du poivre noir; il paffait, felon Champier, pour être plus agréable, plus aromatique. Le blanc, dit-il, était moins eftimé (*a*).

On effaya, dans le XVIe fiècle, d'introduire en Provence la culture du poivre. Beaujeu en fait mention; &, fi on l'en croit, celui que produifait ce canton du Royaume, non-feulement ne le cédait guères, pour la qualité, au poivre de l'Inde, mais il avait le mérite d'être plus doux & moins brûlant.

De tout tems, il y a eu des gourmands raffinés

____

(*a*) Le blanc & le noir ne font qu'une feule & même efpèce; avec cette différence que celui-ci a fon enveloppe, & que l'autre en a été dépouillé.

qui, non contens de se connaître en ragoûts, se piquaient encore d'en faire, & souvent en faisaient
eux-mêmes à table, pendant le repas. Au dernier
siècle, il y avait de ces *docteurs en soupers*, pour me
servir de l'expression de Regnard, qui poussaient le
zèle de leur talent jusqu'à porter toujours sur eux
les épices d'assaisonnement nécessaires. Dans sa comédie du *Joueur* (ann. 1696), l'auteur nous peint
un de ces Apicius modernes:

Ayant cuisine en poche & poivre concassé.

Piment.

Le piment vient des Antilles. Les habitans de
cette partie de l'Amérique en assaisonnaient tous
leurs alimens; car c'est le propre des climats chauds
d'aimer les saveurs fortes. Colomb qui le trouva
en usage parmi ces peuples, lorsqu'il découvrit leur
existence, crut avoir trouvé le vrai poivrier d'Asie;
&, dans cette confiance, il le rapporta en Europe.

Poivre de Guinée.

Il y en a un autre du même genre, & que l'on
a nommé indifféremment poivre de Guinée, poivre
d'Inde, poivre de Brésil; dont la gousse, oblongue,
est fort différente, pour la forme, du fruit que
produit le poivrier asiatique. Le nom de *corail des
jardins*, que sa belle couleur rouge lui a fait donner par certains cultivateurs, paraît lui convenir
mieux. Au reste, le peuple emploie celui-ci dans
ses alimens, sec, & réduit en poudre. Il y a plus
de deux siècles que l'auteur de l'*apologie pour Hérodote*, reprochait à certains Epiciers détailleurs de
le faire servir à cacher une friponnerie. La coutume
alors était de vendre, en petits paquets tout faits,
des épices pulvérisées. Les marchands dont il s'agit,

voulant augmenter le poids des paquets, y mêlaient beaucoup de drogues étrangères, Mais, comme cette altération ôtait de la force aux épices, ils leur en rendaient en ajoutant du poivre de Guinée.

Quand les Vinaigriers de la Capitale achetent des vins dans un vignoble pour les convertir en vinaigre, on les oblige, avant de les enlever, d'y mettre du piment; parce que les droits d'entrée qu'ils paient étant fort modiques, on a craint qu'ils ne fissent venir, sous leur nom, beaucoup de vins, & qu'ils ne les revendissent ensuite aux Cabaretiers pour gagner les droits.

Si c'est la méditation qui a imaginé d'introduire dans un lieu préparé l'eau de la mer, de la tenir pendant quelque tems exposée à l'aspiration du soleil, & de la forcer ainsi à nous abandonner le sel qu'elle tient en dissolution, ce fut-là une idée bien belle; & l'homme de génie, qui le premier la conçut, mérite la reconnaissance de l'univers entier, puisqu'il nous a rendu un des services les plus importans pour les besoins de la vie. Mais, non; cette idée, toute simple qu'elle est, ne fut probablement pas le fruit de la réflexion. Les habitans des côtes maritimes auront vu, à la suite d'une grande tourmente ou d'une haute marée, la mer abandonner, dans quelque cavité de rocher, un peu d'eau salée; ils auront vu le soleil pomper cette eau en entier, &, dans la place qu'elle occupait auparavant, laisser du sel: frappés de l'opération de la Nature, il leur aura paru facile d'imiter son procédé; & alors ils auront imaginé ces marais salans, qu'avec le tems l'induſtrie a dû perfectionner ſans doute.

Beaujeu (ann. 1551) nous offre un fait qui peut ſervir à confirmer cette conjecture. Près d'Arles était un étang, où tous les ans on recueillait du ſel fait par la ſeule Nature & ſans aucun travail humain. Pendant l'hyver, & ſur-tout dans les tems de tempêtes, la mer dont il était voiſin, le rempliſſait d'eau ſalée. Cette eau qui n'avait aucun écoulement, s'évaporait pendant l'été. Elle dépoſait un ſel très-blanc, & en ſi grande quantité, que le Roi en retirait annuellement quarante mille écus.

Quoi qu'il en ſoit, l'art de faire artificiellement du ſel a été, ſi l'on en croit Pline, méconnu des Gaulois. Ils y ſuppléaient, ſelon lui, par un moyen qui nous paraîtra trop étrange pour y ajouter foi. « Leur coutume, dit-il, eſt de conſtruire un grand » bucher auquel ils mettent le feu. Quand le bois » eſt bien conſommé & réduit en braiſe, ils jettent, » ſur les charbons, de l'eau ſalée qui les éteint; & » ces charbons enſuite leur tiennent lieu de ſel ». Pline parle de cette coutume comme ſubſiſtante encore de ſon tems, & comme établie auſſi chez les Eſpagnols. Mais, quoi qu'il en diſe, on croira difficilement qu'une nation, fût-elle barbare, ait jamais mangé du charbon ſalé; ou même que, pour donner du goût à ſes alimens, elle y ait mêlé ce noir & dégoûtant aſſaiſonnement. Un écrivain qui embraſſe l'hiſtoire de la Nature, ne peut pas, à beaucoup près, vérifier tout par lui-même. Ordinairement il eſt obligé de voir, par les yeux des autres, d'entendre par leurs oreilles; & rarement ces

oreilles, ces yeux, auxquels il s'en rapporte, ont
bien vu ou bien entendu. Combien de faits sur lefquels on pourrait prouver que Pline a été induit
en erreur par de faux mémoires. Probablement les
Gaulois, qui habitaient les côtes de la mer, ou qui
poffédaient une fontaine falée dans leur canton, en
faifaient bouillir & évaporer l'eau pour en retirer
du fel ; & l'on aura dit au Naturalifte qu'ils jettaient cette eau · fur des charbons pour les faler.

Jufqu'au XVIe fiecle, le fel a été en France une
marchandife libre, dont le commerce & la vente
détaillée étaient permis à tout le monde. Ce n'était
point alors un crime pour l'habitant d'une côte
maritime d'y recueillir le préfent que lui offrait
fpontanément la Nature, ou de le vendre à fon gré,
lorfque fa propre induftrie l'avait fait naître. A Paris,
tant le gris que le blanc, fe criait dans les rues ;
comme on y criait, & comme on y crie encore,
les légumes & les fruits. Philippe-le-Long & Philippe-de-Valois, chargèrent paffagérement cette marchandife d'un impôt. Après la fatale journée de
Poitiers, le Dauphin établit la gabelle pour fub-
venir aux befoins preffans qu'éprouvait l'Etat, &
pour payer la rançon du Roi, prifonnier : mais
cette gabelle ne reffemblait point à la nôtre. Nous
appellons ainfi une vente exclufive accordée à une
Compagnie d'Adjudicataires qui ont des tribunaux,
des loix, un code particulier, une armée à leurs
ordres ; qui, après avoir taxé eux-mêmes la denrée
qu'ils ont feuls le droit de débiter, ont encore celui
de forcer le particulier à la leur acheter au prix qu'ils

ont fixé; qui enfin, par une émanation de l'autorité Souveraine, peuvent, s'il enfreint leurs réglemens, saisir ses biens, l'emprisonner, le condamner à mort. Alors on obligeait seulement les marchands Sauniers à venir, dans un lieu désigné, débiter leur sel. Les Officiers préposés par le Roi, assistaient à cette vente; & ils percevaient leurs droits.

Toute simple qu'était cette administration, bientôt cependant elle produisit des abus; & même ces abus devinrent tels, & ils occasionnèrent de telles vexations, que sous Charles VIII, on vit les Etats du Royaume s'en plaindre. En 1547, Henri II, changea la forme de perception qui subsistait; mais ce fut pour se réserver le privilège exclusif de la vente du sel, & pour le mettre en ferme.

A la personne des Rois, ainsi qu'à celle des particuliers, est attaché souvent un bonheur réel, qui quelquefois influe sur leur réputation. Cet article nous en fournit une preuve. Pour avoir mis un impôt sur le sel, Philippe-de-Valois éprouva un ridicule. Edouard, son ennemi, l'avait appellé, par dérision, _Roi de la Loi SALIQUE_; & le Français, né caustique & malin, s'était plu à répéter, dans sa vengeance, ce sobriquet injurieux. Henri fait bien pis; il établit la gabelle, c'est-à-dire, celui de tous les impôts que la Nation s'est accordée à regarder comme le plus odieux : cet impôt est parvenu jusqu'à nous, & personne presque ne sait qu'il est dû à l'époux de Médicis.

Indépendamment du sel marin que l'art forme avec la chaleur du soleil, l'art, par le moyen du feu, s'en procure un autre encore d'une espèce différente,

Parmi les mines diverses que la terre renferme dans ses entrailles, on sait qu'il y en a plusieurs qui font de sel pur ; & la Pologne, entr'autres pays, en fournit la preuve. Si par hasard quelque filet d'eau vient à couler sur ces couches internes, il les cor- rodera, en dissolvera des particules ; & quand il pa- raîtra à la surface de la terre, il sortira chargé de sel. Telle est l'origine des fontaines & puits salés qu'offrent certains pays, & qu'offrent sur-tout certai- nes Provinces de France, éloignées de la mer, les- quelles heureusement suppléent ainsi à la difficulté qu'elles éprouveraient, sans cela, de se procurer une denrée devenue nécessaire.

On prétend en Franche-Comtée que les puits de Lons-le-Saunier y étaient connus avant l'invasion des Romains dans les Gaules. Au commencement du VIe siecle, S. Sigismond, Roi des Bourguignons, dota le couvent d'Agaune avec ceux de Salins. Il est question, dans des auteurs du XIIIe, des puits de Moyenvic & de Marsal en Lorraine. Les anciens Ecrivains Latins font mention de la fontaine salée de Salses dans le Roussillon, *fons Salsulæ*. Strabon dit qu'il y en avait, dans le terrein de la Crau en Pro- vence, plusieurs qui servaient à faire du sel : mais, au tems de Beaujeu, (ann. 1551), il n'en subsistait plus qu'une. Selon ce dernier Ecrivain, le diocèse de Sens en possédait une. Enfin, on lit dans Palissi, (*discours admirable de la nature des eaux*, ann. 1580) que le Béarn en avait plusieurs ; & qu'elles étaient même affez abondantes pour fournir de fel toute la Province ainfi que le Bigorre.

Ce fel fe faifait, comme je l'ai remarqué, plus haut, par évaporation à feu nu. On n'avait point encore trouvé l'art d'élever, par des pompes, à une certaine hauteur l'eau du puits; de la faire de cendre fur des fafcines expofées à un courant d'air; &, par cette opération répétée fucceffivement plufieurs fois de fuite, d'enlever ainfi une partie du liquide fuperflu qu'aurait eue à diffiper la chaudiere. Auffi la quantité de bois qu'exigeait la méthode ufitée eft-elle effrayante. Paliffi qui avait vu les falines de Lorraine, & qui nous en a laiffé une defcription dans fon *Traité des Sels divers*, (ann. 1580), nous apprend que, pour l'entretien d'une chaudiere (a), il fallait mille arpens de bois par an. De-là, dit-il, a réfulté dans la Province, une telle difette de cette denrée qu'elle y coûte trois fois plus que dans tout le refte de la France, quoique la Lorraine ait une immenfité de forêts.

Le travail n'était probablement pas le même à Salins. Sans doute, l'eau deftinée à l'évaporation, fe mettait dans des moules; car le fel en fortait, & fe vendait fous la forme de pains. En 1510, les Bourguignons qui, à raifon du voifinage, confommaient beaucoup de ce fel, s'étant plaints qu'on

---

(a) Chaque chaudiere avait trente pieds de haut fur autant de large. Elle était maçonnée fur un four à deux gueules; & à chacune des gueules était un homme occupé continuellement à y jeter du bois.

faifait

faifait les pains plus petits qu'à l'ordinaire, la Cham-
bre-des-Comptes de Dijon ordonna qu'à l'avenir ils
feraient pefés. Comme cette Ordonnance intéref-
fait l'Empereur, à qui appartenait la Franche-Comté, elle occafionna des repréfentations de la part
de fon Ambaffadeur à la Cour de France ; &,
dans le recueil des Lettres de Louis XII, il en
exifte plufieurs de Jean le Veau, l'un des Secrétai-
res de l'Ambaffadeur, lefquelles parlent de cette
affaire, que le Roi accommoda enfin à la fatis-
faction de l'Empereur.

Au refte, le produit d'un puits falé ne répon-
dait pas à l'énorme confommation de bois qu'il exigeait, puifque, felon Paliffi, toutes les forêts du
Royaume, & fes puits falés, combinés enfemble,
n'euffent pas donné en cent ans autant de fel qu'en
donnaient en fix mois, avec la feule chaleur du
foleil, les marais falans de Saintonge. D'ailleurs, ce
fel artificiel, ajoute l'auteur, avait un autre inconvénient ; c'était d'être, en qualité, bien inférieur
au fel marin.

Celui-ci eft, depuis très-long-tems, pour nos
Provinces maritimes, un objet de commerce très-
avantageux. Paliffi en parle en ces mêmes termes
pour la Saintonge. Le fel de ce canton était particuliérement recherché des étrangers, qui le trouvaient, dit-il, meilleur que celui de Portugal ou
d'Efpagne, lequel paffait pour trop corrofif. Le
Médecin Alain, contemporain de Paliffi, qui nous
a laiffé un traité *de facturâ falis apud Santones,*
regarde ce fel comme le meilleur de l'Europe,

Selon Guichardin (*Description des Pays-Bas*, ann. 1582,) Anvers tirait de Brouage tous les ans pour 198000 écus de sel.

Celui des salines de Provence fournissait, à ce qu'assure Beaujeu, la consommation de la Savoie, du Dauphiné, du Lyonnais, & de toute la côte d'Italie, depuis Gênes jusqu'à Naples. La plus grande partie se faisait au territoire d'Hieres, & à Berre dans l'île de la Crau.

Marais salans de Bretagne. Au dernier siècle, les Bretons s'étant avisés d'établir aussi, sur leurs côtes, des marais salans, leur sel, quoi qu'inférieur à celui de Saintonge, de la Rochelle, & des îles de Rhé & d'Oleron, fut recherché de préférence par les étrangers, parce que la modicité des droits qu'ils payaient, leur permit de le donner à plus bas prix. C'est la remarque que fait l'Intendant de la Rochelle, dans le Mémoire qu'il fournit en 1697 au Duc de Bourgogne, sur l'état de sa Généralité. Selon lui, les deux Provinces & les deux îles dont je viens de parler, perdirent ainsi tout-à-coup ce *débit extraordinaire* qui les enrichissait auparavant, & elles se virent forcées d'abandonner un tiers de leurs marais. Or ce tiers, l'auteur le fait monter à 37,177 arpens.

Sel employé dans le baptême. Si l'on s'en rapporte à Palissi, c'est aux Bourguignons qu'est due la coutume de mettre un grain de sel sur la langue des enfans au moment du baptême. Après avoir vanté les vertus de cette substance, il dit : *Si les Bourguignons eussent connu que le sel fust ennemi de la nature humaine, ils n'eussent ordonné de mettre du sel en la bouche des petits*

enfans, quand on les baptise; & on ne les appel-
leroit pas Bourguignons salés, comme l'on fait.

La manière dont l'auteur s'exprime en cet endroit, ferait croire que l'usage dont il s'agit, ne subsistait encore alors que dans la seule Bourgogne.

Ce n'est pas seulement comme objet d'assaisonnement pour nos mets, qu'il faut considérer le sel; mais comme une substance qui mêlée, incorporée avec d'autres, leur donne une saveur qu'elles n'avaient pas, & qui les rend propres à devenir ainsi elles-mêmes choses d'assaisonnement, ou à pouvoir se garder plus long-tems qu'elles l'auraient fait sans ce moyen. Tels étaient les asperges, les pois écossés, les champignons, les mousserons, les morilles, que l'on faisait cuire à moitié, dit Gontier, dans une eau saturée de sel, & que l'on conservait ensuite dans la même matière. Tels étaient les fonds d'artichaud qui, cuits ainsi, se gardaient dans des pots oblongs, recouverts d'un pouce ou deux de beurre fondu. *(en marge : Plantes confites au sel.)*

On peut ranger aussi dans la classe dont nous parlons, l'espèce de petits poissons qu'on nomme anchois. Beaujeu écrit que de son tems (an. 1551,) pour les confire & les préparer, la manière ordinaire était d'étendre alternativement dans un barril une couche de sel, puis une couche de fenouil, puis enfin un lit d'anchois; & ainsi successivement jusqu'à ce que le barril fût plein. *(en marge : Anchois.)*

D'après le témoignage du même auteur, j'ai dit plus haut, à l'article des poissons, que les Provençaux s'étaient appliqués, pendant quelque tems,

L 2

d'une manière très-lucrative, à la pêche des anchois;
mais qu'ils avaient été obligés d'y renoncer, parce
que les Espagnols en apportaient dans nos ports une
telle quantité, & les donnaient à si bas prix, que
nos Pêcheurs n'avaient pu soutenir la concurrence.

Botargue.   Un des meilleurs revenus de ceux-ci était la sorte
de composition qu'ils nommaient botargue, ou
poutargue. Ils employaient, pour la faire, des œufs
de mulet qu'ils étendaient au soleil, & qu'ils saupoudraient de sel blanc, écrasé fort menu. En cet
état, on les mettait à la presse sous une planche
chargée de grosses pierres; &, quand leur humidité était bien exprimée, on les exposait de nouveau au soleil, jusqu'à ce qu'ils fussent noircis. Ce
ragoût, qu'il suffisait après cela de garder dans un
lieu sec, excitait la soif d'une manière aussi agréable
que sûre, dit Beaujeu. Aussi était-il fort recherché
de ceux qui aimaient à boire (a.) Il devait moins
plaire sans doute, aux personnes sobres. Gontier
nous apprend qu'il eut un jour la curiosité d'en goûter, & qu'il trouva que c'était un mêts détestable.

Cavial.   Le caviaire ou cavial différait peu de la botargue. C'étaient des œufs d'esturgeon, préparés de
même avec du sel. Toute la différence, selon le rapport de Beaujeu; c'est que ceux-ci, au lieu d'être
mis en presse comme les autres, étaient battus avec
des maillets; & qu'après les avoir exposés au soleil,

(a) Charles-Etienne appelle botargue, une sorte de cervelas fait
avec du poisson, & qui était fort recherché en Italie.

on en formait des boules, de la grosseur d'une
pomme, que l'on conservait ensuite dans des vases
de terre vernissés, remplis d'huile. Les Provençaux, ajoute l'Evêque de Senez, avaient appris des
Grecs l'art de faire du cavial ; *car*, dit-il fort plaisamment, *on aime moins l'huile en Espagne, le
beurre en Flandres, le vin en Allemagne, & en Normandie les bouillies au lait, qu'on aime le cavial en
Grèce.* Mais probablement celui des Provençaux,
n'avait pas de réputation ; puisqu'au rapport de
Charles-Etienne & de Champier, la France tirait
de Grèce tout ce qu'elle en consommait. Aujour-
d'hui le nom même en est inconnu des Français.
Cependant, l'auteur du *Dictionnaire du Commerce*
(édition de 1741) écrivait qu'on commençait alors
à le rechercher dans le Royaume, & qu'il n'*étoit
pas méprisé sur les meilleures tables.*

Théophraste chez les Grecs, Pline, Sénèque, &
Dioscoride chez les Latins, ne désignent le sucre
que sous le nom de miel des roseaux : mais de
leur tems on ne le connaissait que comme un
syrop ; le secret de le blanchir, de l'épurer, de le
durcir par la cuisson, n'avait pas encore été trouvé. A la vérité, Pline & Dioscoride parlent de
sucre *blanc, sec & cassant, de la grosseur d'une ave-
line, qu'on trouve dans la canne qui le produit.* Il
est probable que les deux Naturalistes ont été in-
duits en erreur, & que la substance dont ils font
mention est celle du roseau nommé bambou, lequel
porte, lorsqu'il est jeune, une moëlle syrupeuse,
& donne une sorte de sucre qu'on trouve conso-

lidé autour des nœuds de la tige. Mais quand même
ils ne fe feraient point trompés, ce ne ferait point
encore là le fecret dont il s'agit, c'eft-à-dire, l'art
de criftallifer le fucre.

On prétend que cet art eft en ufage depuis plus
de neuf fiècles chez les Arabes. Il eft de beaucoup
poftérieur en Europe; quoiqu'on ne puiffe pas peut-
être affigner l'époque précife où il y a été introduit, ou trouvé.

Si l'on en croit Pancirolle (*de rebus perditis &*
inventis,) il a eu lieu dans l'Occident vers l'an
1471; & l'honneur en eft dû à un Vénitien qui,
dit-il, s'enrichit extrêmement par cette découverte.

C'eft aux Italiens à vérifier cette anecdote honorable pour leur patrie. Quant à moi, je me con-
tente de remarquer que nous avions en France du
fucre raffiné, plus d'un fiècle & demi avant la découverte attribuée au Vénitien. Un compte de l'an
1333, pour la maifon d'Humbert, Dauphin de
Viennois, parle de *fucre blanc.* Il en eft queftion
dans une Ordonnance du Roi Jean, ann. 1353,
où l'on donne auffi à cette fubftance le nom de
cafétin. Euftache Defchamps, Poëte mort vers
1420; & dont il nous refte des poéfies manufcri-
tes, dénombrant les différentes efpèces de dépenfes
qu'une femme occafionne dans un ménage, compte
celle du *fucre blanc* pour les tartelettes *(a).* Enfin,

____

(a) Le fucre était alors une denrée fort chere. On lit dans le
Relévement de l'accouchée une anecdote, qu'avait confervée à Paris la tradition, fur un certain Sr. Dambray, qui étant au lit de

dans le *teſtament de Pathelin*, l'Apothicaire, con-
ſeille au malade, entre autres remédes, *d'uſer du*
ſucre fin.

Ce ſucre *fin*, ou raffiné, ſe tirait d'Orient par
la voie d'Aléxandrie ; & il nous était apporté en
très-grande partie par les Italiens qui faiſaient preſque ſeuls le commerce de la Méditerranée. Peut-
être même ceux-ci en fabriquaient-ils chez eux :
car il y a pluſieurs témoignages que, vers le milieu
du XIIᵉ ſiècle, les Siciliens avaient tranſplanté
dans leur île des cannes à ſucre. Lorſqu'au commencement du quinziéme le Prince Henri de Portugal voulut cultiver Madere que ſes vaiſſeaux
avaient découverte, il y fit planter de ces mêmes
cannes, tirées de Sicile (*a*). De Madere, les Portuguais, par la ſuite, en tranſporterent au Bréſil. L'Eſpagne ſuivit cet exemple. Elle introduiſit dans les
Royaumes d'Andalouſie, de Grenade, de Va-

---

la mort, & voulant ſoulager ſa conſcience, laquelle apparemment
lui reprochait quelque profit illégitime, donna à l'Hôtel-Dieu trois
pains de ſucre.

Pendant fort long-tems, le haut prix de cette marchandiſe la
fit ranger preſque dans la claſſe des remédes. Les Apothicaires la
vendaient excluſivement, ainſi que l'eau-de-vie ; & de-là vint ce
proverbe, *Apothicaire ſans ſucre*, lequel ſubſiſte encore, pour
exprimer un homme qui manque de ce qui lui eſt le plus néceſſaire.

(*a*) L'abondance du ſucre que les plantations nouvelles produiſaient aux Colons, les porta à confire les fruits de leur île, &
à en faire commerce. La plupart des fruits confits, & bonbons
étrangers, qui ſe conſommaient en France au XVᵉ ſiècle, nous
arrivaient de Madere, dit Champier.

lençe &c, & aux Canaries, la culture dont nous
parlons. En 1545, Ovando, Gouverneur de S. Do-
mingue, tira des Canaries une certaine quantité de
cannes qu'il fit planter dans son île. Graces à la fertilité du climat, elles y profpérèrent tellement que
bientôt leur produit y fut une des principales ri-
cheffes des Colons.

Cette forte de culture devint tout-à-coup pour
l'Europe méridionale, au XVᵉ fiècle, une efpèce
d'engouement général. Par-tout on voulut élever
des cannes. On en planta même chez nous. Beaujeu qui écrivait en 1551, dit que les Provençaux
en cultivaient *depuis deux ans* (a); qu'elles avaient
même pouffé affez bien; mais que, comme elles
étaient encore trop jeunes, & que cette plante ne
rapporte qu'au bout de trois années, on n'avait pas
pu prononcer fur la qualité du fucre qu'elles don-
neraient.

En attendant qu'elles puffent en produire, on
était obligé de tirer des pays étrangers tout celui
que confommait le Royaume. Charles Etienne nous
donne fur cet article quelques détails curieux. « Les
» fucres les plus eftimés, dit-il, font ceux que nous
» fourniffent l'Efpagne, Alèxandrie, & les îles de
» Malthe, de Chypre, de Rhodes, & de Candie.
» Ils nous arrivent, de tous ces pays, moulés en
» gros pains. Ceux au contraire qui nous vien-

(a) De Serres nous apprend qu'on les avait tirées de Madère
& des Canaries.

» nent de Valence font en pains plus petits. Celui
» de Malthe eft plus dur ; mais il n'eft pas auffi
» blanc, quoique cependant il ait du brillant & de
» la tranfparence. Au refte, le fucre n'eft autre
» chofe que le jus d'un rofeau, qu'on exprime au
» moyen d'une preffe ou d'un moulin ; qu'on blan-
» chit enfuite, en le faifant cuire trois ou quatre
» fois ; & qu'on jette enfin dans des moules où il
» fe durcit ».

Il réfulte de ce paffage que les procédés pour
raffiner le fucre étaient alors les mêmes à-peu-près
que ceux dont nous nous fervons aujourd'hui ; mais
il réfulte auffi, je crois, que la France ne favait
point encore l'art de le raffiner. Eh ! comment l'eût-
elle appris, elle qui n'avait point de cannes. Bientôt cependant les Provençaux furent obligés de le
connaître, quand les leurs furent devenues affez
grandes pour être en plein rapport. De Serres
(*Théâtre d'Agriculture*, ann. 1600) entre fur cela
dans quelques détails. Après avoir enfeigné à cultiver les cannes, à les garantir des gelées, il ajoute
qu'à la mi-Septembre on les coupait rez-pied, rez-
terre ; qu'on les hachait par tronçons ; qu'on les
faifait bouillir dans l'eau ; & que, quand cette eau
était bien imprégnée de la fubftance fyrupeufe du
rofeau, on la faifait évaporer jufqu'à ficcité : ce
qui donnait un fel qui était le fucre.

Ce n'eft point à moi de prononcer fur de pareils
procédés. Je les laiffe apprécier à nos Raffineurs
qui, employant une autre méthode, ont fans doute
de bonnes raifons pour faire fécher leur fyrop

dans des formes, & pour l'y durcir entiérement par l'addition de chaux ou d'autres matières alka-lines.

Au siècle dernier, ce n'était plus le sucre d'A-lèxandrie, de Chypre, de Rhodes, que consommait la France ; c'était seulement celui de Madere & des Canaries. Il nous en arrivait aussi beaucoup par la voie des Hollandais, qui, depuis qu'ils s'étaient emparés de la plupart des établissemens des Portu-guais dans les Indes & en Amérique, avaient suc-cédé au commerce de ceux-ci. Le sucre de Hol-lande était en pains de dix-huit à vingt livres. On le nommait sucre de palme, parce que les pains étaient enveloppés dans des feuilles de palmier. Les Anglais ayant beaucoup étendu cette culture dans celles des Antilles qu'ils possédaient, ils s'em-parèrent bientôt de ce commerce. Vers 1660, ils étaient les seuls qui fournissaient de sucre tout le nord de la France.

Dans nos Colonies. Les profits qu'offrait cette denrée dont la con-sommation augmentait tous les jours, avaient déja éveillé l'industrie de nos Colonies d'Amérique. Elles en formerent un objet de spéculation, & voulurent aussi cultiver des cannes, ainsi qu'avaient fait les Espagnols & les Portuguais dans les leurs. Mais ces cannes, elles n'eurent point, comme ceux-ci, la peine de les tirer de contrées étrangeres. Le sol de S. Christophe, de la Martinique, de la Guadeloupe, en produisaient naturellement. C'est ce qu'assure Labat (*Voyage des Antilles*) ; & *il défie de prouver qu'elles y ont été apportées du dehors*, quoiqu'il convienne que ce font d'autres peuples qui ont appris à nos Colons l'art d'en faire du fucre. Selon lui, les Français en fabriquerent à S. Chriftophe vers 1644 ou 45 ; & à la Guadeloupe en 1648. Nos maîtres, dans cette derniere île, furent quelques Hollandais qui, expulfés du Bréfil par les Portuguais, fe refugierent à la Guadeloupe, où ils formerent un nouvel établiffement, dans lequel ils reprirent une culture qu'ils avaient été forcés d'abandonner, & qu'ils enfeignerent à leurs nouveaux compatriotes.

Nos Colons de Saint-Domingue trouverent les mêmes fecours dans la partie de l'île qui eft poffédée par les Efpagnols. Par-tout enfin, les Colonies françaifes planterent des cannes; & bientôt ces plantations, par l'économie des cultivateurs, par la qualité fupérieure du fol, par le prix plus modéré que ce double avantage permit de donner à la denrée, eurent un tel fuccès, que non-feulement elles approvifionnerent le Royaume, mais encore plufieurs pays étrangers. Une vie de Colbert, imprimée en 1695, parle déja de ce commerce, comme faifant *le plus grand revenu* des habitans de la Martinique. Aujourd'hui Saint-Domingue feul fournit, & plus que toutes les îles françaifes enfemble, & plus même, peut-être, que toutes les Colonies Européannes réunies. Sa production annuelle eft d'environ trois cens millions pefant de fucre; & ce fucre eft encore fupérieur aux autres pour la qualité.

Deux Bordelais, nommés Boucherie, ont annoncé, il y a trois ans, le fecret de pouffer le raf-

finage plus loin encore qu'on n'avait fait avant eux.
De cent livres de sucre brut, les plus habiles Raffineurs ne retirent ordinairement que soixante & sept
livres de sucre fin. Les sieurs Boucherie assurent que,
par leurs procédés nouveaux, ils en retirent quatre-
vingt-dix ; ce qui donnerait un profit de vingt-trois
livres par quintal. Résolus, d'après leur découverte,
de former une entreprise en grand, ils ont sollicité
la protection & les récompenses du Gouvernement.
En conséquence, des expériences ont été ordonnées.
Elles ont été faites à Paris en présence de Commissaires ; & le résultat a été favorable aux deux frères.
La partie principale de leur secret, m'a dit un homme de l'art, consiste à cuire plus doucement, plus
lentement, les matières ; d'où il résulte une moindre
quantité de cette lie qu'on nomme mélasse, & par
conséquent une moindre perte. Or l'honneur de
cette découverte a été revendiqué, dit-on, sur les
auteurs, par deux Chymistes, dont le premier a
prétendu l'avoir communiquée à l'un des frères ; &
le second, l'avoir publiée dans un de ses ouvrages.

Des Raffineurs d'ailleurs leur ont contesté la vérité de leurs résultats, & la bonté de quelques-unes
de leurs opérations. Je n'ai garde de prononcer sur
ces accusations différentes, que la jalousie peut
rendre suspectes. Mais ce qui est certain, c'est que
les sieurs Boucherie ont élevé à Bercy, dans le voisinage de la Capitale, une raffinerie qui est très-
florissante ; c'est que le sucre qui en sort est, de
l'aveu même des gens du métier, beaucoup supé-
rieur pour la beauté aux autres sucres ordinaires,

manufacturés dans le Royaume, & que cependant ils ne le vendent pas plus cher.

Le goût pour le miel a été de tout tems chez les Français un goût aussi universel que constant. La Loi Salique, & celle des Visigots, nous prouvent quelle importance on attachait anciennement à cette nourriture, puisque tous deux ont un chapitre entier de réglemens sur les ruches & les abeilles. Chez les Moines, on servait le miel à table, certains jours de l'année, comme un régal. On a vu ci-dessus que, parmi les provisions que Louis-le-Débonnaire assignait annuellement au Monastère de S. Germain, sur le produit de certaines Maisons Royales, il y avait huit modius de miel; (il sera parlé plus bas de cette mesure). Dans la charte de Charles-le-Chauve, en faveur du Monastère de Saint-Denis, le Prince en accorde de même aux Moines une certaine quantité. Anségise, dans ses Constitutions pour les Religieux de Fontenelle, règle combien de mesures ils pourront en consommer par an. Le saint Abbé va même jusqu'à déterminer la provision qui sera nécessaire pour les infirmes & les malades.

On employait encore le miel comme aliment, il y a deux siècles. Henri Etienne (*Apologie pour Hérodote*) dit que c'était sur-tout un mêts de carême; & il en parle comme d'une friandise de femmes.

En qualité d'assaisonnement, le miel entrait dans une infinité de ragoûts, dans la confection des confitures, de certaines pâtisseries, des vins factices. On le préférait même au sucre; & c'était-là un choix de prédilection, qui doit d'autant plus nous étonner, que depuis fort long-tems on connaissait le sucre en France. Les vues d'économie n'y influaient pour rien, comme on pourrait le croire. Un pareil motif n'est fait ordinairement que pour le peuple; il n'arrête guères les gens riches, lorsqu'il s'agit des objets de luxe & de gourmandise. Soit habitude, soit goût réel ou préjugé, il paraît que nos Pères ne trouvaient pas dans le syrop épaissi du roseau de l'Inde, la saveur odorante & parfumée que les fleurs communiquent au bon miel. Aujourd'hui qu'il est totalement dédaigné & relégué presque dans la classe des remèdes, on l'emploie encore pourtant dans les pains-d'épices; ce qui est un vestige de l'ancien usage.

Selon de Serres, le miel de France le plus estimé, était celui de Languedoc. Sa bonne qualité, dit l'auteur, lui venait des fleurs de toute espèce dont le pays est couvert, & qui lui communiquaient un parfum qu'il n'avait pas ailleurs. La raison qui le rendait tel alors, subsiste toujours; & l'on sait que le miel de Narbonne jouit de même encore du premier rang.

Le saffran, si estimé des Romains autrefois, aujourd'hui encore tant recherché dans l'Asie & dans le Nord de l'Europe, ne l'était pas moins chez nous. Potages, ragoûts, pâtisseries, liqueurs, on l'employait partout; & l'*Apologie pour Hérodote*, par Henri Etienne, en parle encore ainsi. *Le saffran, dit-il, doit être mis en tous les potages, sauces, & viandes quadragésimales. Sans le saffran, nous n'aurions jamais bonne purée, bon pois passés, ne bonne ſauce.* Montagne rapporte que de ſon tems, en Gaſcogne, quand les payſans ſe ſentaient malades, ils prenaient, comme médecine, du vin très-fort, dans lequel ils avaient fait infuſer des épices & du ſaffran.

C'était, ſelon Champier, un des grands revenus du Languedoc. Longueil, dans ſon Panégyrique de S. Louis (a), vante le ſaffran de l'Albigeois; & en effet, de Serres nous repréſente les campagnes de ce canton du Royaume, comme preſque toutes conſacrées à cette production. Il nous reſte un livre, du même tems, par la Rochefoucault, ſur la culture du ſaffran dans l'Angoumois. Je n'ai pu parvenir à me le procurer; mais ſon titre ſeul prouve qu'elle y avait lieu auſſi. Enfin, Beaujeu rapporte la même choſe de la Provence. Celui-ci remarque même que, dans la petite ville de Saint-Maximin, l'on s'y appliquait avec le plus grand ſuccès; & qu'il y avait tel habitant qui en recueillait juſqu'à cent cinquante livres par an.

Vers la fin du dernier ſiècle, l'Orléanais entreprit auſſi la culture du ſaffran. Le Gatinais, ſur-tout, y eut tant de ſuccès, & le ſien, par la qualité particulière du ſol, ſe trouva ſi excellent, qu'il fit tomber en grande partie celui des autres Provinces. L'Intendant de Limoges s'en plaignait particuliérement dans le Mémoire qu'il dreſſa en 1698, par

---

(a) Longueil était contemporain de Champier. Son panégyrique latin de S. Louis, n'eſt qu'une ſorte de déclamation de Collége, dont la plus grande partie eſt employée à l'éloge de la France;

ordre du Roi, pour l'inſtruction du Duc de Bour‑
gogne. Il remarque que le ſaffran avait été, pour
l'Angoumois, une denrée d'excellent produit; qu'il
ſe débitait en Allemagne, en Hongrie, en Pruſſe, &
dans les Royaumes du Nord; mais que, depuis l'en‑
trepriſe des habitans de l'Orléanais, on n'en trouvait
plus de débouché que quand il manquait ailleurs;
enfin que la vente en devenant incertaine & iné‑
gale, le Payſan avait abandonné cette culture &
délaiſſé en partie les terres qu'il y employait au‑
trefois.

Aujourd'hui l'Angoumois en produit encore une
certaine quantité. On en tire beaucoup auſſi de la
Normandie, de la Guyenne, de la Principauté
d'Orange; mais le meilleur vient toujours du Gâ‑
tinais *(a)*. Ce dernier paſſe même pour le premier
de toute l'Europe, après celui d'Angleterre; & c'eſt
une des principales richeſſes de ce canton. Au reſte,
le ſaffran qui ſe recueille dans le Royaume, s'ex‑
porte preſque entiérement chez l'étranger. Nos of‑
fices, nos boutiques d'Apothicaires en conſomment
encore un peu; mais nous l'avons banni entiérement
de nos cuiſines.

Huile
d'olives.

On a lu précédemment que nous ſommes rede‑
vables de l'olivier aux Phocéens, & que ce ſont ces

(a) Parmi ceux de ce canton, le plus renommé eſt celui de Bois‑
commun.

M. Duhamel, qui a ſes terres en Gâtinais, a publié un Mé‑
moire curieux ſur une maladie contagieuſe, particuliere à l'ognon
du ſaffran, & nommée *la mort*.

Grecs

Grecs qui, lorsqu'ils vinrent fonder Marseille, en-
seignerent aux Gaulois la culture d'un arbre si utile.
De proche en proche, il se multiplia dans les cantons contigus. Ces Provinces attacherent un grand
prix à sa multiplication, parce qu'il forma un de
leurs meilleurs revenus. Elles allerent même jusqu'à
regarder comme coupable de grand délit, & comme
punissable, celui qui coupait dans le champ d'un
autre un olivier. La loi des Visigots le condamne
à une amende de cinq sous; amende alors considérable. En 1054, un Concile de Narbonne défendit
d'en couper aucun. Il est vrai que la défense du
Concile tenait moins au zèle de l'intérêt public,
qu'à une idée religieuse. Le motif qu'il allègue pour
faire respecter l'olivier, est que cet arbre fournit
la matière du S. Crême, & celle du luminaire des
Eglises.

Néanmoins, comme nos Provinces méridionales
sont les seules où l'olivier puisse croître avec un certain avantage, il n'a dû se multiplier en France que
faiblement. Aussi la quantité d'huile que produisaient ces Provinces, n'a-t-elle jamais été suffisante,
à beaucoup près, pour la consommation du Royaume. Ce fut cette considération qui en 817. porta
le Concile d'Aix-la-Chapelle à permettre aux Moines l'usage du jus de lard; & en 1491, le Souverain
Pontife à permettre à la Maison de la Reine Anne,
puis ensuite à la Bretagne, puis successivement à
nos autres Provinces, celui du beurre en assaisonnement pour les jours maigres.

Dans une vie de S. Filbert, Abbé de Jumièges,

vers la fin du VII.e siècle, il est mention d'huile d'o‑
lives de Bordeaux.

Celle de Marseille avait conservé sa réputation
depuis les Phocéens. Il s'en faisait un gros com‑
merce au commencement de la première Race; &
Grégoire-de-Tours nous apprend que les négocians
d'Outremer la préféraient même à la leur.

Aujourd'hui nous regardons l'huile d'Aix, & celle
de Grasse, comme les meilleures des huiles de Pro‑
vence pour la qualité. Il y a plus d'un siècle que
Pitton (*Histoire de la ville d'Aix*) a fait l'éloge de
la première; disant d'elle qu'elle était *la plus douce
& la plus légère de toute la Province.* Cependant
l'auteur ajoute une chose qui ferait croire qu'alors
le territoire de cette ville n'en recueillait pas une
aussi grande quantité qu'aujourd'hui. *Nous en avons
pour notre provision achevée, lorsque les récoltes sont
avantageuses, dit-il, & nous en faisons part à la
ville de Paris, pour la délicatesse de sa table.* Gon‑
tier, qui écrivait en 1668, plaçait au premier rang
celle d'Aramon.

Quoique l'huile fine de Provence soit la premiere
de celles qui se fabriquent dans le Royaume, néan‑
moins elle n'a pas toujours été regardée comme la
premiere de celles qui s'y consomment. Pendant
long-tems, l'huile d'Espagne a passé pour lui être
supérieure. Beaujeu en convient dans son Panégy‑
rique latin de la Provence, (ann. 1551); " mais
» à présent, dit-il, nous avons des oliviers si par‑
» faits, & nous les cultivons si bien, que notre
» huile ne le cede à aucune autre ".

. Cette huile, les Provençaux l'envoyaient, non dans des barrils, comme on envoie les autres liqueurs; mais dans des outres, c'est-à-dire dans des facs de peaux de chevres, préparées. Liébaut nous apprend la maniere dont fe faifaient ces facs. Au lieu d'écorcher l'animal quand il était tué, (ce qui eût ouvert fa peau & l'eût rendue inutile), on le dépouillait, de la même façon que nos Cuifiniers dépouillent aujourd'hui le liévre & le lapin. De Serres, qui fait auffi mention de ce procédé, remarque que dans quelques Provinces on fe fervait d'outres pour tranfporter les vins au-dehors. Au refte, perfonne n'ignore que c'était-là une méthode fort en ufage chez les Anciens. Les Provençaux l'avaient reçue d'eux; & c'eft une de celles qu'ils ont confervée le plus long-tems.

Il fera encore parlé des outres à l'article du vin.

L'huile d'olive, trop peu abondante pour fournir à la confommation du Royaume, y aquiert, par fa rareté, un prix qui la met hors de la portée du peuple. Auffi eft-il reconnu qu'il y a les trois quarts de la France qui n'en confomment point. Les Provinces auxquelles fa cherté l'interdit, y fuppléent par celle qu'elles extraient de certaines graines, où fruits huileux, que produit leur territoire. Dans le Bourbonnais, par exemple, dans l'Auvergne, la Saintonge, le Limoufin, la Bourgogne, le Lyonnais, &c; le peuple fe fert, pour falades & pour fritures, d'huile de noix. Nos Provinces feptentrionales, la Lorraine, l'Alface, & la Flandres; la Franche-Comté même, & depuis quelques années, le Beaujolais,

M 2

employent celle que l'on connaît vulgairement sous le nom d'huile d'œillet, & qui est faite avec la semence du pavot de jardin, ou de coquelicot.

Cette derniere, douce, agréable au goût, d'une couleur brillante, point sujette à rancir comme l'huile d'olive, a été long-tems un objet de commerce pour la Capitale. Enfin, au commencement de ce siecle-ci, quelqu'un s'avisa d'y écrire qu'elle était narcotique. Il se trouva des cerveaux méticuleux qui le crurent. L'opium se faisant avec la tête du pavot, on ne douta point que l'huile faite avec la semence ne fût soporative aussi ; quoiqu'aucun Médecin ancien ou moderne ne lui eût reproché cette qualité nuisible ; quoique plusieurs de nos Provinces s'en servissent, & que les Anciens s'en soient servi de même impunément (*a*).

Cependant les terreurs ayant occasionné des plaintes, le Lieutenant Général de Police crut devoir consulter la Faculté de Médecine, & porter cette question à son Tribunal. La Faculté nomma des Commissaires qui, après beaucoup d'expériences, déciderent en 1717, *que la graine de pavot n'a rien de narcotique, & que son huile n'est ni préjudiciable, ni nuisible à la santé.* D'après ce jugement, le Châtelet rendit une Sentence qui autorise à Paris la vente de l'huile d'œillet ; qui enjoint seulement aux Epiciers de la distinguer, dans leurs boutiques, de

____

(*a*) Pline témoigne que, de son tems, les paysans d'Italie doraient leur pain avec un jaune d'œuf avant de le mettre au four, & qu'ils en saupoudraient la croûte supérieure avec la graine de pavot.

celle d'olive par une étiquette ; & qui leur défend sur-tout de la mêler avec cette derniere, & de la vendre pour huile d'olives, fous peine d'une amende de trois mille livres.

Il était très-difficile d'empêcher ce mélange, sur lequel l'acheteur peut être très-aifément dupé, & auquel le marchand gagne trop lui-même pour n'être pas excité à la fraude par le profit. Plufieurs en effet en furent convaincus. Il y eut des punitions exemplaires ; mais ces punitions n'ayant pas fuffi pour l'arrêter, le Châtelet, en 1742, prit un autre parti : ce fut de défendre la vente de l'huile même, ordonnant que vifite ferait faite chez tous les marchands qui en auraient, & qu'on jetterait dans tous les barrils quelques pintes d'effence de térébenthine, afin qu'elle ne pût plus être employée que pour la peinture. Une pareille fentence doit être excufée par le motif qui la dicta ; car elle tendait à prévenir un abus. Peut-être néanmoins eût-on pu remédier à cet abus autrement ; mais au moins, en profcrivant l'huile de pavot, on ne la déclarait pas nuifible. Cette inculpation fut prononcée, douze ans après. Des Lettres-patentes, enregiftrées au Parlement, la défendirent comme telle : *Prononçant que, de tout tems, elle avait été reconnue d'un ufage pernicieux ;* ordonnant qu'on y mêlerait de l'effence de térében- thine dans le moulin même où elle ferait fabriquée, & interdifant aux marchands d'en vendre autrement qu'altérée ainfi.

Ces arrêts avaient été obtenus par les Maîtres- Gardes de la Communauté des Epiciers, qu'on pouvait soupçonner d'avoir eu, pour les solliciter, un motif d'intérêt, & qui d'ailleurs, pouvant s'être trompés eux-mêmes, avaient pu innocemment induire en erreur les Magistrats. M. l'Abbé Rosier, auteur du Journal de Physique, & Physicien lui-même aussi éclairé que zélé pour le bien public, entreprit de rectifier sur cette matiere l'opinion des Juges. En 1773, il remit entre les mains du Lieutenant de Police un Mémoire, dans lequel après avoir exposé les principaux faits qu'on vient de lire, il représentait que l'huile d'olive étant, par sa rareté, trop chere pour le commun des consommateurs, c'était une chose nécessaire de permettre la vente d'une autre ; que, malgré tous les Arrêts rendus, les marchands de la Capitale faisaient venir une grande quantité de celle de pavot ; que presque tous s'en servaient pour mêler avec leurs huiles d'olive ; que c'est-là un vrai tort qu'essuyent les consommateurs, puisque l'une est bien moins chere que l'autre, & que cependant on la leur vend au même prix ; enfin que la premiere étant agréable & saine, il n'y avait nul inconvénient à lever les défenses qui en proscrivaient la vente.

En conséquence de ces réflexions, le Lieutenant de Police consulta la Faculté de Médecine, qui, au mois de Janvier 1774, prononça, ainsi qu'elle avait fait déja en 1717, que *l'huile de pavot n'a rien de narcotique, & rien de préjudiciable ou de nuisible.* Sans doute, il y a eu quelque considération importante qui a empêché l'effet de ces décisions multipliées & si propres à rassurer ; mais les arrêts subsistent toujours, & la fraude par conséquent a toujours lieu.

M. l'Abbé Rosier ne s'est pas contenté d'employer en réclamations ses connaissances physiques. Il les a exercées d'une maniere plus utile encore, en travaillant sur les huiles grossieres de navette & de colsat, qu'il est parvenu, non-seulement à rendre mangeables, mais encore à dépouiller de cette fumée noire & infecte qui, dans les manufactures où on les emploie pour éclairer, incommode les ouvriers & tâche les étoffes. Ses procédés sont consignés dans un ouvrage qu'il a intitulé : *la meilleure maniere de cultiver la navette & le colsat.*

M. Sieuve, de Marseille, a publié aussi en 1769 sur les olives de Provence, un autre ouvrage, dans lequel il fait mention d'un moyen, trouvé par lui, pour empêcher l'huile d'olive de rancir ; défaut auquel elle n'est, comme on sait, que trop sujette. Il y annonce encore un moulin de son invention, propre à extraire des olives une huile plus abondante & plus fine.

On se rappelle d'avoir lu plus haut, au chapitre de la volaille, que pendant long-tems les volatiles avaient été réputés nourriture maigre. J'ajoute maintenant qu'il a été un tems aussi où l'on a regardé de même, comme maigre, la graisse animale, celle des quadrupedes. La premiere opinion était fondée, ainsi que je l'ait dit, sur un passage de la Genèse mal entendu : la seconde fut la suite d'une hérésie née dans l'Orient.

Un certain Eustatus, ou Eutactus, avait eu, sur certains points de discipline ecclésiastique, & en particulier sur l'usage de la viande, qu'il regardait comme criminel, des sentimens erronés qui furent condamnés dans un Concile de Gangres. Mais, comme ses erreurs s'étaient sur-tout beaucoup répandues chez les Prêtres & chez les Moines, un autre Concile, tenu à Ancyre, ordonna que, pour reconnaître ceux qui en seraient imbus, tout Prêtre & tout Diacre serait tenu de manger, au moins une fois, de la chair. Si, après cette épreuve, il voulait y renoncer, on lui en laissait la liberté. Quant à ceux qui, par dévotion, s'abstenaient de viande, le Concile exigea qu'ils mangeassent du moins des légumes cuits avec de la chair; &, en cas de refus, il les condamnait à être interdits. *Hi qui in clero sunt, Presbyteri vel Diaconi, & a carnibus abstinent, placuit eas quidem attingere, & sic, si voluerint, abstinere. Si autem noluerint olera quæ cum carnibus coquuntur comedere, & canoni non cedant, ab Ordine cessare.*

De ce réglement il résulta que, pour éloigner toute suspicion d'hérésie, ceux des Moines qui s'étaient dévoués à un carême éternel, non-seulement mangerent des légumes accommodés avec de la graisse; mais que, par une sorte d'obéissance habituelle au Canon du Concile, ils continuerent de les manger ainsi. Par-là, ils s'accoutumerent insensiblement à regarder la graisse comme une substance maigre, ou plutôt comme une substance qui n'empêchait point les alimens d'être maigres. Cette opinion passa bientôt dans l'Occident, dont les Moines cherchaient à imiter en tout la régularité des Moines Orientaux. Chez nous, elle fut adoptée également par le Clergé, comme par les Réguliers,

Le Moine de S. Gal raconte que Charlemagne,
étant en voyage un vendredi, arriva tout-à-coup
à l'improviste chez un Evêque. Celui-ci qui ne l'at-
tendait point, se trouva fort embarrassé; car il n'a-
vait point de poisson à offrir au Prince, & il n'o-
sait lui servir de la viande, à cause du jour. Il
présenta donc ce qui se trouva chez lui, c'est-à-
dire du fromage & de la *graisse*; & Charles en fit
son repas, dit l'historien.

Cependant, il paraît que ceux des Moines qui
se dévouaient à une austérité plus grande s'interdi-
saient cette substance, même en assaisonnement,
parce qu'ils la croyaient chose trop délicate. Lorsque S. Benoît d'Aniane fonda des Monastères, il y
établit l'abstinence de la graisse.

Il est probable encore qu'il y avait dans les Provinces de France beaucoup d'autres Couvens qui
se faisaient de même un scrupule d'en user; puisqu'en 817, lorsque le Concile d'Aix-la-Chapelle
interdit aux Réguliers l'usage de la volaille, ainsi
que je l'ai remarqué plus haut, il leur permit celui de la graisse, pour les dédommager de cette
privation : cependant il excepta de sa permission
tous les vendredis de l'année, la huitaine de Noël,
& le carême entier : *ut Fratres aliquid pinguedinis
habeant ; excepto sextâ feriâ,* &c.

Malgré cela, il y eut, comme auparavant, & en
différens siècles, de saints personnages qui, par pénitence, se refusèrent à l'adoucissement que permettait le Concile; & je pourrais en citer plusieurs,
S. Gautier, S. Bon, S. Thierri, &c. Je pourrais

même citer des Supérieurs d'Ordres & de Couvens,
tels qu'Albert, Abbé de S. Martial; Pierre-le-Vé-
nérable, Abbé de Cluni &c, qui le défendirent à
leurs Moines le samedi. Mais en général on l'adopta
dans tous les Couvens, même les plus réguliers.

Ce fut en conséquence de cet usage que Louis-
le-Débonnaire assigna annuellement au Monastère
de S. Germain vingt muids (*modios*) de graisse (a),
& trente à celui de S. Denis.

(a) Selon Dom Bouillart, historien de cette Abbaye, le muid
pesait quarante-quatre livres, & revenait à notre demi-minot.
Pour les liqueurs, D. Mabillon (*Annales Bénédictines*) prétend
qu'il ne contenait que seize setiers; & le setier six verres. Je n'ose
rien décider sur la justesse de ces mesures; mais il me semble
pourtant que l'évaluation de D. Bouillart est trop faible. Car l'Empereur, dans son Diplôme, trouve que vingt modius sont une
provision suffisante pour cent vingt Moines. Or si le modius n'eût
pesé que 44 livres, il n'eût fourni à-peu-près que six ou sept livres
de graisse pour la consommation annuelle de chaque Religieux;
ce qui évidemment n'aurait pas suffi.

Au reste, outre cette quantité d'assaisonnement, le Prince, par
son même Diplôme, assigne encore au Monastère, deux mille
modius de vin, cent quatre-vingt de légumes, cent de sel, quatre de beurre, huit de miel, trois cens vingt de froment, tant
pour les Religieux que pour les hôtes; enfin, cent soixante pen-
ses de fromage, avec de la volaille & des œufs pour les fêtes de
Pâques & de Noël.

Charles-le-Chauve confirma en 871, ce réglement de son Pere.
La considération dont jouissait alors l'état monastique, relevait
beaucoup l'importance qu'on attachait à de pareils détails. Nos
Rois s'en sont occupés plusieurs fois; sur-tout pour les Couvens,
qui, comme ceux-ci, étaient de fondation Royale. Quelquefois
même des Conciles s'en sont mêlés; &, cette même année 871,
il s'en tint un dans le Rémois, qui régla le revenu des biens de
celui de S. Médard.

Dans les Statuts de la Confrairie des Drapiers de Paris (ann. 1362), il eſt réglé que la graiſſe de toutes les viandes qui, le jour de la Confrairie, auront été cuites pour les Confreres, ſera donnée aux ReLgieuſes de Valprofond.

Au défaut de graiſſe, on ſe ſervait de lard pour la cuiſine des Moines; c'eſt-à-dire, qu'on mettait un morceau de lard dans leurs légumes & dans leurs herbes potagères, lorſqu'on les faiſait cuire. Avant de ſervir ces légumes ſur table, on preſſait bien le lard pour en exprimer le jus; mais, quand il était ainſi preſſuré, on avait grand ſoin de le jetter : car ces mêmes hommes qui, dans la paix de leur conſcience, avalaient pluſieurs livres de chair de cochon réduites en jus, auraient cru pécher mortellement s'ils euſſent avalé ſciemment la moindre parcelle de cette même chair en nature. Lard employé en maigre.

Ceci explique un fait qu'autrement on aurait peine à comprendre : c'eſt cette quantité de porcs, conſommés par des Religieux auxquels leur Règle défendait expreſſément la chair des quadrupèdes. S. Anſégiſe, Abbé de Fontenelle, dans la Conſtitution qu'il fit pour ſes Moines au commencement du IXe ſiècle, regle qu'ils tueront annuellement quarante cochons gras, *pour ſe fournir de graiſſe, de lard, & d'oing.* Louis-le-Débonnaire, en aſſignant au Monaſtere de S. Germain, vingt modius de graiſſe par an, déclare que les Religieux pourront prendre en échange cinquante cochons, *les meilleurs qu'ils pourront trouver.* Il exiſte une Charte de Charles-le-Chauve, en faveur du Monaſtere de S. Denis,

(ann. 862 ,) par laquelle le Prince accorde à cette
Abbaye, aux ſolemnités de Noël & de Pâques ,
deux porcs gras pour accommoder les volailles;
ad volatilia eorum præparanda. Enfin, dans les *Mi-*
racles de S. Vandrille, on lit l'aventure d'un Chevalier qui voulant dépouiller d'une terre le Monaſtère de ce nom, *commença par enlever tous les*
porcs que les Freres avaient engraiſſés pour avoir de
quoi aſſaiſonner leurs mêts. Les Religieux d'alors,
comme on voit, ne conſommaient point l'animal
même en ſubſtance; ils l'employaient ſeulement,
comme aujourd'hui nous employons certaines plantes aromatiques, à donner du goût à leurs alimens;
& par-là ils croyaient remplir l'abſtinence que leur
impoſait leur Règle.

Pluſieurs choſes au reſte avaient contribué non-
ſeulement à entretenir, mais encore à fortifier ſur
ce point les préjugés du tems. Le Concile d'Aix-la-
Chapelle, comme je l'ai dit ailleurs, avait permis
aux Réguliers le jus de lard : *Quia oleum olivarum*
Franci non habent , voluerunt Epiſcopi ut (Canonici re-
gulares) oleo lardino utantur. Précédemment au Concile, le Pape Zacharie avait fait une déciſion, qui
aujourd'hui nous étonnera beaucoup. Conſulté par
Boniface, Archevêque de Mayence, ſur différens
points de diſcipline, & en particulier ſur celui-ci,
peut-on manger du lard en carême? le Pontife avait
répondu que, ſi le lard était crud, on ne devait
point en manger (*a*); mais qu'on le pouvait, s'il

____

.(*a*) Ce lard, mangé crud, ne doit pas ſurprendre. On en mange était desséché à la fumée & mis au feu. Zacharie avait pensé sans doute que quand le porc est soré ou rôti, il change de nature, & n'est plus du porc.

Un préjugé pareil introduisit par la suite, dans certains Monasteres, un autre abus. On en vint jusqu'à y manger de la viande hachée, sous prétexte que, déguisée ainsi, elle n'est plus viande. Ce relâchement fut condamné par la Constitution que Grégoire IX donna aux Religieux de S. Benoît; il y déclare que non-seulement la viande leur est défendue, mais encore les hachis & les farces faites de chair.

S'il était possible de rendre à la vie pour un instant quelqu'un qui n'existe plus, ce serait un spectacle bien digne des yeux d'un Philosophe que de faire asseoir à une même table un Religieux du VIIIe siecle, un Religieux du XIVe, & un du nôtre, & de leur servir à tous trois ce qui, en ces différens tems, & selon le régime de leur même Regle, a constitué & constitue leur maigre. On

encore ainsi aujourd'hui en Westphalie, en Thuringe, & dans différens cantons de l'Allemagne. Nous-mêmes d'ailleurs, ne mangeons-nous pas cruds les harengs que l'on appelle pecqs. Brantôme, dans son éloge du Vidame de Chartres, raconte que quand ce Seigneur passa à Londres, comme un des ôtages de la paix signée entre l'Angleterre & la France, il se rendit tellement agréable au Roi Edouard, que celui-ci le mena avec lui *jusqu'au fin fonds des Sauvages d'Escosse.* Là, il y eut une grande chasse aux bêtes fauves, après laquelle les Ecossais, pressant fortement avec des bâtons le gibier tué, afin d'en faire sortir tout le sang, en mangerent la chair crue, avec du pain : ce qu'ils trouvaient un manger délicieux. Ils en offrirent au Vidame qui, pour leur plaire, en goûta.

verrait le dernier croire faire une abstinence sévere
en mangeant des œufs, du beurre, & du laitage; le
second regarder ces substances comme grasses, & s'en
abstenir avec horreur; le premier au contraire y joindre sans scrupule une volaille, une perdrix, des légumes ou des herbages accommodés à la graisse ou au
lard. Quel horrible scandale ils se causeraient l'un à
l'autre! Comme ils s'anathématiseraient mutuellement!..Hélas! ne condamnons personne. L'histoire des
usages d'un peuple n'est gueres, à proprement parler,
que l'histoire de ses contradictions. Qui sait si les nôtres, un jour, ne seront pas, pour les siecles à venir, un
sujet de critique; si nos Neveux, quand ils liront que
nous n'osons manger du canard un jour maigre, tandis
que nous mangeons une macreuse & une poule
d'eau, ne seront pas aussi étonnés que nous le sommes aujourd'hui quand nous voyons nos Ancêtres
s'être abstenus, les mêmes jours, du bœuf & du
cochon, & s'être nourris pourtant de légumes accommodés avec de la graisse & du lard.

Ces réflexions, pour quiconque les approfondira,
en feront naître d'autres encore, qui toutes lui ins-
pireront également le même esprit d'indulgence.
Quelquefois, par exemple, nous sommes scanda-
lisés, lorsque nous voyons certains Monasteres,
qui par leur Regle sont astreints au maigre, faire
néanmoins habituellement gras. Nous attribuons au
relâchement ce changement de régime. En vain ceux
qui sont accusés répondent que, par l'éloignement
où ils sont des rivieres & des ports de mer, le
changement est devenu indispensable; nous leur

demandons comment vivaient donc leurs prédéces-
feurs, qui, également éloignés, n'étaient pas plus
à portée de fe procurer du poiffon? Mais, pourraient
répliquer les Religieux, c'eft que nos prédéceffeurs,
fans le favoir, faifaient gras; & que ce qui, avec les
préjugés du tems, leur était facile, ne l'eft plus aujourd'hui où la difcipline n'eft plus la même.

DEUXIEME SECTION.

Potages.

On a donné anciennement le nom de potage à
la foupe ordinaire, parce qu'alors on la fervait
toujours avec beaucoup de légumes & d'herbes *potagères.* Maintenant, par cette expreffion, devenue
plus noble que l'autre, l'on défigne toutes les foupes quelleconques; & c'eft en ce fens que je l'em-
ployerai dans l'article qu'on va lire.

Si vous vous en rapportez aux Anglais & à quelques autres Nations, elles vous répondront que la
foupe eft un aliment pernicieux pour la fanté. Si
vous parcourez nos camps, au contraire, fi vous
interrogez le peuple de nos villes & de nos campagnes, vous entendrez dire que *la foupe nourrit
l'homme,* que *la foupe nourrit le foldat.* A la vérité
celle du foldat ou du payfan étant compofée de
pain trempé avec beaucoup de racines & d'herbes
potagéres, parce que c'eft prefque le feul aliment
auquel ils font réduits, elle doit être *nourriffante;*
&, confidéré ainfi, le proverbe français ne prouve-

rait rien en faveur de la soupe. Néanmoins je suis
perfuadé qu'il indique un préjugé favorable fur cette
forte de mêts; & ce préjugé, je le fonde fur ce
que l'aliment dont nous parlons remonte jufqu'aux
tems les plus reculés de notre Hiftoire.

En effet, comme les Gaulois, au rapport d'Athénée, mangeaient bouillies une partie de leurs viandes, on peut croire, avec quelque vraifemblance,
qu'ils employaient en foupe le bouillon qui avait
fervi à les cuire. Ce n'eft là qu'une conjecture, il eft
vrai; mais au refte, s'il n'y a point de preuves po-
fitives que l'ufage de la foupe fubfiftait alors, il y
en a qu'il exiftait dès les commençemens de la Monarchie; puifque Grégoire de Tours dit que Chilpéric lui offrit un potage fait avec de la volaille.

Dans les poéfies du XIIe & du XIIIe fiècle, il eft
mention de potages à la purée, au lard, aux légumes, & au gruau. J'ai déja remarqué ci-devant,
qu'en Bretagne on ne mangeait que de ces derniers; & que la coutume était d'y ajouter des jaunes
d'œufs, des épices, & du faffran.

Nos Provinces méridionales, qui ont des aman-
diers & des oliviers, faifaient des potages aux amandes, & à l'huile.

Le *Fabliau du Cuvier* parle de foupe au vin. Quand
Duguefclin, défié par Guillaume de Blancbourg,
alla combattre cet Anglais, il avala auparavant trois
de ces foupes *en l'honneur des trois Perfonnes de la
Sainte-Trinité.*

Il y en avait d'autres, du même genre, qui portaient différens noms, felon les différentes fortes
d'affaifonnemens

d'assaisonnemens qu'on y ajoutait. Telle était, entr'autres, la *soupe dorée,* dont voici la recette, tirée de Platine. Griller des tranches de pain; les jetter dans un coulis fait avec du sucre, avec du vin blanc, des jaunes d'œufs, & de l'eau-rose; quand elles sont bien imbibées, les frire, les jetter de nouveau dans l'eau-rose, & les saupoudrer de sucre & de saffran.

Les *tostées* (rôties) à *la poudre du Duc & au vin blanc,* dont il est mention dans le Roman de Saintré, étaient une friandise de cette espèce.

C'est au XIVe siècle qu'a commencé à se raffiner notre cuisine française. Mais c'est au siècle suivant qu'elle a commencé à devenir un art, & qu'elle a trouvé des écrivains. Nous en avons un, nommé Taillevant *(a),* Queux (Cuisinier) du Roi Charles VII, qui composa vers 1456 un traité sur cette matière. Son livre, quoiqu'écrit en stile de formules & en langage de cuisinier, quoique rempli de termes techniques devenus barbares, est néanmoins, par son objet, infiniment curieux. Il est vrai que la doctrine de Taillevant étant de nature à n'avoir pu être mise en pratique que par les gens riches, son

____

(a) Dans un Etat de la Maison du Roi Charles VI, pour l'année 1381, on trouve un Taillevant, qualifié *Ecuyer-de-Cuisine.* C'était probablement un des ancêtres du nôtre. Au reste, le livre de celui-ci est le plus ancien traité de cuisine qui ait été écrit en français; & peut-être même le plus ancien qui existe dans les langues modernes de l'Europe. J'en connais deux éditions, toutes deux très-fautives; mais au moins l'une sert à rectifier l'autre.

livre a l'inconvénient de ne nous inftruire que fur les mœurs de cette feule claffe d'hommes; mais, quand il s'agit de cuifine, ce n'eft plus du peuple que l'on parle, c'eft des différens ordres de citoyens, depuis l'homme de Cour jufqu'au Bourgeois aifé, inclufivement.

Un autre ouvrage qui peut fournir encore beaucoup de connaiffances fur l'article dont je parle, eft le Platine français ; production poftérieure d'un demi-fiècle à celle de Taillevant, & que j'ai déja eu occafion de citer plufieurs fois. Ce font ces deux écrits qui me fourniront une partie des chofes que j'aurai à dire, tant en ce paragraphe qu'aux deux fuivans.

On trouve dans Taillevant des foupes à l'ognen, aux fèves, à la moutarde : dans Platine, des foupes aux raves, au fenouil, au coing, aux racines de perfil, aux amandes, au millet, aux herbes, aux pommes, au verjus, à la fleur de fureau, à la citrouille, & au chénevis. On y trouve des potages appellés zanzarelles; des potages jaunes faits avec du faffran; de verds, faits avec des jus d'herbes; de blancs, avec du lait d'amandes.

Peut-être fera-t-on furpris de rencontrer dans cette lifte une foupe à la moutarde, & une autre au chénevis; mais on ne le fera plus, quand on faura qu'il n'y a ici que le nom de bifarre; que les deux potages dont il s'agit étaient des mêts fort compofés, dans lefquels il entrait beaucoup d'ingrédiens, & entr'autres, de la moutarde; du chénevis, dont on leur donna le nom fans trop favoir pourquoi, puif-

que ce n'était pas l'affaifonnement dominant. La
foupe à la moutarde était faite avec des œufs
frits, de la purée, de la moutarde, du gingembre, des épices, & du fucre; le tout coulé enfemble, puis bouilli, & relevé d'une pointe de verjus.
Pour la foupe au chénevis, elle était compofée
de moëlle, de chénevis, & d'amandes, pilés avec
un peu de bouillon. Après avoir paffé ce coulis par
l'étamire, on le faifait cuire au feu; & l'on y ajoutait
du fucre, du gingembre, du faffran, des épices douces, & de l'eau-rofe.

Mais de tous les potages, celui qui a eu le plus
de faveur, & qui l'a confervée le plus long-tems,
eft le potage au riz. Il en eft mention dans nos anciens Fabliers & Romanciers. Par les ftatuts de la
réforme de S. Claude (ann. 1448), ce mêts eft
accordé en carême aux Religieux trois fois la femaine (a). Au XVIᵉ fiècle, c'était, felon Champier
& Beaujeu, le potage de diftinction; & il n'y avait
point de feftin, même dans la claffe des payfans,
où on ne le fervît. En gras, on l'apprêtait avec du
bon bouillon; & en maigre avec du lait de vache,
ou du lait d'amandes: mais, foit en gras, foit en
maigre, on y ajoutait toujours, pour lui donner
de la couleur & du goût, du fucre & du faffran.

Comme cet aliment avait la réputation d'engraif-

(a) Je cite fouvent dans cet ouvrage, & je citerai fouvent
encore, les ufages des Religieux; parce que cette claffe d'hommes étant aftreinte, par l'auftérité de fon état, à une nourriture
groffiere, elle nous peint quelle était en ce genre la vie du peuple.

fer, les femmes de la Cour & de la Ville, qui étaient trop maigres, en faisaient beaucoup d'usage. Mais c'est-là un préjugé populaire, continue Champier. « Les Médecins éclairés accusent le riz au contraire » d'être difficile à digérer, de fournir peu de nourriture, & de rendre le ventre paresseux ». En 1627, Nonnius remarquait encore que le peuple en France n'eût point été content d'un festin, s'il n'y eût vu du riz au lait, assaisonné avec du sucre.

Le riz actuellement n'est pas moins recherché qu'il l'était autrefois : cependant il a cessé d'être un mêts pour le peuple, même dans ses repas de réjouissance.

J'ai dit ailleurs, en traitant des pâtes d'Italie, que les soupes aux macaronis, aux lasagnes, au vermichel, étaient connues au XVIe siècle.

La panade l'était aussi alors, selon Champier. Liébaut assure même qu'il y avait beaucoup de mères qui la préféraient à la bouillie pour nourrir leurs enfans; la regardant comme un aliment beaucoup moins indigeste.

La *Comédie des friands Marquis*, ou *des Côteaux*, parle d'un potage aux ognons farcis.

Boileau, dans sa *Satyre du festin*, nomme les bisques. Il y fait mention aussi d'un potage au jus de citron, avec du verjus & des jaunes d'œufs, & sur lequel était posé un chapon bouilli. Ces sortes de soupes, dit le commentateur du Poëte, s'appellaient *soupes à l'écu d'argent* ; parce que le Traiteur qui les avait inventées, avait un écu d'argent pour enseigne.

On peut compter auſſi parmi les ſoupes, ou au
moins parmi les bouillons, les reſtaurans dont Liébaut donne la recette, & qui étaient en uſage alors
pour les femmes en couche, pour certaines perſonnes exténuées, & pour les maladies de langueur.
Il y en avait un, entr'autres, qu'on appellait, par
excellence, le *reſtaurant divin.* Au reſte, ce n'étaient
pas, comme aujourd'hui, de bons conſommés ;
mais de la viande de boucherie, ou de la chair de
volaille, hachée très-menue, & diſtillée enſuite dans
un alambic avec de l'orge mondée, des roſes ſéches,
de la canelle, de la coriandre, & des raiſins de
Damas.

Paliſſi (*Abus des Médecins*) s'éleva contre cet
uſage. *Prends une excellente volaille,* dit-il, *& fais-
la cuire dans ſon bouillon ; tu trouveras en ce bouillon une grande odeur, ſi tu l'odores, & une grande
ſaveur, ſi tu le goûtes ; tellement que tu jugeras que
cela eſt baſtant pour reſtaurer. Fais-le diſtiller au
contraire, puis prend de l'eau, & en gouſtes ; & tu la
trouveras inſipide, ſans goût ni odeur que du brûlé.
Lors tu jugeras que ton reſtaurant n'eſt bon, & ne
peut rendre bon ſuc au corps débile.*

Les reſtaurans ont donné naiſſance aux Reſtaura-
teurs. C'eſt un établiſſement qui a eu lieu à Paris
vers 1765, & qui fut imaginé par un nommé Boulanger, lequel demeurait rue des poulies. Sur ſa
porte, il avait mis cette deviſe, qui était une ap-
plication peu reſpectueuſe d'un livre très-reſpecta-
ble : *Venite ad me omnes qui ſtomacho laboratis, &
ego reſtaurabo vos.* Boulanger vendait des bouillons

Reſtaura-
teurs.

N 3

ou confommés. On trouvait même chez lui à manger quand on voulait. Il eft vrai que n'étant point Traiteur, il ne pouvait fervir de ragoûts; mais il donnait des volailles au gros fel, avec des œufs frais; & tout cela était fervi proprement fur ces petices tables de marbre, connues dans les caffés. A fon imitation, s'établirent bientôt d'autres Reftaurateurs. Il s'en établit dans les Wauxhals, au Colifée, dans les lieux d'affemblée & de réjouiffance publique. La nouveauté, la mode, & peut-être même leur cherté, les accréditèrent; car ce qu'ils fourniffaient était plus cher que chez les Traiteurs ordinaires. Mais telle perfonne qui n'eût point ofé aller s'affeoir à une table d'hôte pour y dîner, allait fans honte dîner chez un Reftaurateur. Néanmoins, comme ce ne font point les pratiques choifies, mais les pratiques nombreufes, qui font vivre un marchand, ceux-ci, trop multipliés, fe nuifirent les uns aux autres. Pour pouvoir fe foutenir, ils furent obligés de fe faire Traiteurs. Aujourd'hui tous le font; c'eft-à-dire, qu'au lieu d'un titre, ils en ont deux; & voilà tout ce qu'a produit l'établiffement primitif.

Non-feulement les potages autrefois étaient la plupart, comme on a pu le voir, des mêts très-recherchés & fort coûteux; mais on en fervait encore plufieurs à la fois. Ce fafte alla même fi loin, qu'en 1304 un Concile de Compiegne, voulant le réprimer, au moins chez les Eccléfiaftiques, défendit à ceux-ci d'avoir dans leurs repas plus de deux plats & plus d'un potage. Néanmoins, s'il

leur ſurvenait un étranger, il leur était permis alors
d'ajouter à leur ordinaire un entremêts. Il y avait
même un cas où ils n'étaient plus aſtreints au réglement du Concile; c'était celui où ils auraient eu
à recevoir chez eux un Roi, un Comte, Duc, ou
Baron, en un mot, un perſonnage de haute qualité.

Il en fut de cette Ordonnance, comme de mille
autres. L'auteur du *Modus & Ratio*, ouvrage fait en
1342, déplorant le luxe de ſon tems, nous peint la
table d'un Archevêque, garnie de cinq ou ſix ſoupes
différentes, toutes variées en couleur, toutes aſſai-
ſonnées de ſucre & ſurſemées de graines de gre-
nades.

Poſtérieurement au livre du *Modus*, l'uſage s'introduiſit de ſemer ſur la ſoupe, au lieu de graines
de grenade, des herbes aromatiques, ſéchées &
réduites en poudre; telles que marjolaine, ſauge,
thym, baſilic, ſarriette, hiſſope, baume-franc, &c.
Liébaut, dans la diſtribution qu'il fait de ſa *Maiſon
ruſtique*, réſerve même une planche du potager pour
la culture de ces plantes deſtinées à ſaupoudrer les
potages.

Tout ceci tenait au goût que de tout tems nos
Pères avaient eu pour les ſaveurs aromatiques,
comme je l'ai déja remarqué pluſieurs fois. Ce goût
s'accrut encore au XVIᵉ ſiècle, par les rapports que
les guerres ultramontaines leur donnèrent avec les
Italiens. Alors il ne ſe borna point ſeulement aux
potages; il influa ſur la plupart des mêts. Un grand
nombre de ces mêts eut ſa fleur, ſa ſemence, ſa

poudre d'herbe, &c, que l'ufage lui confacra. Sur
les œufs frits, par exemple, on femait de la fleur
de fureau; fur les compotes d'hyver, c'était de la
femence de fenouil (*a*); fur plufieurs ragoûts, des
graines de grenade : on regarda même comme un
ragoût fin, dit Champier, des branches de romarin, frites légérement, après avoir été blanchies
avec de la farine & du fucre. Mais ces remarques
appartiennent à l'article qui fuivra celui qu'on va
lire.

TROISIEME SECTION.

Des Sauces.

On a vu dans les articles précédens combien nos
Peres aimaient les affaifonnemens forts. Un goût fi
décidé avait influé fur leur cuifine. Elle n'était prefque compofée que de ragoûts ; & jufqu'aux piéces
rôties, grillées, ou bouillies, qu'on fervait fur leur
table, rien n'y paraiffait gueres qu'avec une fauce.

Quelques-unes de ces fauces, telles que la Caméline & la Jance, étant devenues d'un ufage général, il y eut des gens qui s'aviferent d'en tenir

(*a*) Champier obferve que ce goût pour le fenouil eft un de ceux
que nous devons à l'Italie. Quand on faifait griller un maquereau, on l'enveloppait de fenouil; ce qui, en le garantiffant de
la trop grande action du feu, lui donnait en même tems ce goût
parfumé que l'on recherchait dans tout. Le fenouil doux eft ce
que nous nommons aujourd'hui anis de Paris.

chez eux de toutes faites, pour le service du public.
On trouva cet établissement commode , parce
qu'il évitait une peine. Les nouveaux Marchands
eurent du succès ; & ils prirent le nom de *Sauciers*,
du nom de la marchandise dont ils faisaient commerce. Bientôt le besoin continuel qu'ils avaient
de moutarde & de vinaigre pour leur profession ,
leur fit prendre le parti de fabriquer chez eux ces
deux dernieres denrées. Ils en vendaient aussi , en
même tems que des sauces ; & en conséquence, à
leur premier titre de *Sauciers* ; ils joignirent celui
de *Vinaigriers-Moutardiers*.

En 1394 , on leur donna des Statuts. Cent vingt
ans après, Louis XII , les érigea en Corps de métier.
L'eau-de-vie alors, après avoir été pendant quelque
tems regardée comme remede , commençait à devenir une boisson usuelle ; ils s'étaient emparés de
la distillation de cette liqueur. Le Monarque, en
les érigeant en Communauté, leur conserva le privilege dont ils s'étaient saisi ; &, dans les Lettres-
patentes qu'il leur accorda, il les qualifia de *Sau-*
ciers, *Moutardiers*, *Vinaigriers*, *Distillateurs en*
eau-de-vie & esprit-de-vin, *& Buffetiers*.

C'était-là réunir trop de professions à la fois :
aussi cet assemblage ne dura-t-il gueres. Parmi les
Sauciers, les uns se consacrerent uniquement à la
distillation de l'eau-de-vie & de l'esprit-de-vin ; &
ils firent une classe à part , qui elle-même devint
une Communauté nouvelle en 1537, c'est-à-dire,
vingt-trois ans après l'institution de la premiere.

Traiteurs. Les autres imaginerent de se faire Traiteurs, & d'entreprendre, pour le public, des repas & des festins. Ceux-ci ne furent réunis en Communauté que sur la fin du siècle, en 1599. On leur donna le titre de *Maîtres - Queux - Cuisiniers & Porte-chapes* (a).

Vinaigriers. Quant à ceux de l'ancien Corps qui n'avaient point embrassé l'une des deux professions nouvelles, ils continuerent de vendre du vinaigre, de la moutarde, & des sauces. Mais ces sauces, par le raffinement qu'aquit l'art de la cuisine, ayant peu-à-peu passé de mode, ils se trouverent réduits à la vente des deux premiers objets; ce qui leur fit donner le nom simple de Vinaigriers, qu'ils portent encore.

(a) Ce nom de Porte-chapes leur vient de ce que, pour porter en ville les mêts qu'ils avaient apprêtés chez eux, ils les couvraient, comme ils font encore aujourd'hui, avec un chapiteau de fer-blanc qu'ils nommaient *chape*. Louis XIV, en 1663, conna aux Cuisiniers-Traiteurs, de nouveaux statuts, qui furent enregistrés au Parlement l'année suivante. Ils n'ont rien de remarquable que l'article suivant; c'est le 31e, le voici. *Il y a toujours eu tant DE RESPECT pour les Ecuyers-de-Cuisine, Potagers, Hateurs & Enfans-de-Cuisine du Roi, des Reines, Princes, & Princesses, que lorsqu'ils se présenteront pour être admis en ladite Communauté, ils y seront reçus en faisant apparoir de leurs Lettres & certificats de leur emploi, sans qu'il soit besoin de formalité plus expresse.* L'article 29e porte encore que les Traiteurs établis dans les fauxbourgs & banlieue de Paris, ne pourront se dire Maîtres, que quand ils auront été examinés & approuvés des Jurés du Corps; & cela, afin que ladite Communauté demeure dans l'estime que l'on a conçue à son égard.

On trouve dans Taillevant le nom de dix-sept Sauces anciennes. sauces différentes. Les voici.

Sauce.		Sauce.	
Caméline.		D'ail au lait.	
Jance.		Dodine.	
Eau bénite.		Froide.	
Saupiquet.		Poitevine.	
Moftéchan.		Rappée.	
Galantine.		Robert.	
A l'alofe.		Rouge.	
A madame.		Verte (a).	
Au moût.			

Plufieurs de celles-ci fubfiftaient avant Taillevant. Il eft parlé de la fauce verte dans les Poéfies des Troubadeurs; & de la caméline, ainfi que de la jance, dans les Statuts donnés aux Sauciers en 1394. Quelques-unes des dix-fept indiquées par le Queux de Charles VII, telles que la fauce verte, la fauce Robert &c, fe font confervées jufqu'à nous. On lit dans Rabelais que cette dernière était *néceffaire au canard & au lapin rôtis, au porc frais, aux œufs pochés, à la merluche falée, & à mille autres viandes.*

Depuis Taillevant, on inventa quelques autres fauces qui ne fe trouvent point dans fon ou-

---

(a) Champier fait mention d'une fauce verte, compofée avec du poivre, du gingembre, des cloux de gérofle, de la bénoite, & du blé verd ou de l'ofeille, pilés enfemble; & par le moyen de laquelle on confervait, pendant plufieurs mois, les pieds de cochon.

vrage, & dont celui de Platine donne la recette,
Ce ſont

> La percicienne.
> La poivrade jaune.
> La ſauce muſcade.
> La ſauce jaune.
> La ſauce blanche.
> La ſauce à la roſe.
> > aux ceriſes.
> > aux cormes.
> > aux prunes.
> > au raiſin.
> > aux mûres.

Cette dernière ſe nommait céleſtine, quand, au
lieu d'être faite avec des mûres ordinaires, elle l'é-
tait avec des mûres de haie.

Ce n'eſt point mon intention de m'appeſantir
ſur chacun des différens aſſaiſonnemens dont on
vient de lire les noms. Quand, par lui-même, un
objet eſt peu intéreſſant, je ſais quelles loix me
preſcrit alors le goût. Cependant, comme ces ſauces
anciennes étaient la baſe de notre ancienne cuiſine,
& qu'elles nous la font connaître en grande partie,
je crois qu'on me ſaura gré d'en faire connaître auſſi
quelques-unes.

*Quiconque s'entremettra de vendre ſauce appellée
caméline, diſent les Statuts des Sauciers, que il la
face de bonne canelle, bon gingembre, de bons cloux
de girofle, de bonne graine de paradis, de bon pain,
& de bon vinaigre.*

*Quiconque fera fauce appellée jance, que il la face
de bonnes & vives amandes , de bon gingembre , de
bon vin, & de bon verjus.*

L'eau bénite , felon Taillevant, fe faifait avec un
demi-verre d'eau rofe , autant de verjus, un peu
de gingembre & de marjolaine; le tout bouilli enfemble, & paffé par l'étamine.

Pour la fauce mufcade , dont Platine fait mention, il fallait de la canelle , du fucre, des cloux
de gérofle, de la graine de paradis, une noix mufcade toute entière , & un peu de vinaigre. Celle-ci
fe fervait chaude.

D'après ce qu'on vient de lire, on aura une idée
de ce qui compofait les autres. Dans toutes, c'était,
comme ici, force aromates & force épices. Dans
celles qui n'étaient pas ce qu'on appelle piquantes,
on faifait entrer du fucre; parce que, felon le proverbe du tems, *fucre n'a jamais gâté fauce* (a) : mais
plus fouvent encore on y mêlait de l'eau-rofe, parce
qu'on aimait les parfums, & que le parfum de la
rofe était celui de tous, dont on faifait le plus de
cas.

L'eau-rofe s'employait non-feulement dans les
fauces, mais encore dans les ragoûts & certains def-
ferts. Les cerneaux, par exemple, fe mangeaient à
l'eau-rofe. Chez les Souverains & les Grands-Seigneurs, c'était avec de l'eau-rofe qu'on fe lavait

*Ufage de
l'eau-rofe.*

(a) *Eo venere noftri mores,* difait Champier, *ut nihil, quod
edatur a nitidioris vitæ hominibus, non afpergatur facchari pollinc.*

les mains avant & après le repas. Enfin Arnaud de Villeneuve blâmant les assaisonnemens trop multipliés qu'on employait de son tems (XIIIe siècle), conseille de manger les oiseaux rôtis, avec un peu de vin, du sel & de l'eau-rose.

Non-seulement nos Peres aimaient le goût de rose; mais ils recherchaient encore l'odeur & la vue de cette fleur; & ils l'employaient, comme parure, dans toutes les occasions de joie & d'allégresse. Cette coutume au reste, tirait, selon moi, son origine d'une autre bien plus ancienne. Les Gaulois, pour montrer l'assurance avec laquelle ils marchaient au combat, & le mépris qu'ils avaient de la mort, ne portaient, dit Ælien, pour tout casque, dans un jour de bataille, qu'une couronne de fleurs. De cet **Chapeaux de roses.** usage probablement naquit chez leurs descendans celle de porter un ornement pareil, aux jours de fête & de réjouissance. Fortunat, envoyant quelques fleurs à la bienheureuse Radegonde, lui dit :

> *Et licet egregio videantur odore placere,*
> *Plus ornant proprias, te rediuente, comas.*

Mais, de toutes les fleurs qui pouvaient servir à cette parure de volupté, la rose fut celle qui, pour l'agrément de son parfum, pour la beauté de sa forme & de sa couleur, obtint la préférence. Il n'y avait point de cérémonie d'éclat, point de nôces, point de festin, où l'on ne portât un chapel ou chapeau de roses; ainsi s'appellerent les couronnes. Le Roman de Perce-Forêt, décrivant une fête, a soin de remarquer que *avoist chascun & chascune un chapeau de roses sur son chief.* Lorsque le Connétable fervait à table le Roi, il avait à la main une verge blanche, & fur la tête une de ces couronnes. Les Religieufes, quand elles faifaient profeffion, les filles, quand elles fe mariaient, en portaient une (a). Plufieurs des anciens Coutumiers de nos Provinces réglent même que lorfqu'un pere mariera fa fille, il pourra ne lui donner que le chapeau de rofes, c'eft-à-dire, la reftraindre pour toute dot à la feule couronne de mariage.

Quant au choix de préférence qu'on donnait à la rofe pour en former les chapels de nôces, il tenait à une opinion de convenance. L'habillement de l'époufée nouvelle étant tout blanc, en figne de la pureté virginale qu'elle apportait à fon mari (b), on avait cru fans doute qu'il fallait quelque orne-ment d'une couleur tranchante pour relever cette grande blancheur fi uniforme. *Fecit afferri veftem nuptiis præparatam, & coronam fponfæ nitoribus im-ponendam*, dit la vie de S. Gal.

La dévotion adopta auffi l'ufage des couronnes de rofes dans certaines cérémonies religieufes, telles que les proceffions; & perfonne n'ignore que cette

____

(a) Ne dit-on pas encore familiérement, en parlant d'une femme ou d'une fille qui a fait quelque grande perte, *qu'elle a perdu la plus belle rofe de fon chapeau.*

(b) Pour les hommes, on repréfenta leur chafteté par un cha-pel de branches vertes. Quand Monftrelet décrit la cérémonie du batême d'un fils du Duc de Bourgogne, que le neveu de l'Empe-reur tenait fur les fonds batifmaux, en 1430, il dit que le par-rein était nue tête lui, & fes gens, malgré le froid; & avoit chaf-cun un chapel verd fur fon chief, en fignifiant qu'il eftoit chafte.

coutume ſubſiſte encore, ſinon pour la même nature
de fleur, au moins pour la couronne elle-même.
S. Louis en faiſait porter une à ſes enfans, tous
les vendredis de l'année, en mémoire de la couronne
d'épines que porta Notre Seigneur. C'eſt Nangis
qui nous apprend ce fait.

En un mot, les chapels dont il s'agit, étaient
d'un uſage ſi général, qu'à Paris ce fut une profeſſion particuliere d'en faire & d'en vendre. Ces
ſortes de marchands s'appellaient *Chapeliers*; nom
que porterent enſuite, & que portent encore ceux
qui fabriquent ou vendent les chapeaux de feutre.
Dans les Statuts qui ont été donnés en 1736 aux
marchandes de fleurs artificielles, celles-ci ſont de
même qualifiées *Chapelieres en fleurs.*

Préſenta-
tion des ro-
ſes au Parle-
ment. Vers la fin du XIVe ſiècle s'établit au Parlement
une coutume aſſez ſinguliere. Lorſqu'un Pair Laïc
avait un procès à ce Tribunal, & que ſon rôle était
appellé, il préſentait des roſes aux Magiſtrats. S'il
ſe trouvait qu'il y eût à la fois pluſieurs Pairs, du
même diſtrict, qui plaidaſſent, celui dont la Pairie
était la plus ancienne avait le droit de préſenter les
ſiennes le premier (a). Le Duc d'Alençon, fils du

______

(a) Cependant en 1541, Louis de Bourbon, Prince du Sang,
& Duc de Montpenſier, ayant eu un procès en même tems que
François de Cleves, Duc de Nevers, le Parlement décida que le
premier paſſerait avant l'autre, pour préſenter des roſes; quoique
ſa Pairie ne datât que de l'an 1536, & celle du ſecond, de 1505.
Mais on crut devoir cet égard à la qualité de Prince du Sang.
Le Parlement avait, pour la cérémonie dont nous parlons, ſon

Roi

Roi Henri II, se soumet à cette espece d'hommage.
En 1585, Henri, Roi de Navarre, depuis Roi de
France sous le nom de Henri IV, le rendit aussi.
Mais il fut le dernier. Les troubles de la Ligue ayant
interrompu les fonctions du Parlement, & obligé
de le transférer à Tours, on ne songea plus à la
vaine cérémonie des roses ; & elle s'abolit.

Au reste, elle a eu lieu, non-seulement à Paris,
mais encore dans quelques autres Parlemens, pour
les Pairies & pour certaines grandes terres qui étaient
situées dans le ressort de ceux-ci.

Dans plusieurs villes, il n'était pas permis à tout
le monde d'élever des rosiers chez soi. C'était-là un
privilege particulier. A Paris, le *Rosier de la Cour*,
& les marchands de *chapels*, en jouissaient ; mais
ils étaient tenus à présenter chacun, tous les ans,
au Voyer de la ville trois chapeaux de fleurs, la
veille des Rois ; &, vers l'Ascension, un pannier de
roses pour sa provision d'eau.

Tout ce qu'on vient de lire sur l'estime & sur
l'emploi que nos Peres faisaient de la rose, donne
l'explication d'un fait qui, au premier coup d'œil,
paraît bisarre ; ce sont ces redevances de boisseaux
de roses, qu'on trouve si souvent parmi les anciens
droits seigneuriaux. Les gens riches consommaient
beaucoup d'eau-rose pour leurs ragoûts, pour leurs

---

fournisseur de roses. Il portait le titre de *Rosier de la Cour ;* &
se fournissait au village qui, du nom de ces fleurs dont les habitans faisaient leur principal commerce, s'appellait Fontenay-aux-
roses.

deſſerts, & leurs ſauces; & en conſéquence, ils exigeaient de leurs vaſſaux, quand ils en avaient, beaucoup de ces fleurs.

Sauces
pour le rôti
& la friture.

Quant aux ſauces, j'ai déja dit que la coutume était d'en ſervir une avec le poiſſon frit, avec la volaille, le gibier, & la viande de boucherie, rôtis ou grillés. Chaque piéce avait ordinairement la ſienne propre; & ſouvent même, telle en avait deux ou trois, plus recherchées les unes que les autres. L'*eau-bénite*, par exemple, & la ſauce muſcade, dont j'ai parlé plus haut, ſe ſervaient, la premiere avec le brochet frit; la ſeconde avec le chapon, le liévre, & le lapin rôtis. Selon Arnaud de Villeneuve, celle du chevreau, du veau, & du mouton, était la ſauce verte. Pour le bœuf & le cochon rôtis, on en faiſait une avec le jus de la viande, du pain grillé, du verjus, & du poivre.

Le goût des ſauces pour la friture & le rôti, s'eſt maintenu fort long-tems. On en voit encore des exemples dans le dernier ſiècle. La *Comédie des Côteaux ou des friands Marquis* (ann. 1659) parle d'une *ſauce gommée, avec des dindons du pré S. Gervais.* Pour les cuiſſes de dindon miſes ſur le gril le lendemain, il y avait, ſelon Gontier, la ſauce Robert, ou la ſauce au pauvre homme. Celle-ci ſe faiſait avec des échalotes, du ſel, de l'huile, & du vinaigre roſat.

On peut ranger auſſi dans la claſſe des ſauces le blanc-manger, l'aillée, & certains autres brouets, ou coulis épais, dont Taillevant enſeigne la compoſition.

L'aillée, composée d'ail, d'amandes, & de mie
de pain, pilés ensemble & détrempés avec un peu
de bouillon, avait la consistance de moutarde, &
se gardait de même. Du tems de Champier, il y
en avait une autre, fort usitée à Bordeaux & à
Toulouse; & dans laquelle il n'entrait que de l'ail,
pilé avec des noix. J'ai déja remarqué ci-dessus
combien nos Provinces méridionales aimaient l'ail.
Cependant, l'auteur observe qu'elles mêlaient des
noix avec leur aillée, pour l'adoucir un peu, parce
qu'autrement le goût en eût été trop fort.

Le blanc-manger est très-ancien. Il en est mention dans Arnaud de Villeneuve, sous le nom
d'*alba comestio*; & ce nom lui fut donné probablement, à cause de sa couleur. Il n'y a pas encore
soixante ans qu'on le regardait comme le premier
de tous les ragoûts; & quand on voulait essayer un
Cuisinier, on lui donnait un blanc-manger à faire.
Du tems de Taillevant, il se faisait avec du lait
d'amandes, des blancs de chapons, du sucre, du
gingembre, & de la mie de pain; le tout pilé ensemble, passé ensuite au tamis, épaissi sur le feu,
& aromatisé d'eau-rose. Comme on le servait avec
le chapon, il est vraisemblable que c'est ce que le
Roman du petit Jehan de Saintré appelle *coulis de
chapon au sucre*.

Quelquefois on ajoutait à cette composition,
des jaunes d'œufs & du safran; mais alors elle perdait, avec sa couleur blanche, le nom de blanc-
manger, & prenait celui de génestine.

En lisant l'histoire de tous ces assaisonnemens, si

Aillée.

Blanc-
manger.

parfumés, si aromatisés, si chers, mes lecteurs se rappelleront les réflexions qu'ils ont déja faites dans l'article précédent, à propos des potages. Sans doute ils se demanderont de nouveau à eux-mêmes, sur quoi sont donc fondés ces éloges, peu réfléchis, dont nos Prédicateurs, nos Moralistes, nos Satyriques mêmes, se plaisent à exalter sans cesse les tems passés, pour inculper la perversité du nôtre. Que devient maintenant cette vie simple, cette frugalité prétendue de nos Pères, qu'on oppose sans cesse à la corruption & au débordement de nos mœurs? Oh, que tous ces vains déclamateurs connaissent bien peu & l'Histoire & les hommes! Ouvrez nos annales, depuis le premier Roi barbare qui nous conquit, jusqu'au bon Roi qui nous gouverne, vous y verrez sans interruption régner un luxe, tantôt plus grossier ou plus raffiné, tantôt plus borné, ou plus étendu, selon que l'Etat aquérait ou perdait en puissance; mais, relativement aux mœurs, toujours le même. Ouvrez les annales des autres peuples : vous y rencontrerez les mêmes résultats que chez nous; c'est-à-dire, quelques particuliers distingués, qui de tems en tems donnent à leurs contemporains l'exemple de la tempérance & de la modération, tandis que la Nation elle-même a besoin d'être contenue par des loix somptuaires : tant il est naturel à l'homme, dans tous les climats & dans tous les tems, d'aimer son bien-être & son plaisir!

Si vous en croyez nos vieillards, ce n'est que d'hier presque qu'a commencé le luxe de nos habillemens & de nos tables. A les entendre, ils l'ont vu naître. J'aurai lieu d'examiner dans la suite, si la première partie de ce reproche est fondée ; quant à la seconde, il me suffira de dire que tous les âges de la Monarchie offrent des écrivains qui ont déclamé contre la recherche trop voluptueuse de leurs contemporains dans les alimens. Mais, sans remonter plus haut que la fin du XIVe siècle, Froissard se plaignait déjà qu'alors l'art fût parvenu à dénaturer tellement tous les objets qui servent à la nourriture, que dans un repas il n'était plus possible de les reconnaître. Décrivant un festin donné de son tems, il nous dit qu'il y avait *grant planté de mestz si estranges & si desguisez qu'on ne les pouvait deviser.* L'Etoile fait la même remarque, lorsqu'il parle du festin que donna en 1597 le Connétable de Montmorenci, à l'occasion du batême de son fils, tenu par le Roi sur les fonts batismaux. *Tous les poissons, dit-il, estoient fort dextrement desguisez en viande de chair, qui estoient monstres marins pour la pluspart, qu'on avait fait venir exprès de tous les costez.*

En lisant Taillevant, on voit avec surprise qu'il régnait entre les Cuisiniers de son siècle, une sorte d'émulation burlesque, & que déja ils se piquaient à l'envi d'imaginer des choses bisarres & difficiles. Tels étaient, entr'autres, du beurre frit ou rôti ; des œufs à la broche (a) ; & autres inventions pa-

(a) Avant de frire le beurre, ou de le mettre à la broche, on le rendait solide, en le pêtrissant avec des jaunes d'œufs, de la farine, du sucre & de la mie de pain.

Pour

reilles, qui prouvent que la cuiſine alors n'était pas auſſi frugale qu'on l'imagine.

Enfin, une dernière remarque qui multipliera les réflexions qu'on pourrait faire ſur cette prétendue ſimplicité antique, c'eſt que ces mêmes Cuiſiniers qui, aux ragoûts qu'ils avaient reçus de leurs pères, en ajoutaient journellement d'autres qu'ils imaginaient eux-mêmes, recherchaient cependant, & adoptaient encore, ceux des Nations voiſines. Ainſi l'on trouve dans Taillevant un *brouet d'Allemagne*, & un *chaudeau flamand*. Ainſi l'on voit dans Platine des œufs *à la florentine*, des perdrix *à la catalane*, &c. &c. Et le traducteur fait même, à propos de ce dernier ragoût, une obſervation naïve; c'eſt que le Français, à la vérité, n'aime pas les Catalans; mais que cette ſorte d'antipathie néanmoins ne l'empêche pas d'aimer & d'adopter tout ce qu'il trouve de bon chez eux.

Les longues guerres que la Nation eut à ſoutenir en Italie ſous Charles VIII, ſous Louis XII, & François I, lui apprirent à connaître pluſieurs ragoûts & aſſaiſonnemens Italiens, qu'elle adopta également enſuite. De ce nombre ſont les Laſagnes, les macaronis, & les autres pâtes dont l'uſage ſe répandit chez nous au XVIᵉ ſiecle, ainſi que je l'ai déja dit. Tels ſont les œufs à la florentine,

---

Pour les œufs à la broche, on les vidait par les deux bouts; on les rempliſſait enſuite d'une farce, & on paſſait, d'un bout à l'autre, une brochette qui ſervait à les rôtir.

& quelques autres ragoûts que je pourrais citer. D'eux enfin nous vint ce goût pour certaines semences ou herbes aromatiques, dont on saupoudra la plupart des mêts. Mais j'ai eu lieu de traiter ce dernier article dans la section précédente.

QUATRIEME SECTION.

Ragoûts, Rôti, Grillade, Friture, Salade.

LES mêmes raisons qui m'ont interdit des détails trop étendus, lorsque j'ai eu à traiter les sauces anciennes des Français, me prescriront la même circonspection encore, à présent qu'il s'agit de leurs ragoûts. J'ai eu soin d'ailleurs, dans le cours de cet ouvrage, d'en faire connaître un certain nombre, lorsqu'il m'a fallu parler de la volaille, du gibier, de la viande de boucherie, &c. Pour le moment, je n'en citerai que deux, qui à la vérité ont passé de mode, mais dont les noms sont restés dans le Dictionnaire de la langue. L'un est le *pot-pourri*, composé de veau, de bœuf, de mouton, de lard, & de légumes; l'autre est la *galimafrée*, qui était une fricassée de volaille, assaisonnée avec du vin, du verjus, & des épices, & liée avec la sauce caméline.

Ceux qui voudront en savoir davantage sur la matière dont il s'agit, peuvent consulter les deux traités de cuisine que j'ai cités précédemment, & sur-tout Gontier qui, à chaque article de poisson, de légume, d'oifeau, &c, dont il parle, rapporte la manière dont on l'accommodait. Au refte, ce que j'ai rapporté ci-deffus des différentes fauces dont ufaient nos Peres, peut donner une idée de ce qu'étaient leurs ragoûts. Je dirai feulement un mot fur la manière dont ils apprêtaient le poiffon & les œufs, parce-que jufqu'à préfent j'en ai dit peu de chofes.

Le poiffon exigeant, par fa fadeur naturelle, plus d'affaifonnement que toute autre nourriture, il a eu dans tous les tems befoin d'apprêt. Les Gaulois, dit Poffidonius, le mangeaient au fel & au vinaigre, fans y ajouter d'huile, parce qu'elle était trop rare chez eux. Au commencement de la troifième Race, on le hachait avec des œufs ; & l'on en compofait une farce affaifonnée, que l'on nommait *carpie*, ou *charpie*, en latin *carpia*. Vers le XIe fiècle, la façon de l'apprêter la plus eftimée, était la friture. Une vie de S. Arnoud, Evêque de Soiffons, racontant un danger qu'il courut, & auquel il échappa miraculeufement, lorfqu'il n'était encore qu'Abbé du Monaftère de S. Médard, dit que fes Moines, pour fe défaire de lui, lui fervirent un plat de poiffon frit, empoifonné. Or l'Auteur parle de ce plat comme d'un régal ; & il ajoute que c'était pour un jour de grande folemnité, *erat enim dies celeberrimus*. Au tems de Taillevant, on ajoutait à la friture une fauce aux épices, & aromatifée ; telle que la fauce mufcade, ou autre, felon la nature du poiffon. Dans le fiècle fuivant, on fupprima la fauce ; & l'on y fubftitua, felon

Champier, le jus d'un citron ou d'une bigarrade, comme nous faisons encore aujourd'hui pour la sole.

On ne connaissait alors, dit le même auteur, que trois manières d'apprêter le poisson ; l'une en friture, l'autre sur le gril, la troisième au bleu. Servi en friture, ou grillé, on le mangeait avec du jus de citron, ainsi qu'on vient de lire. Quand il était au bleu, on lui faisait une sauce particulière. Au reste, Champier observe que cette dernière façon était récente ; qu'on la devait aux Allemands ; & qu'elle s'employait surtout pour les carpes qui, cuites ainsi tout-entières avec leurs écailles, ne perdaient rien de leur suc. On voulait aussi que les poissons au bleu eussent la chair ferme ; car, lorsqu'elle était molle, on n'en faisait aucun cas.

Au dernier siècle, pour accommoder les maquereaux, dit Gontier, on les enveloppait de fenouil ; on les faisait griller, en les arrosant de beurre ; & on les servait avec une sauce blanche, aromatisée d'épices & aiguisée d'un filet de vinaigre. C'est de nos jours qu'a été inventée la *maître-d'hôtel.*

Les œufs, qu'au rapport d'un de nos proverbes de cuisine nous pouvons accommoder aujourd'hui de cent & une manières différentes, n'en comptaient pas vingt, du tems de Platine. Encore ces vingt, pour la plupart, différent-elles des nôtres. Les œufs brouillés, par exemple, se faisaient avec du beurre, de l'eau, du fromage, & des herbes aromatiques ; puis on les rendait verds avec du jus de bourache ou de persil : car on estimait beaucoup cette couleur dans les ragoûts. Les œufs pochés, que nos Cuifiniers fervent avec un peu de jus de viande, & fur lefquels ils fement quelques grains de poivre, fe fervaient avec du jus d'orange & de l'eau-rofe; & on les faupoudrait de fucre & d'épices douces. Enfin, il y avait plus de différence encore pour les œufs qu'aujourd'hui nous appellons *à la trippe*, & qu'alors on nommait *coupés*. Il y entrait tant de chofes, on leur faifait une fauce fi difficile, que toute la reffemblance qu'ils avaient avec les nôtres, était d'être durs & hachés en morceaux.

Rôti.   Sur le rôti, je remarquerai que quand on avait à mettre en broche, ou de groffes pièces, ou des viandes d'une nature ferme & compacte, on avait foin auparavant de les faire bouillir un peu pour les attendrir.

Quant aux volailles, aux oifeaux de menu gibier, la coutume était de les emplir d'une farce. Quelques momens avant de les tirer de la broche, on les panait; puis on les fervait avec une fauce, ainfi que je l'ai déja dit.

Pour faire connaître quelles étaient ces farces, il fuffira d'en rapporter une. Je choifis celle de l'oifon; & je la tire de Ch. Etienne. Elle était compofée de viande hachée, d'herbes aromatiques, de raifins fecs, & quelquefois, en outre, de châtaignes, & de prunes de damas (*a*). Le peuple, le

______

(*a*) Au XIIIe fiècle, on ne rempliffait que de fauge le ventre de l'oie, ainfi que celui du cochon de lait.

payfan n'étant point en état de s'en donner de pareilles, il garniffait de châtaignes les poulets, les oies, & les cochons de lait qu'il mangeait.

Pour paner les oifeaux rôtis, on ne fe fervait point, comme nous, de pain émietté, mais de fucre, ou de certaines poudres aromatiques, imbibés de jus d'orange & d'eau-rofe. Il y avait plufieurs de ces poudres; & on les employait quelquefois pour d'autres alimens. Parmi les objets de nourriture que du Fouilloux (a) regarde comme propres aux haltes de chaffe, il compte les longes de veau, froides, & *couvertes de poudre blanche*. La poudre la plus célèbre était celle qu'on nommait, pour fon excellence, *poudre du Duc*. On a vu ci-deffus qu'il y avait des rôties au vin, où elle était ufitée. Arnaud de Villeneuve en enfeigne une autre, de fa compofition, qu'il nomme poudre d'épices, qu'il compofe de fucre, de gingembre, cardamome, canelle & fafran, pulvérifés; & qui peut fervir, dit-il, pour affaifonner les mêts. Peut-être la poudre du Duc n'était-elle autre chofe que celle-ci, à laquelle on aura changé ou ajouté par la fuite quelque ingrédient.

Champier attribue aux Fauconniers l'invention des grillades. En effet, il eft aifé de concevoir que des Chaffeurs, tels que ceux-ci, expofés à éprouver quelquefois la faim, ont dû, dans ces momens, chercher à l'affouvir de la manière la plus prompte

Grillades.

____

(a) Auteur d'un *Traité de Vénerie* qu'il dédia à Charles IX.

& la plus facile : & l'on conçoit encore qu'il était bien plus expéditif pour eux, d'éventrer & de mettre fur le gril, à l'inftant, une perdrix ou une caille qu'ils venaient de prendre, que de la fricaffer ou de la faire rôtir. Un motif pareil a fait adopter le même moyen par ces valets d'armée, que nous nommons *Tartares* : & de-là vient la dénomination de *poulets*, ou de *pigeons*, *à la tartare*, dont nous nous fervons pour exprimer des pigeons ou des poulets grillés. Au refte, Champier nous apprend que les grillades étaient fort à la mode fur la table des Princes ; & que quelquefois même on cuifait ainfi le veau & le mouton, lorfqu'on n'avait pas le tems de les accommoder autrement.

Salades.

Fortunat, dans la vie qu'il nous a laiffée de Ste Radegonde, raconte que, pendant tout le carême, excepté le Dimanche, la pieufe Reine ne mangeait que des racines & des herbes potageres; *encore*, dit-il, *ne fe permettait-elle pas de les affaifonner avec de l'huile & du fel*. C'eft-là une véritable falade : & au refte, il eft fi naturel à l'homme de manger les herbages de fes jardins, il eft fi fimple encore de corriger leur fadeur naturelle, par l'affaifonnement de l'huile, du vinaigre & du fel, qu'un pareil aliment a dû être de tout tems en ufage.

Je ne doute nullement qu'il n'y en ait eu plufieurs du même genre. Taillevant, il eft vrai, n'en parle point; mais Platine en cite un affez grand nombre, dont plufieurs ont paffé de mode aujourd'hui. Telle eft, par exemple, la falade de porreaux,

mis fous la cendre, qu'on mangeait avec du fel &
du miel ; celle de bourache, de mente & de perfil, qu'on mangeait avec du fel & de l'huile fans
vinaigre ; celle d'ognons cuits, affaifonnée de vin
doux ; enfin celle qu'on appellait *de plufieurs herbes*, qui s'affaifonnait comme les nôtres, mais qui
était compofée de laitues, de fenouil, de perfil,
cerfeuil, mente, baume, origan, bourache, afca-
rolle, fleurs de fureau. L'auteur obferve que, pour
manger cette derniere, il fallait être muni de
bonnes dents.

Mais la plus extraordinaire de toutes était celle
qu'on faifait avec du perfil, de la mente, des pattes,
des crêtes, des têtes, & des foies de volaille, cuits ;
& qu'on affaifonnait avec du poivre, du vinaigre,
& de la canelle.

Selon Ch. Etienne, *de re hortenfi*, (ann. 1539),
on mangeait en falade le fenouil lorfqu'il était tendre (*a*) ; la mélongene ou la pomme d'amour, cuite
de la même maniere que les champignons (*b*) ; la
carotte, cuite dans le vin, ou fous les cendres ;
enfin la raiponfe : mais celle-ci, fur-tout en carême,
était un mêts réfervé pour les riches.

Le même auteur met au nombre des falades, les
afperges, parce qu'on les mangeait au vinaigre &
à l'huile. Au refte, il paraît qu'on les aimait cro-

(*a*) De Serres (an. 1600) ajoute qu'on le faifait blanchir ;
& alors, dit-il, c'eft une *falade exquife*.

(*b*) La pomme-d'amour, ainfi apprêtée, paffait pour un excellent aphrodifiaque.

quantes, & que l'on se contentait de les tremper
un instant dans l'eau chaude; car, selon lui, quand
on voulait exprimer la promptitude avec laquelle
quelqu'un avait fait une chose quelleconque, on disait
proverbialement qu'il n'y avait pas mis plus de tems
qu'une asperge à cuire.

Je crois sans peine Champier, lorsqu'il écrit
qu'une des salades les plus estimées de son tems était
l'orange & le citron, coupés par tranches & sau-
poudrés de sucre. Je le crois encore, lorsqu'il m'apprend qu'on en faisait une avec les sommités de
la mauve, du houblon, & de la brionne; une
autre avec des ognons & des concombres, confits
pendant plusieurs heures dans le vinaigre; une
autre enfin, usitée en Lorraine, & qui consistait
en cresson de fontaine qu'on assaisonnait avec le
court-bouillon dans lequel on avait fait cuire du
poisson. Mais dois-je le croire, quand il m'assure
qu'on mangeait, comme telle, l'ortie encore jeune?

La Quintinie, au dernier siècle, regardait la mâ-
che comme une salade *sauvage & rustique, qu'on fait
rarement paroître en bonne compagnie.*

C'est dans le même siècle qu'a commencé à devenir fréquent l'usage des fournitures; parce la
laitue étant devenue alors la salade la plus usitée,
il fallut relever son insipidité naturelle par quelques
herbes aromatiques. Le même la Quintinie compte
au nombre de ces fournitures, le baume, l'estragon,
la passepiere, pimprenelle, civette, fenoüil, cerfeuil,
basilic, roquette, corne-de-cerf, cresson-alénois,
pourpier, & trippe-madame.

Indépendamment de ce qu'on faisait en ce genre pour contenter le goût, on cherchait aussi à satisfaire les yeux. Pour cela, on semait, dit-il, sur la superficie des salades, quelques fleurs de buglose, de bourache, ou de violette, qui, en les enjolivant par leurs couleurs, provoquaient l'appétit. C'est-là probablement ce qui a donné lieu à l'usage où nous sommes de couvrir quelques-unes des nôtres par des compartimens de différentes couleurs ; ceux-ci en violettes, ceux-là en anchois ; les uns en persil haché, les autres en jaunes d'œufs, durcis, & coupés fort menus.

Outre ces fournitures, qui se servaient crues comme la salade elle-même, il y en avait d'autres qu'on y employait confites au vinaigre. Au tems de de Serres, c'étaient des laitues pommées, des câpres, des aserolles, du fenouil, du pourpier, des choux-cabus, & des côtes de poirée.

Sur les côtes maritimes, on confisait de même la criste-marine, ou perce-pierre. J'en ai parlé ailleurs. Palissi, (*Traité des sels divers*, ann. 1580), dit que dans les roches des petites îles qui bordent la Saintonge, on en recueillait de très-bonne pour cet usage. Celle-ci, fraîche, était même excellente en salade ; & les Parisiens l'estimaient tant, qu'ils avaient essayé, dit-il, d'en transplanter chez eux l'espece ; mais elle y avait dégénéré.

CINQUIEME SECTION.

Pâtifferies.

JE comprends fous ce nom général 1°. les pâtés chauds, & tourtes d'entrées; 2°. les pâtés froids, les gâteaux, les pâtifferies fucrées, en un mot toutes celles qui fe fervent en entremêts; 3°. enfin les pâtifferies féches, ou croquantes, qu'on mange au deffert ou à la collation, comme gauffres, & échaudés, &c.

L'art de la pâtifferie n'eft, ainfi que je l'ai dit ailleurs, qu'une fuite des progrès de l'art de la boulangerie. Quand on fut faire du pain paffablement bon, bientôt fans doute on voulut faire auffi des gâteaux, des brioches, c'eft-à-dire, des pains plus délicats, dans lefquels on mêla, pour les rendre tels, des œufs, du miel, du beurre, & autres affaifonnemens femblables. En creufant, en élargiffant cette pâte, il fut aifé d'y mêler de la crême, des légumes, des fruits. Un couvercle de pâte ajouté; & l'on pouvait y enfermer de la viande.

Pâtés
de viande. Quoique, fuivant la marche naturelle des chofes, les pâtifferies graffes paraiffent devoir être une invention poftérieure aux deux autres, c'eft cependant celle que mes lectures m'ont prouvé être la plus ancienne. Peut-être même ferait-il vrai de dire que c'eft une invention nationale. Au moins ne trouve-t-on ni chez les Grecs, ni chez les Latins, aucune expreffion qui fignifie un pâté de chair. Celle qui pourrait le défigner davantage, eft l'*artocreas* de

Perfe

Perſe ; mais on convient généralement que par là le Satyrique n'entend qu'un hachis de viande & de pain ; comme le prouvent les deux mots grecs dont eſt compoſé celui d'artocreas.

Quoi qu'il en ſoit, le goût pour l'eſpece de pâtiſſerie dont il s'agit eſt un des plus anciens, ainſi que l'un des plus étendus, qu'ait eus la Nation. On en trouve des exemples juſques chez les Moines. Souvent même les vaſſaux qui dépendaient d'eux étaient aſſujétis à leur fournir, tous les ans, à certains termes, un certain nombre de pâtés. Quand S. Anſégiſe, Abbé de Fontenelle, donna au commencement du IXe ſiecle une Conſtitution à ſon Monaſtere, il y régla le nombre de ceux que les villages & les fermes, relevant de l'Abbaye, ſeraient tenus de lui donner annuellement : c'étaient trente-huit pâtés d'oies, & quatre-vingt-quinze de poulets, à la Nativité ; & autant à Pâques (a).

Une pareille redevance féodale prouve, ce me ſemble, que l'art, ainſi que l'uſage de la pâtiſſerie, étaient très-répandus ; elle prouve que la pâtiſſerie dont il s'agit, quoique la plus difficile de toutes, était une des choſes familieres aux femmes de ménage ; & que, juſques dans les villages, les fermieres ſavaient la faire, comme elles ſavaient & ſavent encore faire le pain.

______

(a) On ſe rappelle ce qui a été dit ci-deſſus, que les Religieux, pendant long-tems, avaient regardé les volatiles comme aliment maigre, & que, quand le Concile d'Aix-la-Chapelle les leur interdit en 817, il leur permit d'en manger pendant quatre jours, à Pâques, & autant à Noël.

Dans un état des biens & des revenus du Monaſtere de S. Riquier, dreſſé au même ſiècle par l'Abbé Héric, il eſt parle de douze fours bannaux, appartenant à l'Abbaye ; leſquels rapportaient par an, entr'autres choſes, trois cens flans chacun.

Quelquefois cependant, au lieu d'exiger des vaſſaux qui dépendaient du Monaſtere la pâtiſſerie en nature, on exigeait d'eux ſeulement ce qui entrait dans la pâtiſſerie elle-même. C'eſt ainſi, par exemple, que Charles-le-Chauve, par une charte de l'an 862, en faveur de l'Abbaye de S. Denis, oblige certaines fermes à fournir annuellement à cette Abbaye cinq *modius* de froment, onze cens œufs, & ſeize *modius* de miel ; & ce tribut, il ſtipule expreſſément que c'eſt pour la pâtiſſerie que le Monaſtere fera, certains jours de l'année.

Un des plaiſirs ordinaires des veillées, dans certains tems, était d'y manger de la pâtiſſerie. Chaque payſane en régalait à ſon tour l'aſſemblée ; elle apportait tout ce qui était néceſſaire, y travaillait pendant que les autres s'occupaient de leur ouvrage ; & l'on finiſſait là ſoirée par ce petit feſtin, au mérite duquel l'appétit commun & la joie du lieu ajoutaient encore. Le *Roman de Jean d'Avenes*, Poëme manuſcrit du XVᵉ ſiècle, nous repréſente avec des couleurs fort agréables, une de ces veillées. « C'eſt-là, dit-il, que les femmes & les filles vien- » nent travailler. L'une carde, l'autre devide ; celle » ci file, celle-là peigne du lin : & pendant ce tems » elles chantent, ou parlent de leurs amours. Si » quelque fillette, en filant, laiſſe tomber ſon fa-

» feau, & qu'un garçon puiffe le ramaffer avant
» elle, il a le droit de l'embraffer. Le premier & le
» dernier jour de la femaine, elles apportent du
» beurre, du fromage, de la farine, & des œufs.
» Elles font, fur le feu, des ratons, des tartes,
» gâteaux, pains ferrés, & autres friandifes fem-
» blables. Chacun mange; après quoi, on danfe au
» fon de la cornemufe; puis on fait des contes; on
» joue à fouffler au charbon, &c. »

Les Cabaretiers qui donnaient à manger chez eux, *Etabliffe-*
fourniffaient ordinairement de la pâtifferie. S. Louis, *ment des*
en 1270, donna des Statuts à ces fortes de Pâtiffiers; *Pâtiffiers.*
&, ce qui nous furprendra dans un Monarque fi
religieux, c'eft qu'il leur permit de travailler, tous
les jours de l'année, excepté le dimanche; tandis
qu'il y avait une trentaine de fêtes, où, comme je l'ai
remarqué ci-devant, il avait interdit tout travail aux
Boulangers.

On ne fit cependant une Communauté particuliere des Pâtiffiers' qu'en 1567.

Leur enfeigne alors était une lanterne; qu'ils al- *Lanterne*
lumaient, le foir, pour éclairer leur boutique; *des Pâtif-*
comme font encore aujourd'hui les Chaircuitiers: *fiers.*
mais leur lanterne était fermée, tranfparente, &
ornée, fur toute fa circonférence, de figures gro-
tefques & bifarres. Ces figures les avaient fait nommer *lanternes vives*. C'était un des ornemens que,
dans l'origine, on avait employé fur la fcène pour
la repréfentation des Farces, Mifteres, & Sotties
qui pendant long-tems formerent notre Theâtre.
On les en exclut par la fuite; & les Pâtiffiers, je ne

sais trop pourquoi, s'en emparerent. Ceux-ci en conserverent l'usage jusqu'au dernier siècle. Régnier (*Satire XI*), faisant une peinture burlesque de certaine vieille, dit qu'elle

> Ressembloit, transparente, une lanterne vive
> Dont quelque Pâticier amuse les enfans;
> Où des oisons bridés, guenuches, éléfans,
> Chiens, chats, lievres, renards, & mainte étrange bête
> Courent l'un après l'autre.

Pâtisseries domestiques.

Pendant long-tems, les artisans dont il s'agit ne vendirent gueres que des pâtés ou tourtes à la viande : les meres de famille continuerent de fabriquer elles-mêmes les autres pâtisseries. C'était-là un talent dont on se piquait dans les Châteaux, ainsi que dans les villes & dans les villages. Il faisait partie de l'éducation des jeunes demoiselles; il fallait être bien grande dame pour s'en dispenser; & nous avons encore beaucoup de Provinces où l'ancienne maniere de penser & d'agir subsiste toujours.

Pâtés chauds & froids.

Quant aux pâtisseries de viande, il n'est pas surprenant qu'une Nation chez laquelle les épices étaient si fort en usage, ainsi qu'on l'a vu plus haut, aimât un mêts qui réunissait la saveur des ragoûts avec l'économie, Taillevant & Platine citent un grand nombre de pâtés, usités de leurs tems : cet article est même un des plus considérables de leur ouvrage. Ils en ont de froids, de chauds ; tant en viande de boucherie, en menu & gros gibier, qu'en volaille & en poisson. Quoique ces pâtés ne fussent pas tout-à-fait ce que sont aujourd'hui les nôtres ; cependant la différence entre les uns & les autres n'est point affez grande pour mériter que je m'y arrête. Le feul qui m'ait paru digne de remarque, eft celui de bête fauve, dont on trouve les procédés dans Platine. D'abord, la chair de l'animal était cuite dans l'eau avec fel & vinaigre, puis lardée. Outre cette premiere barde, on lui en faifait une feconde avec du poivre, de la canelle, & du lard gras, pilés enfemble & réduits en forme de pommade. Dans cette enveloppe de graiffe épicée, on enfonçait des cloux de gérofle, de maniere à la couvrir entierement; & enfin on mettait le tout en pâte.

C'eft probablement quelque accommodage pareil qui a donné lieu au vieux proverbe, *être comme coq en pâte*; pour exprimer quelqu'un à qui rien ne manque, & qui fe trouve mollement au milieu de toutes fes aifes.

Des différentes fortes de pâtés en ufage autrefois, ce font ceux de viande froide qui ont le mieux confervé leur faveur auprès de nous. Plufieurs de nos villes fe font même fait en ce genre une réputation & une forte de commerce. Pithiviers a fes pâtés de mauviettes; Périgueux ceux de perdrix, aux truffes; Amiens, ceux de dindons & de canards; Angers & Cân, de poulardes; Verfailles, de foies gras; Strasbourg & Touloufe, de foies d'oies; Rouen, de veau de rivière, &c. De nos jours, un Patiffier de Paris, nommé Jacquet, y a inventé les pâtés de jambon.

Au dernier fiècle, on faifait dans cette ville, avec des abattis de pigeons, une forte de pâtés communs, qu'on appellait *pâtés de requête*; mais ils étaient si poivrés, dit Gontier, que le peuple seul s'en accommodait.

Petits pâtés. Anciennement les petits pâtés ordinaires se faisaient avec du bœuf haché & des raisins secs. Aujourd'hui, l'on y emploie du veau, & un grain de verjus, quand c'est la saison.

A Paris, ils se colportaient & se criaient dans les rues. L'Hopital, lorsqu'il fut Chancelier, en défendit la vente. Le motif qu'il allègue dans son Ordonnance, est qu'un pareil commerce favorisait d'un côté la gourmandise, & de l'autre la paresse. Certes, si l'Hopital n'avait eu à présenter à la postérité d'autres titres que celui-ci, je doute que son nom eût été placé parmi ceux des Grands-hommes de la Nation.

Dans la Faculté de Médecine, lorsqu'un Licencié prenait le bonnet doctoral, à la fin de l'acte qui précédait sa réception il donnait aux anciens Docteurs un déjeûner, lequel consistait en petits pâtés. Par la suite, ce déjeûner fut changé en une rétribution de dix sous, pour chaque Docteur qui assistait à l'acte; mais l'acte retint toujours son premier nom de *pastillaria*, & il le porte encore aujourd'hui.

Rissoles. Au XIIIᵉ siècle, les rissoles se faisaient simplement avec de la graisse ou du beurre; ce n'était qu'une sorte de galette ou d'échaudé, mais passé par la poële & *rissolé*. Bientôt on y joignit de la viande hachée, comme nous faisons encore maintenant; & alors ils ne différerent des petits pâtés ordinaires qu'en ce qu'ils eurent une autre forme.

Dans les statuts qui furent donnés aux Pâtissiers en 1440, il leur est défendu d'employer, en rissoles, de la viande de porc ladre. Dans les statuts de 1566, il est ordonné que la chair qu'ils emploieront, soit du veau, du mouton, & de la tranche de bœuf. Cependant, outre ces rissoles grasses, on continua d'en faire qui furent maigres, & dans lesquelles il n'entrait rien de gras. Les statuts de 1566 en parlent. *Le Roi faisait colation,* dit la Duchesse de Montpensier dans ses Mémoires; *la Reine lui envoya demander des rissoles, & moi aussi.*

Dans la basse latinité, le mot *torta* signifiait une grosse miche, ronde, de pain ordinaire. Postérieurement, on nomma ainsi le pain noir, à l'usage des paysans & des gens du peuple. « Le pain qui nous » sert de nourriture est de la tourte, disent les Statuts des Chartreux ; car jamais nous ne mangeons » de pain blanc ». L'expression s'est conservée dans plusieurs de nos Provinces. En Bretagne, par exemple, on appelle tourte, la miche pesant quarante-quatre livres ; demie-tourte, celle qui en pese vingt-deux ; & quart de tourte, la miche de douze.

Quoique les pâtés chauds fussent faits de fleur de farine, cependant comme ils étaient ronds, ainsi que la tourte de pain, on les nomma également tourte ou tarte, soit qu'ils fussent en légumes, soit qu'ils fussent en viande ou en poisson. Mais dans le XVe siècle on les distingua ; & c'est Taillevant qui en fai la remarque. Toute pâtisserie qui renfermait de la chair ou du poisson, se nomma pâté ; & l'on réserva le nom de tarte à celle qui contenait du laitage, des fruits, des herbes ou des confitures. Nous

P 4

autres, nous avons renoncé à cette division; & nous disons également tourte de pigeons, tourte d'épinars, de confitures, de franchipane, &c.

Dans un compte de l'an 1333, pour la Maison de Humbert, Dauphin de Viennois, il est mention de tourtes à la parméfane : dans Taillevant, de tarte couverte; de tarte jacopine; bourbonnaise; à deux visages; aux poires; aux pommes : dans Platine, de tarte blanche; tarte commune; tarte aux raves; au coing; à la courge; à la fleur de fureau; au riz; au gruau d'avoine; aux rofes; aux châtaignes; au millet; aux cerifes; aux dattes; aux herbes du mois de mai : dans Charles Etienne, d'une tarte à l'italienne, qui était faite aux herbes fines; (peut-être celle-ci est-elle la même que la dernière de Platine) : enfin dans un ouvrage du même tems, que je citerai plus bas, de tarte d'Angleterre, tarte de crême, de moëlle de bœuf, de pommes hachées bien en broc, de pruneaux, de vin blanc; de tarte angouloufée, tarte ancienne, tarte fanaide, de tourte de godiveau, tourte d'affiettes, de béatilles,

Ordinairement, au tems des fruits, dit Champier, on faifait entrer dans la compofition des tourtes, plufieurs fruits de différentes efpèces. Par exemple, on les compofait partiellement de fraifes, d'abricots, de prunes, d'herbages, de crême, de verjus, &c; & en les rendant ainfi, jaunes, vertes, blanches, & rouges, par compartimens, l'on formait des deffins agréables à l'œil.

L'auteur nous apprend qu'un Cardinal de fon tems, homme de la plus grande diftinction, mais qu'il ne nomme pas, avait inventé des tourtes aux néfles, affaisonnées avec de l'hippocras.

L'Etoile, voulant nous peindre les profusions infensées, les dépenses extravagantes de d'O, rapporte que ce Surintendant des finances *furpaffa en prodigalités & en excès les Rois & les Princes; & que, jufqu'à fes foupers, il faifoit fervir des tourtes, compofées de mufc & d'ambre, qui revenoient à vingt-cinq écus.* Mais ces recherches de gourmandife n'entraient point dans les mœurs de la Nation; elles étaient particulières à un homme qui, après être parvenu à fa place par un million de baffeffes, y diffipa par un luxe infolent les tréfors de l'Etat qu'il opprimait ; tandis que d'un autre côté il laiffait fon Prince dans le plus grand befoin.

On connaiffait alors parmi nous une autre forte de tourte, délicate, mais moins chère. Elle fe nommait tarte de maffepain, & fe faifait, au rapport de de Serres, avec des amandes pilées, aromatifées d'eau-rofe, & affaifonnées de moitié de leur poids en fucre. Quand elle était à moitié cuite, on la tirait du four pour la glacer avec du fucre & du blanc d'œuf; après quoi on achevait de la cuire en entier.

L'ufage de glacer les tourtes fe maintint dans le dernier fiècle; mais leur forme changea. Au centre de leur circonférence on éleva une forte de rocher, qui était compofé de différentes confitures; & tout au tour on implantait, fur la pâtifferie, des dragées, des piftaches, des zeftes de citron confits. Cette éminence en confitures tenait à une mode qui fub-

fiftait alors, comme je le dirai ailleurs, & qui confiftait à fervir en pyramide les viandes & les fruits de
deffert. Quant à l'ufage de piquer, dans la pâtifferie, des dragées & des zeftes, on fait qu'il fubfifte encore pour certains pains-d'épices.

La Picardie était renommée pour fes tartes, &
fur-tout pour fes tartes à la crême; c'eft le témoignage que lui rendent plufieurs Auteurs des deux
derniers fiècles. Dans les affemblées de fociété, la
coutume était que celui chez lequel on fe réuniffait
donnât aux divers membres de la coterie une colation avec des rafraîchiffemens. Or le principal mêts
de ces colations était une tarte : ce qui fit nommer
les affemblées, *tartarins ;* nom qu'elles portent encore actuellement.

Flans.Les flans étaient ufités dès les premiers tems de
la Monarchie; & on les regardait comme un plat
digne de la table des Rois, puifqu'au rapport de
Fortunat, c'était une des pieufes adreffes qu'employait la fainte Reine Radegonde pour fe mortifier.
Sous prétexte qu'elle les aimait mieux en pâte de
fégle ou d'avoine , elle commandait qu'on les
lui fît ainfi ; mais, quand on les lui fervait, elle
ne mangeait que la pâte groffière dont ils étaient
enveloppés, & laiffait la crême délicate qu'ils con-
tenaient.

Ce mêts a été quelquefois une des redevances
que la féodalité, ou le droit de bannalité, exigé-
rent. On a lu ci-deffus que le Monaftère de S. Riquier poffédait au IXe fiècle douze fours bannaux,
qui, tous les ans, lui rapportaient chacun trente

flans, dix fous, & trois cens pains. Ces pains, fans doute, étaient fournis en paiement par ceux des vaffaux qui venaient cuire aux fours; mais, puifque chaque four en produifait trois cens, il s'enfuit qu'on cuifait du pain dans tous les douze, & qu'il n'y en avait aucun, dans ce nombre, qui fût réfervé fpécialement pour la pâtifferie. Néanmoins, par la fuite, les bannalités en eurent quelques-uns qui furent uniquement confacrés à ce dernier ufage. Il exifte une charte donnée en 1316 par Robert, Evêque d'Amiens, à la Commune de Montreuil; par laquelle le Prélat permet aux Montreuillois d'établir dans leur ville deux fours bannaux, *pour y cuire tartes, flancs, & autres pâtifferies.* Un pareil établiffement femblait une chofe néceffaire, puifque la chaleur, requife pour la cüiffon du pain, n'eft pas celle qu'exigent des pâtes plus légères; mais il l'était fur-tout pour une Province dont les habitans faifaient de la pâtifferie un de leurs principaux alimens.

Parmi les chofes renommées en France au XIIIᵉ fiècle, la lifte des *Proverbes*, déjà citée plufieurs fois, compte les pâtés de Paris, les flans de Chartres (a), & les tartes de Dourlens.

Les gohieres & les popelins, ufités du tems de Liébaut, n'étaient qu'une efpèce particulière de flans. Il entrait de la crême dans les gohieres, & du fromage dans les popelins.

Gohieres, & popelins.

(a) Dans les atteliers des monnaies, on appella *flans* les pièces de métal, taillées & arrondies, avant qu'elles fuffent frappées.

Gâteaux.

Il est mention de *gasteaux feuillés*, c'est-à-dire, *feuilletés*, dans une autre charte du même Robert, Evêque d'Amiens, datée de l'an 1311: & puisque ceux-ci, qui sont d'une composition plus compliquée, étaient déjà connus alors, il est plus que probable que les gâteaux simples existaient déjà précédemment.

De tous les genres de pâtisserie, cette dernière a été la plus usitée, parce qu'elle était la plus aisée à faire & la moins coûteuse; n'étant composée que de farine & de beurre, auxquels on ajoutait quelques jaunes d'œufs. Quoique la plupart des autres fussent plus délicates, & plus faites par conséquent pour les jours de fête & de réjouissance, c'était un

Gâteau des Rois.

gâteau cependant qu'on employait pour la petite agape de la veille des Rois; c'était dans un gâteau qu'on enfermait cette fève à laquelle était destinée la souveraineté du festin. En un mot, point de famille en France où l'on ne mangeât un gâteau ce jour-là; point de famille où les pères, les gendres, les mères, & les enfans ne se rassemblassent pour célébrer ensemble cette sorte d'orgie bruyante, mais amicale; la seule peut-être où tous les âges réunis trouvaient le moyen de s'amuser également; la seule qui fût exempte de médisance, de libertinage, d'ivresse & d'intempérance; la seule enfin que la morale n'ait pu improuver, parce qu'elle contribuait à resserrer la concorde & l'union des familles : fête heureuse, qui, établie par la simplicité des mœurs, maintenait les mœurs à son tour, & qu'à ce titre tout bon citoyen doit voir avec regret s'abolir inſenſiblement par la froide dignité de nos mœurs actuelles.

Pour les perſonnes qui, n'étant point dans l'habitude de faire & de cuire leur pain, l'achetaient chez le Boulanger, c'était celui-ci qui leur fourniſſait, ce jour-là, le gâteau des Rois. A Paris même, chacun de ces artiſans était dans l'uſage d'en envoyer un à ſes pratiques : mais, au commencement du ſiècle où nous vivons, les Pâtiſſiers s'aviſerent de réclamer contre une coutume qui empiétait ſur leurs droits ; ils intenterent procès aux Boulangers ; & le Parlement, ſur leur requête, rendit en 1713, & en 1717, un Arrêt qui défendit à ceux-ci de faire à l'avenir & de donner aucune ſorte de pâtiſſerie, d'employer du beurre & des œufs dans leur pâte, & même de dorer leur pain avec des œufs. La défenſe au reſte n'a guères eu d'effet que pour la Capitale. L'ancien uſage ſubſiſte toujours dans la plupart des Provinces.

Celui de tirer le gâteau s'obſervait à la table des Rois mêmes ; & nous le voyons avoir lieu juſqu'au dernier ſiècle. C'eſt ce que témoigne Mad. de Motteville dans ſes *Mémoires* ſous l'an 1648. *Ce ſoir, dit-elle, pour divertir le Roi, la Reine nous fit l'honneur de nous faire apporter un gâteau à Mad. de Brégny, à ma ſœur, & à moi, que nous ſéparâmes avec elle. Nous bûmes à ſa ſanté avec de l'hippocras qu'elle nous fit apporter.*

Divertiſſemens de la fête des rois à la Cour.

Anne d'Autriche, qui était dévote, faiſait même obſerver, en cette circonſtance, une coutume uſitée dans les familles bourgeoiſes pieuſes, de couper, pour l'enfant Jesus & pour la Vierge, une part qu'on diſtribuait enſuite aux pauvres. L'auteur en offre encore la preuve. *Pour divertir le Roi*, ajoute-t-elle, (ann. 1649), *la Reine voulut ſéparer un gâteau, & nous fit l'honneur de nous y faire prendre part avec le Roi & elle. Nous la fîmes la Reine de la féve, parce que la féve s'étoit trouvée dans la part de la Vierge. Elle commanda qu'on nous apportât une bouteille d'hippocras, dont nous bûmes devant elle ; & nous la forçâmes d'en boire un peu. Nous voulûmes ſatisfaire aux obligations des extravagantes folies de ce jour ; & nous criâmes*, la Reine boit.

Louis XIV aimait beaucoup cette ſorte de divertiſſement ; cependant on a remarqué que toujours il ſut y mettre la décence & la dignité dont, pendant toute ſa vie, il ne manqua jamais d'entourer ſes actions publiques. On en jugera par celui de l'année 1684, dont la deſcription ſe trouve rapportée dans le *Mercure galant* (Janvier), de la même année.

La ſalle avait cinq tables ; une pour les Princes & Seigneurs, & quatre pour les Dames. La première de celles-ci était tenue par le Roi ; la ſeconde par le Dauphin. On tira la fève à toutes les cinq. A la table des hommes, elle tomba au Grand-Ecuyer, qui fut Roi : aux quatre tables des femmes, la Reine fut une Dame. Alors le nouveau Roi & les Reines nouvelles, chacun dans leur petit Etat, ſe choiſirent des Miniſtres, & nommèrent des Ambaſſadrices ou des Ambaſſadeurs pour aller féliciter les Puiſſances voiſines, & leur propoſer des alliances & des traités. Louis XIV accompagna l'Ambaſſadrice députée par sa Reine. Il porta la parole pour elle ; &, après un compliment gracieux au Grand-Ecuyer, il lui demanda sa protection, que celui-ci lui promit, en ajoutant que s'il n'avait point une fortune faite, il méritait qu'on la lui fît. La députation se rendit ensuite aux autres tables ; & successivement les Députés de celles-ci vinrent de même à celle de Sa Majesté. Quelques-uns même d'entr'eux, hommes & femmes, mirent dans leurs discours & dans leurs propositions d'alliance tant de finesse & d'esprit, des allusions si heureuses, des plaisanteries si adroites, que ce fut pour l'assemblée un véritable divertissement. En un mot, le Roi s'en amusa tellement, qu'il voulut le recommencer encore la semaine suivante.

Cette fois-ci, ce fut à lui qu'échut la fêve du gâteau de sa table, & par lui en conséquence que commencèrent les complimens de félicitation. Il les reçut avec cette noblesse affable qui lui était propre. Une Princesse, l'une de ses filles naturelles, connue dans l'histoire de ce tems-là par quelques étourderies, ayant envoyé lui demander sa protection pour tous les événemens fâcheux qui pourraient lui arriver pendant sa vie ; je la lui promets, répondit-il, pourvu qu'elle ne se les attire pas : réponse qui fit dire à un courtisan que ce Roi-là ne parlait pas en Roi de la fêve. A la table des hommes, on fit un personnage de carnaval, qu'on promena par la salle en chantant une chanson burlesque. Enfin, la fête se termina par la lecture d'un factum bisarre que venait de publier certain Seigneur de village, homme scrupuleux & dévot, qui se plaignait de l'immodestie de ses paysanes, & qui leur avait intenté un procès, parce qu'elles portaient des manches si courtes, qu'on voyait leurs bras. Ce Mémoire fit beaucoup rire, & il excita, parmi les convives, une joie qui dura toute la soirée.

Dans les siècles antérieurs, les Souverains & les Grands-Seigneurs se faisaient quelquefois un Roi de table, dont ils s'amusaient pendant le repas. L'auteur de la vie de Louis III, Duc de Bourbon (mort en 1419) voulant montrer quelle était la piété du Prince, remarque que, ce jour-là, il faisait son Roi *d'un enfant en l'aage de huict ans, le plus povre que l'on trouvast en toute la ville.* Il le revêtait des habits Royaux, & lui donnait ses propres Officiers pour le servir. Le lendemain, l'enfant mangeait encore à la table du Duc; mais *alors venoit son Maistre-d'hostel, qui faisoit la queste pour le povre Roi. Le Duc Loys de Bourbon lui donnoit communément quarante livres pour le tenir à l'escolle; & tous les Chevaliers de la Cour, chacun un franc; & les Escuyers, chascun demi-franc. Si montoit la somme aucune fois près de cent francs, que l'on bailloit au père ou à la mère pour les enfans à enseigner à l'escolle sans autre œuvre; dont maints d'iceux en vivoient à grant honneur. Et cette belle coustume tint le vaillant Duc Loys de Bourbon, tant come il vesqui.*

Au reste, les gâteaux à féve n'étaient pas affectés exclusivement pour la seule fête des Rois. On en faisait de tels dans les autres jours de l'année où l'on voulait procurer aux repas la joie & la gaieté qui étaient propres à celui-ci. Un de nos Poëtes du
XIIIe siècle

XIII.e siècle, décrivant une partie de plaisir qu'il avait faite avec plusieurs amis chez un Seigneur généreux & riche, raconte que la Dame Châtelaine leur pêtrit aussi-tôt un gâteau qu'elle servit au souper. Il ajoute que ce fut à elle que le hazard donna la feve, & remarque qu'elle en fut très-joyeuse.

Si nous fiſt un gaſtel à feve, &c.

C'était un gâteau qu'offraient à l'église les femmes nouvellement accouchées, lorsqu'elles allaient se faire relever. Enfin, c'était un gâteau qui formait le plat principal de la colation qu'on donnait à la suite du batême d'un enfant; & sur ce point, Paris, jusques vers la fin du siècle dernier, ne différait point des autres villes du Royaume. *S'il n'y avoit que vingt-cinq lieues d'ici à Lyon,* écrivait Patin à Spon, son ami, dont la femme était enceinte, *j'irois dire la vie de Sainte Marguerite, & prendre une part du gâteau du baptême de cet enfant qui viendra.*

En beaucoup d'endroits, il y avait des redevances seigneuriales qu'on payait avec un gâteau. Il y en avait même de telles dans les domaines du Roi. Je n'en citerai qu'un exemple. Il est tiré du *Trésor des merveilles de Fontainebleau.* On lit dans cet ouvrage que, tous les ans, le premier jour de mai, les Officiers de la forêt s'assemblaient à un endroit nommé la *table du Roi;* & que là tous les Usagers venaient prêter hommage & payer leurs redevances. Or, parmi les personnes qui payaient, on comptait tous les nouveaux mariés de l'année, tous les habitans de certains quartiers de la ville, & tous ceux d'une paroisse entière, lesquels ne devaient tous qu'un gâteau.

On verra plus bas qu'au XVIe siècle il y avait plusieurs sortes de gâteaux; gâteaux baveux, gâteaux feuilletés, gâteaux jolis, gâteaux joyeux, gâteaux italiens. Au XVIIe on connaissait, selon Gontier, les gâteaux d'amandes, les gâteaux mollets, les gâteaux fraisés, les gâteaux vérolés, les gâteaux de Milan, les gâteaux de Beauce.

Quoiqu'on désignât par le nom général de gâteau toute pâtisserie seche composée de beurre & d'œufs, quelques Provinces cependant avaient les leurs propres, auxquels elles avaient donné un nom particulier. Tels étaient, par exemple, en Artois, les gâteaux-razis. D'autres au contraire étaient communs à plusieurs Provinces; & dans ce nombre on peut compter les *fouasses*, ou *fougasses*, usitées en Normandie, en Picardie, en Poitou, & dont il est si souvent mention dans Rabelais. L'histoire d'Amiens par le P. Daire rapporte qu'en 1465, quand Juvénal des Ursins, Chancelier de France, passa par cette ville, les Chanoines de la Cathédrale, pour lui faire honneur, réglerent dans une assemblée capitulaire que, pendant tout le tems de son séjour, le Chapitre lui fournirait journellement *six petits pains & quatre fouasses.*

J'ai dit ailleurs, en parlant du pain biscuit, qu'à l'époque où se répandit en France la maladie infâme que l'Europe a reçue de l'Amérique, on fit à Paris des gâteaux secs, qu'on nomma bis-cuits, & qui furent ordonnés par les Médecins dans le traitement de ce mal honteux.

Outre ceux-ci, qui n'étaient propres qu'à certains malades, on en connaissait d'autres qui étaient secs de même, & qui servaient au dessert.

Champier nous apprend que, parmi ces derniers, les plus estimés étaient ceux qu'on tirait d'Italie, & qui étaient faits à l'anis.

Il est parlé de flamiches & de galettes chez nos *(Flamiches, & galettes.)* Poëtes du XIIIe siècle. Ces dernières se vendaient dans les rues de Paris; & l'un des cris usités alors dans la Capitale était *galettes chaudes*.

Au tems de Charles Etienne, le pain-d'épices *(Pain-d'épices.)* de Rheims avait déja de la réputation. On voit par Champier que celui de Paris était aussi fort renommé. Il n'entrait que du miel dans les pains-d'épices.

Rheims avait encore, sur la fin du dernier siècle, une autre sorte de pains-d'épices, qu'on nommait croquets. Parmi les diverses poésies de Chaulieu, *(Croquets.)* on lit une piéce très-jolie, par laquelle il envoyait à une femme de qualité des croquets de Rheims.

Joinville raconte que quand il fut fait prisonnier *(Bégnets.)* avec S. Louis par les Sarrasins, les vainqueurs lui présenterent des *bégnets de fromage rôtis au soleil.* L'auteur ne parlant point de ce mêts comme d'un ragoût étranger, & ne paraissant étonné que de la manière dont on le faisait cuire, nous pouvons en conclure que les bégnets étaient déja connus en France de son tems. Platine nous apprend que du sien on en connaissait plusieurs sortes différentes;

Q 2

bégnets amers, bégnets venteux, (c'est probablement ce que nous appellons des pets); bégnets au
riz, aux pommes, au caillé, aux amandes, aux
figues, à la sauge, au blanc d'œufs, à la feuille de
laurier, à la fleur de sureau. Liébaut en enseigne
une autre espèce encore, composée de lait & de
jaunes d'œufs.

En Saintonge, dit Palissi (*Traité des sels divers*),
on en faisait qui avaient la propriété de chasser les
vers. Les vers dans cette Province, ainsi que dans
l'Agenais, la Gascogne, le Querci, & les environs
de Toulouse, étaient une maladie fort commune
aux enfans, & fort dangereuse pour eux. Elle en
emportait beaucoup; & lui-même en perdit six,
avant de connaître le remede. Ce remede était des
bégnets, dont la farine se détrempait avec une décoction d'absinte, & qui étaient frits ensuite dans
du beurre ou dans du sain de porc.

Massepains.   Selon Liébaut, les massepains étaient composés
d'avelines, d'amandes, de pistaches, de pignons,
& de sucre rosat, auxquels on joignait un peu de
farine. Ce devait être une pâtisserie chere : aussi
était-elle de mise sur la table des Grands & des
Rois. L'Etoile décrivant une *collation magnifique à
trois services*, donnée à Paris, année 1596, dit que
*les confitures seiches & massepans y estoient si peu
espargnez que les Dames & Damoiselles estoient
contraintes de s'en décharger sur les Pages & les la-
quais, auxquels on les bailloit tous entiers.*

Menudez   Gontier (*de sanitate tuendâ*; an. 1668) fait men-
& Fidieux.   tion de deux sortes de massepains, nommés l'un

menudez, l'autre fidiaux. Ils fe faifaient avec de la farine, des blancs d'œufs; & de l'eau-rofe.

Si l'on s'en rapporte à Le Duchat dans fes notes fur Rabelais, le nom de darioles vient de ce que cette efpèce de tartelette était *riolée*, c'eft-à-dire, coupée en différens fens par des bandes de pâte. On en fabriquait de deux fortes au tems de Taillevant; les unes au fromage, les autres à la crême.

Les talemoufes, au rapport du même auteur, fe faifaient avec du fromage; on les dorait avec des jaunes d'œufs; puis on les faupoudrait de fucre. Elles ne font plus d'ufage à Paris, quoiqu'on les y eftimât beaucoup autrefois; mais les Pâtiffiers de S. Denis continuent toujours d'en faire; & c'eft une des chofes qu'ils offrent aux voyageurs qui paffent par leur ville.

Dans les tourteaux & les petits-choux, il entrait, felon Liébaut, du beurre, du fromage, & des jaunes d'œufs.

Il eft parlé de ratons & de caffemufeaux dans une ancienne Ordonnance du Prévôt de Paris, en faveur des Pâtiffiers de cette ville. C'eft une des chofes que l'Ordonnance leur permet de vendre. Le caffemufeau était dur & croquant. Probablement, il devait fa dénomination à fa dureté; comme fi, en le jettant au vifage de quelqu'un, il eût été capable de lui caffer les dents. Le raton était redevable de la fienne à fa forme; laquelle repréfentait un petit rat. Cette friandife était fort eftimée; ainfi que celle du petit-choux, cité quelques lignes plus haut; & de-là vinrent ces termes de *petit-choux*, de

Darioles.

Talemoufes.

Tourteaux & petits-choux.

Ratons & caffemufeaux.

raton ou *petit-rat*, qui font encore aujourd'hui en ufage, & qui s'employent vis-à-vis de quelqu'un qu'on aime, & que l'on careffe familiérement.

Echaudés. Les échaudés ont été nommés ainfi, parce que, pour les faire lever, on les jette dans l'eau *chaude*. Il en eft mention dans une charte de l'Eglife Cathédrale de Paris, ann. 1202; *Panes qui dicuntur efchaudati*. Ces échaudés étaient beaucoup plus gros que les nôtres; puifque la veuve Emeline ayant renoncé en 1231 à un droit de chair & de poiffon fur le Monaftere de S. Denis, les Religieux, en retour, lui accorderent celui de venir prendre dans leur boulangerie, tous les jours de fête, une miche de pain & un échaudé; *unam michiam in piftrino fuo, & unum efchaudetum in feftis*. S. Louis qui, comme je l'ai remarqué ailleurs, avait interdit tout travail aux Boulangers les jours de dimanche & de fête, leur avait permis cependant de cuire, ces jours-là, des échaudés pour les pauvres.

Au tems de Liebaut, les échaudés n'étaient compofés que de beurre & de fel; il n'y entrait point de jaunes d'œufs. On en employa au dernier fiècle.

Flageols & gobets. Les flageols & les gobets, dont parle Gontier, (ann. 1668), étaient faits, comme les échaudés, avec des jaunes d'œufs, de la farine, & du beurre.

Gauffres. L'ufage des gauffres remonte au moins au XIIIe fiècle; car on en trouve le nom dans les Poëtes manufcrits de ce tems-là. C'était alors une des chofes qu'on vendait au peuple dans les rues. Aux jours de fêtes, les marchands de gauffres s'établiffaient à la porte des Eglifes avec tout ce qui était néceffaire pour faire & pour cuire cette denrée. Ils la vendaient toute chaude. Charles IX, en 1566, leur défendit d'étaler, les jours de Pâques, de Noël, de l'Assomption, de la Purification, de la Toussaint, de S. Michel, & de la Fête-Dieu ; &, comme souvent plusieurs d'entr'eux se plaçaient à la fois dans le même endroit, ce qui occasionnait des querelles & des batteries, il régla qu'ils seraient obligés d'être distans l'un de l'autre, pour le moins, de deux toises. Le dernier réglement avait déja été fait cent soixante ans auparavant par Charles VI.

« Les gauffres sont un ragoût fort prisé de nos » paysans, écrivait Champier au XVIe siècle. Pour » eux, au reste, il ne consiste qu'en une pâte li- » quide, formée d'eau, de farine, & de sel. Ils la » versent dans un fer creux, à deux mâchoires, » qu'ils ont frotté auparavant avec un peu d'huile » de noix, & qu'ils mettent ensuite sur le feu » pour cuire la pâte. Ces sortes de gauffres sont » très-épaisses. Celles que font faire chez eux les » gens riches, sont plus petites, plus minces, & » sur-tout plus délicates ; étant composées de jaunes » d'œufs, de sucre, & de fine fleur de farine, » délayés dans du vin blanc. On les sert à table » comme entremêts. Quant à leur forme, on leur » a donné celle de rayons, Au reste, François I, les » aimait beaucoup ; & il avait même, pour cet » usage, des gauffriers en argent ».

Liébaut rapporte que l'espèce de gauffres délicates Métier. dont nous venons de parler, s'appellait à Paris *métier.*

Les pâtisseries qu'on nommait étriers, celles qu'on Etriers & bridaveaux.

nommait bridaveaux, ne différaient des gauffres que
par la forme. Du reſte, elles étaient, dit le même
auteur, compoſées des mêmes ingrédiens.

Cornuaux,
&c. Gontier (ann. 1668), cite encore pluſieurs pâtiſſeries uſitées de ſon tems, cornuaux, feuillages,
craquelains, merveilles, crêpes, pâtes royales,
farces au fromage, poutartes, & feuillantines; mais
il ne nous apprend pas de quoi elles étaient compoſées.

Oublies. Les Grecs, ſelon Athénée, donnaient le nom
d'*Obelias* à certains pains, cuits entre deux fers,
& qu'ils mangeaient chauds. Telle fut vraiſemblablement l'origine de la dénomination d'*oublies*,
d'*oblies*, d'*oblées*, par laquelle on déſigna une feuille
mince de pâtiſſerie qui ſe cuiſait & ſe mangeait
comme le pain obélias des Grecs. Elle ſe faiſait chez
les Pâtiſſiers, qui en prirent même le titre d'*Ou-*
Oublieux. *blayeurs* ; titre qu'on leur conſerva, lorſqu'en 1270,
on leur donna des Statuts. Comme alors la coutume
générale était de ſouper de très-bonne heure, les
Oublieux, vers le ſoir, ſe répandaient par les rues,
chargés des diverſes marchandiſes qui compoſaient
leur commerce; & ils les annonçaient à hauts cris, afin
d'avertir de leur paſſage les perſonnes qui voulaient
s'en régaler à ſouper. Un de nos Poëtes du XIIIᵉ ſiècle,
compte parmi les plaiſirs de la ſoirée, celui d'appeller l'Oublieux. Quant aux ſortes de pâtiſſeries
que criaient & colportaient ces coureurs, j'en ai
trouvé la liſte dans une piece du même tems, intitulée *cris de Paris*. La voici : " Oublies chaudes,
" galettes chaudes, tartes chaudes, riſſoles, échau-

» dés , flans chauds , gâteaux aux fèves , pains
» fiméniaux ».

Bientôt les Oublieux renoncerent au débit de ces
différentes denrées ; & je n'ai pu ni en découvrir
ni en deviner la raison. Ils conserverent seulement
celui des oublies ; mais ils continuerent de courir
les rues, comme auparavant. Cependant, l'heure du
souper , qui d'abord était à cinq ou six heures, ayant
peu-à-peu reculé , ils prirent aussi l'habitude de mar-
cher plus tard dans la nuit : & de-là vint le nom d'*Ou-*
blieux , qu'on donna par plaisanterie , dans le dernier siècle & vers le commencement de la Fronde ,
aux Grands & aux autres intriguans qui , mécontens
du gouvernement de Mazarin , parcouraient, la
la nuit , en cachette les différens quartiers de Paris ,
pour former des ennemis au Ministre.

Les Oublieux ont subsisté jusques dans ce siècle-
ci. Mais , quand Cartouche forma cette troupe
d'assassins qui , pendant un tems , remplit Paris de
meurtres , quelques-uns de ces scélérats s'étant dé-
guisés en marchands d'oublies pour commettre plus
facilement leurs crimes , la Police défendit aux Oublieux les courses nocturnes. Ce réglement en dimi-
minua beaucoup le nombre. Ceux d'entre eux qui
continuerent leur métier, vendirent de jour , par-
courant les quartiers & les promenades que fré-
quentait le peuple. Mais ils sont devenus , depuis,
moins nombreux encore ; & c'est maintenant une
chose assez rare d'en rencontrer un. Ils ont été rem-
placés par des femmes qui vendent une pâtisserie
de même nature , ouverte de même en cornet, mais

beaucoup plus grande, & qu'elles nomment *plaiſir des dames.*

Hoſties. On avait donné auſſi autrefois le nom d'oubles aux hoſties qui ſont employées à dire la Meſſe ; apparemment, parce que la manière de les faire eſt la même. *Eulogias quas vocamus oblias, ſeu hoſtias,* dit la Chronique de Geoffroi, Prieur du Vigeois.

Pains-oublies. Dans certaines égliſes, & à certains jours de l'année, on diſtribuait des oublies en préſent aux Clercs & aux Chanoines. Dans les Couvens, on en ſervait aux Moines au réfectoire. Mais celles-ci étaient une ſorte de pain délicat, ou de gâteau. Souvent les Seigneurs laïcs en exigaient de leurs Vaſſaux, comme une redevance. Cette redevance, dans les anciennes chartes qui en font mention, eſt appellée *droit d'oubliage* ou *d'oublies* ; & le tribut qui en eſt l'objet, *pain-oubliau.*

Supplica-tions & Eſté-rets. J'ignore quelle ſorte de pâtiſſerie formaient les eſtérets & les ſupplications. Sans doute, elle était du genre des oublies ; car les ſtatuts donnés aux Oublieux en 1406, portent que perſonne ne pourra exercer ce métier à Paris, s'il ne fait faire par jour cinq cens *de grandes oublies,* trois cens *de ſupplications,* & deux cens *d'eſtérets.*

Nieules. Si l'on s'en rapportait ſur la nature des nieules, à un paſſage des *anciennes coutumes de Cluni,* on déciderait que ce n'était de même qu'un nom différent donné aux oublies. *Ab hominibus romanâ linguâ, Nebula, a noſtratibus appellantur oblata.* Cependant, ces deux ſortes de pâtiſſeries ſont formellement diſtinguées dans la *Deviſe des Lécheurs* (des

gourmands), dans le Roman de Florès & de Blanchefleur, & dans plufieurs autres piéces manufcri-
tes du XIIe & du XIIIe fiècle. Peut-être après tout
ne différaient-elles que par la forme.

Quoi qu'il en foit, celle dont il s'agit a cela de
remarquable qu'elle a été employée, non-feulement
dans les repas & les feftins, comme les autres ; mais
encore dans certaines cérémonies eccléfiaftiques,
fuperftitieufes. Le jour de la Pentecôte, lorfqu'on
entonnait le *Veni creator* pour la Meffe, des gens
placés à la voûte de l'églife faifaient defcendre, fur
le peuple, des étouppes enflammées, & jettaient
en même tems des feuilles de chêne & des nieules.

Quant aux étouppes flamboyantes, il eft aifé de
concevoir qu'on voulait figurer ainfi aux yeux des
Fideles, ce miracle qu'opéra l'Efprit-Saint, quand,
fous la forme de langues de feu, il vint régénérer
les Apôtres. Mais que repréfentaient les feuilles de
chêne & les nieules?

Ce n'eft pas tout. Au *Gloria in excelfis*, on lâchait, dans l'églife, des oifeaux qui avaient auffi des
nieules attachées aux jambes. Encore une fois, quel
rapport y avait-t-il entre l'Efprit-Saint, & une friandife en pâtifferie qui, diftribuée d'une manière auffi
tumultueufe, ne pouvait que caufer beaucoup de
trouble & de fcandale, & interrompre le Service
Divin. Telle était pourtant la cérémonie religieufe
qui était en ufage, ce jour-là, dans beaucoup d'é-
glifes cathédrales du Royaume, & principalement
à Rouen. Il eft vrai que plufieurs autres églifes
avaient admis quelques différences. A Lifieux, par

Nieules
jettées au
peuple pen-
dant le fer-
vice divin.

exemple, les nieules ſe jettaient avec des fleurs au *Kyrie eleyſon.* Mais par-tout, je ne ſais pourquoi, on jettait des nieules.

Cette ſuperſtition a été abolie ſucceſſivement dans les différens Dioceſes; plutôt ou plus tard, ſelon qu'ils ont eu des Evêques plus ou moins éclairés. Dans celui d'Amiens, elle n'a diſparu, ſelon le P. Daire, qu'en 1715; mais il y a encore des villes en Flandres où elle ſubſiſte.

Proceſſion des Marchands de nieules.

A Paris, les marchands de nieules en pratiquaient une autre auſſi bizarre. Ces artiſans s'étaient formés en confrairie ſous l'invocation de S. Michel; &, le jour de la fête du Saint, ils faiſaient par la ville une ſorte de cavalcade, habillés, les uns en anges pour repréſenter leur patron & ſa troupe, les autres en diables. Ceux-ci avaient des tambours; & ils étaient ſuivis par des prêtres qui portaient des pains bénis. L'Abbé Lebeuf (*Hiſtoire du Dioceſe de Paris*), rapporte que cette proceſſion ridicule fut défendue en 1636 par une ordonnance de l'Archevêque.

Formes & noms obſcènes, donnés à certaines pâtiſſeries.

Ces abus, au reſte, n'intéreſſaient que la ſainteté de la Religion, & la dignité de ſon culte; au lieu que je pourrais en citer un autre qui révolte la pudeur, la décence, & les mœurs. Croira-t-on qu'il a exiſté en France un tems où l'on a donné aux menues pâtiſſeries de table les formes les plus obſcènes, & les noms les plus infâmes. Croira-t-on que cet incroyable excès de dépravation a duré plus de deux ſiècles; &, que s'il eſt ignoré aujourd'hui, c'eſt parce que les écrivains du tems n'en ont rien dit. Vous les voyez tonner contre des cheveux courts, contre des manches larges, contre des souliers pointus; comme s'il s'agissait de la destruction totale du Christianisme : & presque aucun d'eux ne s'élève contre un scandale dont les nations les plus corrompues rougiraient. Quelques-uns de ces noms sales se trouvent dans Taillevant : mais, ce qui nous paraîtra bien extraordinaire, c'est qu'il en parle sans aucun étonnement ; comme un autre parlerait d'une chose toute ordinaire ; comme lui-même enfin il parle des rissoles ou des gauffres.

J'avoue que notre langue, si décente aujourd'hui, ne l'était guères, il y a six siècles; & que ces expressions dégoûtantes, qui maintenant nous révoltent, étaient admises alors, puisque nos anciens Poëtes les emploient lorsqu'ils font parler des filles pudiques, des femmes vertueuses, des pères instruisant leurs enfans. Les mots, par eux-mêmes, ne signifient rien; ils ne rendent que les idées qu'on y attache. Tel terme, après avoir été long-tems honnête, peut devenir tout-à-coup indécent ; &, chaque jour, nous en voyons des exemples. Aussi font-ce moins les noms de ces pâtisseries qu'il faut blâmer, que les formes qu'on leur donnait. Si ceux-là peuvent être excusés, le motif qui avait fait imaginer celles-ci ne le sera jamais.

Oh, que j'aime l'honnêteté de Champier, lorsqu'il traite ce sujet! Son indignation éclate malgré lui; il ne peut la retenir; &, en rapportant cette invention luxurieuse du vice, il réclame au moins en faveur de la vertu. Après avoir décrit les différentes pâtisseries usitées de son tems, il dit, *quædam*

*pudenda muliebria, aliæ virilia (ſi diis placet) repre-
ſentant. Sunt quos c..... ſaccharatos appellitent.
Adeo degeneravere boni mores, ut etiam Chriſtianis
obſcæna & pudenda in cibis placeant.* Et voilà quels
étaient ces ſiècles qu'on ſe plaît tant à nous exalter;
ces ſiècles auxquels on nous renvoie ſans ceſſe,
lorſqu'on nous reproche la perverſité de nos mœurs.

SEPTIEME SECTION.

Deſſerts.

Ce qui regarde les pâtiſſeries de deſſert, les fruits
cruds, & les fruits ſecs, ayant été traité dans les
articles précédens, il ne me reſte à examiner dans
celui-ci, que ce qui eſt l'ouvrage du Confiſeur,
c'eſt-à-dire les ſucreries renfermées ſous le nom général de dragées & de confitures.

Epices.   Les unes & les autres ont été long-tems compri-
ſes ſous celui d'épices; expreſſion dont, au premier coup d'œil, il eſt difficile d'appercevoir l'origine.

Dans la baſſe latinité, on ſe ſervait du mot *ſpecies*, pour déſigner les différentes *eſpèces* de fruits
que produit la terre. Dans Grégoire de Tours, par
exemple, il ſignifie du blé, du vin, de l'huile. Cependant, quand on parla d'aromates, on diſtingua
ceux-ci par l'épithète *aromaticæ*, qu'on ajouta au
mot *ſpecies*. Par la ſuite, l'expreſſion latine ayant
paſſé dans la langue françaiſe, on appella ces der-

nières productions, *épices aromatiques*, &, par abré-
viation, *épices.*

On a vu ci-deſſus quelle était la paſſion qu'a-
vaient nos Pères pour les aſſaiſonnemens forts. Ce
goût, au reſte, n'était point en eux un appétit dé-
régléde la Nature; c'était un principe d'Hygiene,
un ſyſtême réfléchi. Accoutumés à des nourritures
d'une digeſtion difficile, ils croyaient que leur eſtomach avait beſoin d'être aidé dans ſes fonctions
par des ſtimulans qui lui donnaſſent du ton. D'a-
près ces idées, non-ſeulement ils firent entrer beaucoup d'aromates dans leur nourriture; mais ils imaginerent même d'employer le ſucre pour les confire, ou pour les envelopper; & de les manger
ainſi, ſoit au deſſert comme digeſtifs, ſoit dans la
journée comme corroborans. *Après les viandes,*
diſent *les triomphes de la noble Dame, on ſert chez*
les riches, pour faire la digeſtion, de l'anis, du fe-
nouil & de la coriandre, confits au ſucre (a). L'auteur de *l'île des Hermaphrodites* fait la même remarque, lorſqu'il nous peint les mœurs de la Cour
de Henri III. Après le deſſert, dit-il, *les uns pre-*
noient un peu d'anis confit, les autres du cotignac;
mais il falloit qu'il fût muſqué. Autrement il n'eût
point eu d'effet en leur eſtomach, qui n'avoit point
de chaleur s'il n'étoit parfumé. Il y eut des dragées
faites avec du genièvre, & qu'on appellait *dragées*

Employées pour favori- ſer la digeſ- tion.

(a) Aujourd'hui encore, dans leurs voyages de mer, les Hollandais, par le même motif, mangent, après le repas, des cloux
de gérofle confits.

de S. Roch, parce qu'on les croyait propres à pré-
ſerver du mauvais air & de la peſte. Quant au
peuple , à qui ſes facultés ne permettaient pas ces
ſuperfluités diſpendieuſes , fidèle aux mêmes principes , il mangeait les mêmes ſubſtances en nature
& ſans préparation.

Ce ſont ces aromates confits , que l'on nomma
proprement épices, & dont le nom ſe trouve ſi
ſouvent répété dans nos anciennes hiſtoires. Ce ſont
eux qui formaient preſque entiérement les deſſerts;
car les fruits étant répétés froids par leur nature,
la plupart, comme je le dirai ailleurs, ſe mangeaient
au commencement du repas.

On ſervait les épices avec ces différentes ſortes de
vins artificiels, dont j'aurai occaſion de traiter au li,
& qui compoſaient alors les ſeules liqueurs que l'on
connût. Ces deux objets terminaient le repas; &
de-là vint cette façon de parler , ſi commune
chez les Ecrivains du tems, *après le vin & les épices;* pour dire, *après la table.* L'uſage au reſte était
ſi général, qu'il s'obſervait juſques dans les feſtins
des Bourgeois & des Corps eccléſiaſtiques; & Paſ-
quier nous le repréſente comme pratiqué encore
à Paris, de ſon tems, dans ceux de la Faculté de
Théologie.

Drageoir,   Mais il régnait à la table du Roi, & à celle des
Grands-Seigneurs, une autre coutume, laquelle n'e-
xiſtait point aux banquets des particuliers. Outre
les épices qui compoſaient le deſſert, & qui étaient
deſtinées pour les convives, il y en avait d'autres,
plus choiſies encore, qu'on ſervait dans une boëte
particulière

particulière, divisée par compartimens. Cette boëte était d'or, d'argent, ou de vermeil; & se nommait *drageoir*, du nom des dragées, l'une des principales choses qu'elle contenait. Ordinairement c'était un Ecuyer, quelquefois un homme de distinction, qui avait l'honneur de présenter le drageoir; & il ne le présentait qu'à son maître, à moins que celui-ci, voulant honorer particuliérement un de ses convives, ne le lui envoyât. *On apporta vins & épices,* écrit Froissart; *& servit du drageoir, devant le Roi de France tant seulement, le Comte d'Harcourt.*

A l'entrée que Charlotte de Savoie, femme de Louis XI, fit dans Paris, la Ville, dit Comines, lui présenta, entre autres choses, *plusieurs drageouers, tous plains d'épiceries de chambre & belles confitures.*

Il y avait aussi de petits drageoirs qu'on portait en poche pour avoir, dans le jour, de quoi se parfumer la bouche ou se fortifier l'estomach. D'Aubigné remarque que le Duc de Guise s'étant trouvé mal un moment avant d'être assassiné par ordre du Roi Henri III, on lui apporta des prunes de Brignoles confites; & que, *comme il serroit le reste dans son drageoir,* on le manda de la part du Roi.

Henri lui-même en portait comme les Seigneurs de sa Cour. L'auteur de l'*Île des Hermaphrodites,* ouvrage satyrique composé contre ce Prince, nous décrivant les détails de sa toilette, dit : *On lui apporta une boëte quarrée, où il y avoit de certains morceaux de sucre d'une composition, à ce qu'on disoit, fort excellente pour donner quelque vigueur ;*

Drageoir
de poche.

Tome II.   R

*defquels, avec une cuillere d'argent, il fe fit mettre
quelque quantité dans une petite boëtelette, d'argent
doré, fort mignonement élabourée, qu'on lui avoit
apportée, & dans laquelle il y avoit une petite cuillere, de même étoffe, pour les pouvoir prendre plus
aifément; & fit mettre ladite boëte dans la poche où
il avoit mis fon mouchoir.*

Nos bonbonnières modernes ne font que les drageoirs anciens, fous un autre nom.

**Epices
n'étaient pas
cenfées rom-
pre le jeûne.**

Tout le monde ufait d'épices dans le cours de
la journée, parce que tout le monde avait fur leur
vertu & fur leurs effets les mêmes préjugés. Au
refte, pour apprécier jufqu'où étaient portées fur
ce point les préventions, il fuffira de dire que les
Cafuiftes du tems agiterent la queftion *s'il eft permis d'ufer d'épices, hors des repas, les jours de
jeûne*; & que la plupart prononcerent pour l'affirmative. Voici la décifion de S. Thomas d'Aquin;
c'eft la feule que je rapporterai. *Electuaria, etiamfi
aliquo modo nutriant, non tamen principaliter affu-
muntur ad nutrimentum, fed ad digeftionem ciborum.
Unde non folvunt jejunium, ficut nec aliarum medi-
cinarum affumptio; nifi forte aliquis, in fraudem,
electuaria in magnâ quantitate affumat, per modum
cibi.*

**Epices
données en
offrande.**

D'après l'eftime qu'on faifait des épices, le Lecteur ne fera point furpris qu'elles aient été regar-
dées comme un préfent honorable. C'était un de
ceux que les Corps municipaux croyaient pouvoir
offrir aux perfonnes de la plus haute diftinction
dans les cérémonies d'éclat, aux Gouverneurs des

Provinces, aux Rois mêmes, lorsqu'ils faisaient leur entrée dans les villes. Quand Henri IV fit la sienne dans Paris en 1594, l'Etoile rapporte que *Messieurs de la Ville lui présenterent de l'hypocras, de la dra-gée, & des flambeaux.*

Ce don était encore usité vers la fin du dernier siècle ; cependant on commençait dès-lors à en subs-tituer d'autres du même genre. *Je reçus force ha-rangues de toutes les villes, & les présens de celle de Trévoux,* dit Mademoiselle dans ses *Mémoires ; c'étoient des citrons doux, au lieu de confitures. Cela est moins commun, & plus agréable.*

A la nouvelle année, aux mariages, aux fêtes de parens, on donnait des épices ; & les boëtes de dragées & de confitures seches que ceux qui font parreins distribuent encore aujourd'hui, lorqu'ils tiennent un enfant sur les fonts batismaux, font un vestige de l'ancienne coutume.

Quand on avait gagné un procès, on allait, par reconnaissance, offrir des épices à ses Juges. Ceux-ci, quoiqu'alors les Ordonnances eussent réglé que la justice se rendrait gratuitement, se crurent per-mis de les accepter ; parce qu'en effet un présent aussi modique n'était pas fait pour allarmer la pro-bité. Néanmoins, comme par-tout l'homme est le même, bientôt l'avarice & l'avidité changerent en abus ce tribut de gratitude. Pour y remédier, S. Louis défendit aux Juges de recevoir, dans la semaine, plus de la valeur de dix sous en épices. Philippe-le-Bel, plus severe encore, leur défendit d'en accepter au-delà de ce qu'ils pouvaient con-

Epices
des Juges.

R 2

ſommer journellement dans leur maiſon, ſans gaſ-
pillage. Des réglemens pareils étaient louables aſſu-
rément par les intentions de droiture & de juſtice
qu'ils ſuppoſent; mais, ſi quelqu'un trouvait ſon
intérêt à ne pas les ſuivre, comment l'y forcer?

Au lieu de tous ces paquets de bonbons, dont
la multiplicité embarraſſait, & dont on ne pouvait
ſe défaire qu'avec perte, les Magiſtrats trouverent
plus commode de recevoir de l'argent. Pendant
quelques tems néanmoins il leur fallut, pour être
autoriſés à cette nouveauté, une permiſſion parti-
lière. Le plaideur qui avait gagné ſon procès préſentait au Parlement une requête, par laquelle il
demandait à s'aquitter de cette manière. Le tribunal délibérait enſuite ſur la requête; mais le Rap-
porteur ne pouvait rien recevoir que quand elle
avait été admiſe. Ce fut ainſi qu'en 1369, un Sire
de Tournon obtint de donner vingt francs d'or à
ſes deux Rapporteurs.

Tous ces abus nouveaux en produiſirent un autre, plus grand encore. Accoutumés à des rétribu-
tions, les Juges oublierent que, dans l'origine,
elles avaient été libres; ils en vinrent à croire
qu'elles leur étaient dues; &, en 1402, ils rendirent un Arrêt qui les déclara telles. Les plaideurs,
de leur côté, ne ſeconderent que trop cette avidité naiſſante; car, au lieu d'attendré la déciſion
du procès pour payer les épices, ils n'eurent pas
honte de les apporter d'avance, c'eſt-à-dire, de ſe
préſenter chez leurs Juges comme corrupteurs. Ce
qui paraîtra moins croyable encore, c'eſt que bien-

tôt les Magiſtrats firent une loi de cette nouvelle coutume; & de-là cette formule ſi célébre, qu'on lit en marge dans les anciens regîtres du Parlement; *non deliberetur donec ſolvantur ſpecies.* Il n'eſt pas de mon ſujet de dire ce que la ſageſſe du Gouvernement, ce que celle du Tribunal lui-même a imaginé en différens tems pour corriger ou modifier ces abus. De pareils détails ſeraient étrangers ici; mais je remarquerai que les honoraires des Juges ſubſiſtent encore, & qu'ils ont conſervé leur nom primitif d'épices.

Nos Rois, parmi les Officiers domeſtiques de leur Maiſon, en avaient un qui portait le titre d'*Epicier*, parce qu'il était chargé de la confection des épices.

S'il nous était parvenu ſur l'Office quelque traité ancien, comme il nous en eſt parvenu ſur la cuiſine, nous ſaurions aujourd'hui juſqu'où nos Peres avaient pouſſé autrefois l'art en ce genre. Mais je n'ai trouvé que de ces notions vagues & incertaines qui n'apprennent rien, & qui cependant jettent dans une indéciſion pire que l'inſcience. A la vérité, Arnaud de Villeneuve, auteur du XIIIe ſiècle, m'a offert quelques détails ſur la matière dont il s'agit; mais ces détails, à l'exception de celui où l'auteur enſeigne à clarifier le ſucre avec des blancs d'œufs, ſont ceux d'un Médecin; ils ne donnent ſur l'art aucunes lumières. On voit ſeulement dans Villeneuve, que l'on confiſait au ſucre certaines graines ou fruits ſecs, tels qu'avelines, gingembre, anis, coriandre, &c. Il parle de noix vertes confites; de

ſucre de roſes; d'une pâte, nommée pâte-de-Roi,
ou pignolat; & enfin d'une ſorte de nouguat,
qu'on appellait mazapan, ou maſſepain, & qui ſe
faiſait avec des amandes, des piſtaches, & du ſucre.

De Serres pouvait donc avoir raiſon quand il
écrivait (ann. 1600) : *de tems immémorial, on a
fait en France des confitures; mais ces confitures dif-
féroient de celles que nous faiſons aujourd'hui. C'eſt
des Eſpagnols & des Portuguais que avons appris la
façon des nôtres; &, pendant bien des années, cette
façon a été un ſecret.*

On croira ſans peine que les deux Nations qui,
dans l'Occident de l'Europe, ont été les premières
à planter des cannes à ſucre, ont dû être les premières auſſi à trouver l'art de cuire cette ſubſtance
& de l'employer pour confire certains fruits. Mais,
ſi c'eſt à ces deux peuples que nous en ſommes redevables, néanmoins il n'eſt pas reſté en France auſſi
long-tems ſecret que le prétend de Serres; ou, ce
qui eſt la même choſe, ſa publicité remonte plus
haut que ne le croyait l'auteur. On en trouve la
preuve dans le *de medicamentorum ſimplicium de-
lectu* (ann. 1562) par Jaques Sylvius, ou du Bois,
Médecin. Du Bois y parle des diverſes confitures en
uſage de ſon tems; & j'ai vu avec ſurpriſe que
non-ſeulement on connaiſſait alors les différentes
cuiſſons du ſucre qu'emploient aujourd'hui nos Confiſeurs pour les différens objets auxquels il eſt néceſſaire; mais encore que ces expreſſions, *ſucre clarifié, ſucre perlé, ſucre à la plume,* & autres dont
ils ſe ſervent, ſubſiſtaient déja.

Les fruits qu'on employait pour confire étaient, selon du Bois, pommes, cerifes, cormes, cornouilles, dattes, abricots, coings, pêches précoces, noix vertes, & poires mufquées. Tous fe confifaient entiers ; excepté le coing qu'on partageait en quatre. Il y avait aufli, pour la noix verte, un procédé préliminaire, qui n'exiftait point pour les autres fruits. D'abord on la laiffait tremper pendant quatre jours dans une eau pure, qu'on avait foin de changer de fix heures en fix heures. Après cela on la jettait dans l'eau chaude pour l'attendrir ; puis, après l'avoir fait fécher & l'avoir lardée, felon le goût du tems, de cloux de gérofle & autres épices, on la confifait à l'ordinaire. Quand on voulait des noix glacées, en les retirant de l'eau chaude, on les jettait de nouveau dans l'eau froide ; on les pelait, on les faifait fécher, on les lardait d'épices, enfin on les couvrait de fucre clarifié. (Ces fruits piqués étaient encore d'ufage, il y a une quarantaine d'années).

Les confitures féches ne fe travaillaient qu'au fucre uniquement. Cependant, comme l'âpreté du gain introduit infenfiblement de la fraude par-tout, les Confifeurs, pour épargner le fucre, avaient imaginé de les commencer au miel. Cette friponnerie, dit de Serres, eut lieu pendant bien des années ; & c'était même un des mifteres fecrets du métier.

Pour fécher les fruits confits, on fe fervait d'étuve ; Etuves. & cette étuve, de laquelle de Serres donne la defcription, était pareille aux nôtres, c'eft-à-dire, une armoire en fer, haute & étroite, dont les layettes, faites de fil d'archal ou de roſeaux fendûs, ſe tiraient à couliſſe. On l'échauffait au moyen d'un four, tel que celui des Boulangers, ſur lequel elle était conſ‑truite. Ceux qui ne voulaient pas faire la dépenſe d'un four, échauffaient la leur avec un peu de braiſe.

Figures en pâte de ſucre. Il y a plus de trois ſiècles qu'on ſavait déja figurer en pâte de ſucre différens objets, propres à tromper l'œil ou à l'amuſer agréablement. La colation que la ville de Paris donna en 1571 à Eliſabeth d'Autriche, femme de Charles IX, conſiſtait même uniquement en objèts de ce genre, ſi on en croit Bouquet. *Outre le nombre infiny de toutes ſortes de confitures ſeiches & liquides, diverſité de dragées, cotignac, maſſepans, biſcuits, & autres ſingularitez qui y eſtoient, n'y a, dit-il, ſorte de fruit qui puiſſe ſe trouver au monde en quelque ſaiſon qui ſoit, qui ne fuſt là, avec un plat de toutes viandes & poiſſon: le tout en ſucre, ſi bien reſſemblant le naturel que pluſieurs y furent trompez: même les plats & eſcuelles eſquels ils eſtoient, eſtoient faits de ſucre.* Au paſſage de Marie-de-Médicis, par Avignon, lors de ſon arrivée en France, le Vice-Légat lui donna, dit l'auteur de la *Chronologie ſeptennaire*, une colation *de trois tables dreſſées, couvertes de pluſieurs ſortes de poiſſons, beſtes, & oiſeaux, tous faits de ſucre; & cinquante ſtatues en ſucre, grandes de deux pal‑mes ou environ, repréſentans au naturel pluſieurs Dieux, Déeſſes, & Empereurs. Il y avoit auſſi trois cens paniers, pleins de toutes ſortes de fruits faits en* fucre près du naturel, qui furent donnez, après la colation achevée, aux Dames & Demoifelles qui s'y trouverent.

Cette même année 1600, de Serres écrivait qu'on faifait, en pâte de fucre, des cervelats, des jambons, des *rubans d'Angleterre.*

Quand la Reine Charlotte de Savoie, femme de Louis XI, fit en 1467, fon entrée dans Paris, les Bourgeois, dit Comines, lui préfenterent *un beau cerf, fait de confitures, qui avoit les armes d'icelle noble Royne pendues au col.* Enfin, au banquet que Taillevant en 1455 ordonna pour le Comte du Maine, & dont il nous a laiffé une defcription, le fecond deffert, c'eft-à-dire, celui des épices, repréfentait des objets de même nature. On y voyait, entre autres chofes, des cerfs & des cignes, au col defquels pendaient les armes du Comte, & celles de M.lles de Chateaubrun & de Villequier, pour qui fe donnait la fête.

Quoiqu'il me fût aifé de citer beaucoup d'exemples en ce genre, on comprend néanmoins qu'une pareille magnificence n'appartenait qu'aux Grands-Seigneurs, ou aux gens fort riches ; auffi ne la cité-je que pour montrer où en était alors en France, l'art des pâtes & des fucreries. Quant à la coutume de blafonner ainfi les armoiries de quelqu'un qu'on voulait honorer, elle était l'effet d'un préjugé du tems.

Dans l'origine de la Chevalerie, il n'y avait, pour tous ceux des Chevaliers qui combattaient à un tournois, qu'une feule & même armure. Tous étant, de la tête aux pieds, également cachés fous cette enveloppe de fer, l'œil ne pouvait en reconnaître aucun ; & les prouesses d'un brave étaient perdues pour fa gloire. Le moyen par lequel ils remédierent à ce défavantage est affez ingénieux; & ce fut ainsi que naquirent les Armoiries. Chacun d'eux adopta, & plaça fur fa cotte-d'armes extérieure, en broderie ou en peinture, un oifeau, un animal, en un mot une marque diftinctive quelleconque. Par là on put obferver dans la mêlée un combattant, & fuivre de l'œil les différentes actions de courage par lefquelles il fe diftinguait.

Il était naturel que ceux qui avaient adopté pour un combat ces fignes nouveaux, les portaffent dans un autre tournois encore, & qu'ils les confervaffent même le refte de leur vie. Les enfans, par refpect pour ce qui avait illuftré leurs parens, s'en honorerent. Chaque famille noble fe forma ainsi une forte d'hiéroglyphe particulier, qui, à quelques légères différences près, devint commun à toutes les perfonnes dont elle était compofée. Elle en fit un fceau avec lequel elle rendit authentiques tous fes actes publics & privés. Sur les tombeaux, elle en orna l'effigie de fes morts. Dans les fêtes publiques & les cérémonies d'éclat, elle le porta fur fes habits. Il fut même un tems ou une femme de qualité n'eût ofé paraître fans une robe chamarrée des armoiries de fon mari & des fiennes. En un mot, l'orgueil, qui avait trouvé le moyen de s'ifoler ainsi des claffes roturieres par un figne extérieur & apparent, y attacha tant d'eftime, qu'une des galanteries des

feſtins, était d'y repréſenter d'une maniere quelleconque les armoiries d'un perſonnage qu'on cherchait à honorer. On vient d'en voir quelques exemples ; j'aurai lieu d'en citer d'autres, lorſque je
traiterai ce qui regarde les divertiſſemens des
repas.

Cette modeſubſiſtait encore en 1600; mais alors, à   Maſſepain.
ce que nous apprend de Serres, les Ecuſſons des feſtins ſe faiſaient avec des bandes de maſſepain filé :
de même à-peu-près que les Pâtiſſiers aujourd'hui
font des croquantes. Quant aux émaux, dont le
maſſepain ne pouvait repréſenter les couleurs, on
employait, pour les imiter, différentes ſortes de
confitures. L'or ſe figurait avec des marmelades de
pommes ou d'abricots ; le gueule avec des fruits
rouges, comme ceriſes ou framboiſes ; le ſinople
avec du verjus, des abricots verds : & ainſi des
autres.

Le maſſepain ſervait auſſi à former d'autres figures.
Filé, on en faiſait des chiffres, des lacs-d'amour, &c;
mis en moule, des fruits, des aſperges, des culs-
d'artichaux, &c.

De toutes les ſucreries qui ont été d'uſage autrefois, celle-ci eſt l'une des plus anciennes, & l'une
de celles qui a ſubſiſté le plus long-tems: car on
ſait qu'elle eſt toujours admiſe ſur nos tables ; quoique communément, quand elle eſt en petits pains   Macarons.
arrondis, & faite avec des amandes amères, on
l'appelle macarons.

On a vu ci-deſſus qu'au XIIIᵉ ſiècle, le maſſepain
était compoſé de piſtaches, d'amandes, & de ſucre.

Sur la fin du XVIe, les Provençaux, felon de Serres,
faifaient le leur avec des blancs-d'œufs & du miel
blanc, battus enfemble, puis épaiffis fur le feu.
On y jettait alors des amandes douces, pelées &
fricaffées; enfin, on étendait le tout fur une table
de marbre pour en former un pain. A la couleur
& au miel près, c'eft-là ce que nous nommons du
nouguat.

Parmi les divertiffemens, d'ufage à Touloufe pendant les jours gras, était celui des amoureux de donner à leur maîtreffe ce qu'ils appellaient *maffepain*.
Mad. du Noyer en parle dans fes *lettres hiftoriques &
galantes*, écrites vers la fin du dernier fiècle. *Le maffepain*, dit-elle, *eft une boëte grande comme un coffre,
toute pleine de confitures, couverte d'une étoffe d'or,
dont on peut faire une juppe, & nouée avec des rubans
d'or. On a foin d'en mettre ce qu'il faut pour une
garniture. On promene tous les jours ce maffepain,
ou fur un cheval, ou dans une chaife de pofte; &,
après qu'on l'a fait admirer, & qu'on a jetté à droite
& à gauche quantité de vers à la louange de celle à
qui on le deftine, on le lui fait donner par des gens
mafqués qui choififfent, pour le lui préfenter, l'endroit
où il y a plus de monde.*

Le lundi de Pâques, il régnait dans la même ville,
felon le même auteur, une autre ufage femblable à
celui-ci. *Toutes les Dames fe rendent en caroffe au
cours, parées de leur mieux. Les Meffieurs y font de
belles cavalcades autour des caroffes. Enfin on voit
arriver quantité d'hommes à pied, déguifés, les uns
en garçons pâtiffiers, les autres en bergers, qui por-*

tent chacun un féneftra fur fa tête. Le féneftra eft un grand gâteau, d'une pâte fort excellente, tout piqué d'écorces de citron & d'autres confitures. Tous les fé- neftras font fur une planche, couverts de petits rubans & de colifichets; & c'eft tout ce qu'un homme peut porter. On les jette, en danfant, dans les caroffes des Dames; & l'on fait que les deux bouts du gâ- teau fortent par les portières. Ce préfent ne tire pas à conféquence comme le maffepain: ainfi on en donne aux femmes tout comme aux filles.

Il n'y a pas plus de quarante ans qu'on a perfec- tionné l'art de confire les fruits à l'eau-de-vie. Juf- qu'alors on ne favait que mettre dans un bocal certaine quantité de fruits, y jetter parties égales d'eau-de-vie & de fucre fondu, boucher le vafe, & l'expofer au foleil. Mais bientôt l'eau-de-vie, fe détachant du fucre, attaquait les fruits, les décolo- roit, les durciffait, & leur communiquait fon goût âcre. On a imaginé de les blanchir auparavant, de les confire dans le fucre, & de ne les jetter dans l'eau-de-vie qu'après cette préparation prélimi- naire.

Fruits à l'eau-de-vie.

Champier fait mention de compotes, tant à l'eau qu'au vin; & je remarquerai qu'en général on pré- férait alors, dans la plupart des fauces, le vin à l'eau. La fauce aux cerneaux fe faifait avec du vin & du fel. Plufieurs perfonnes même, ajoute l'au- teur, avant de manger des raifins fecs, les faifaient tremper, pendant quelque tems, dans du vin chaud, & les faupoudraient de fucre. Les neffles, felon de Serres, s'apprêtaient de même. Après leur avoir ôté

Compotes, & fruits con- fits au fyrop.

les aîles & la queue, on les cuifait dans du vin; on y ajoutait du fucre pour former un fyrop, & on les fervait, faupoudrées de fucre nouveau.

Cependant, pour les compotes de marrons, & pour celles de pignons, dit Champier, on employait l'eau-rofe. Aujourd'hui que l'eau-rofe a paffé de mode, nous mettons dans nos compotes de la fleur d'orange.

Le même de Serres fait mention de compotes d'amandes vertes, & d'abricots verds; de compotes de noix, de noifettes, & d'avelines, confites vertes avec leur coque; enfin de verjus, de mûres, framboifes, cerifes, & mufcat, confits au fyrop.

Sous Henri III, la confiture la plus eftimée à la Cour, felon l'auteur de l'*île des Hermaphrodites*, était la marmelade. De Serres enfeigne à faire des marmelades d'abricots, de pêches, de pommes, & d'autres fruits femblables.

« Les gelées de cerifes & de cornouilles font » bonnes, dit-il; mais, quand on parle de gelée » par excellence, on entend celle de coing ».

L'une des plus anciennes confitures qu'aient connues nos Pères, eft celle des pâtes. Il en eft queftion dans Arnaud de Villeneuve, ainfi que je l'ai déjà remarqué. Probablement même on pourrait en reculer plus loin l'époque : mais je n'ai trouvé fur cette antériorité aucun témoignage. Ma méthode, quand je parle d'un ufage quelconque, eft de citer l'auteur le plus ancien chez lequel je l'ai rencontré; non que je prétende par-là en fixer l'origine au tems où celui-ci écrivait, ni même donner cet auteur comme le premier de ceux qui en parlent. Mais je raconte feulement ce que j'ai découvert; & cette réflexion, que j'ai déjà faite, je prie mes lecteurs de l'appliquer à la plupart des articles de cet ouvrage.

Au refte, la plus renommée des pâtes, au XIIIe fiècle, était le gingembre confit, nommé gingembrat, ou, pour fon excellence, *pâte de Roi.* Le gingembrat & le pignolat font mentionnés dans une Ordonnance de Philippe-le-Bel, an. 1313. Comme le pignolat était fait avec l'amande du pin, qu'on nomme pignon, il avait pris fon nom de ce fruit. Les pignons étaient encore d'ufage fur la fin du dernier fiècle. Le Loyer, dans fes poéfies (an. 1676), les compte au nombre des chofes qu'il faut donner aux maris froids;

Que fur la fin du deffert, on leur porte
L'hypocras rouge, ou bien un puiffant vin,
La truffe noire, avec le fruit du pain.

Cependant le préjugé n'a pas toujours été le même fur la vertu aphrodifiaque des pignons. Antérieurement on leur avait attribué la qualité contraire; & Euftache Defchamps, Poëte mort en 1420, leur donne même l'épithète de *refroidiffant.* Les pignons ne font plus de mode aujourd'hui.

Au tems de de Serres, on faifait des pâtes de pêches; & ce procédé, dit-il, nous avait été enfeigné par les Génois. Celles d'abricots fe fervaient découpées, foit avec un couteau, foit avec un emporte-pièce. Quelquefois on leur donnait une figure quelleconque, en les preffant dans un moule; &

alors on les nommait *ramage de Gênes*. Il y en avait
de poires, de prunes, d'abricots, de noix, &c. Les
Bourguignons s'en faiſaient une avec les prunes de
moyeu, connues dans leur Province. Enfin, continue l'auteur, les pâtes qu'on eſtimait le moins
étaient celles de pommes; & celle qu'on priſait
davantage, la framboiſe, *recherchée pour ſon odeur
agréable*.

Au dernier ſiècle, Clermont & Riom s'étaient
fait une réputation dans l'art de confire les abricots; & cette réputation devint bientôt pour ces
deux villes une branche de commerce fort lucra-
tive. Elle était d'autant mieux fondée que les différens Confiſeurs du Royaume, même ceux de Paris,
avaient toujours tenté envain de les égaler dans
cette ſorte de confiture, & qu'ils n'avaient jamais
pu y parvenir. C'eſt la remarque que faiſait encore
en 1698, l'Intendant d'Auvergne, dans le Mémoire
qu'il dreſſa, par ordre du Roi, pour l'inſtruction
du Duc de Bourgogne. Les pâtes d'Auvergne ont
conſervé juſqu'à nous une partie de leur ancienne
renommée; mais l'art de les apprêter n'eſt plus con-
centré, comme il l'était alors, dans cette ſeule Province.

Cotignac. On a vu ci-deſſus que le cotignac était l'une des
confitures qu'en 1571, la ville de Paris avait ſer-
vies à la Reine. Le cas qu'on en faiſait alors, s'eſt
maintenu juſqu'à notre ſiècle. En 1709, la Marquiſe
de Maintenon, l'épouſe ſecrette de Louis XIV, écrivait au Duc de Noailles, qui lui avait envoyé du
cotignac : *vos boëtes auroient admirablement figuré
aux*

aux nôces de Mlle. de Normanville, si je n'avois le
bon-sens de jetter le festin sur M. de Chamillard.

De Serres remarque que, de son tems, (an. 1600)
le cotignac le plus recherché était celui d'Orléans.
Il enseigne même à en faire à la manière des Or‑
léanais.

Au commencement de ce siècle-ci, on estimait
le cotignac de Mâcon. *Le seul agrément de cette
ville*, dit M. du Noyer dans ses Lettres, *est qu'on
y boit de très-bon vin. Moi je me retranchai à man‑
ger du cotignac. J'avois vu sur les tablettes des Alle‑
mands voyageurs, de ma connoissance, entre autres
annotations : étant à Mâcon manger du cotignac.
Ainsi je profitai de l'avis, & j'en mangeai tout mon
saoul.*

Selon de Serres, les zestes de citron, de limon,   **Confitures séches.**
& d'orange se confisaient au sec dans une étuve.
On employait le même procédé pour les poires de
moyenne grosseur, telles que la blanquette & le
petit rousselet. Puis on les servait par paquets de
trois ou quatre, liées ensemble. Quant à celles qui
sont plus petites, comme muscadille, on en com‑
posait un bouquet de sept : ce qui les faisait nom‑
mer du *sept-en-gueule*, parce qu'on pouvait les met‑
tre toutes sept à la fois dans la bouche.

Au dernier siècle, il n'y avait en poires, dit le
Jardinier françois (ann. 1651.,) que cinq especes
dont on fit des confitures séches; c'était les trois
nommées ci-dessus; puis le gros-muscat, & l'oran‑
ge. En prunes, on ne confisait ainsi que le per‑
drigon, l'impériale, la diaprée, la brignole, l'ileyert,

la-fainte-catherine, la prune d'abricot, & la prune-de-roi. La pomme, étant naturellement molle & fujette à fe réfoudre en marmelade, ne s'employait point en confiture féche, mais en compote & en pâte.

Ceux au refte qui voudront connaître plus en détail la manière dont fe confifaient alors les diffé-rens fruits, pourront confulter le *de Sanitate tuendâ* de Gontier (ann. 1668). L'auteur y donne la recette de toutes les confitures féches ou liquides qui fe faifaient de fon tems.

Caffe confixe. Sur la fin du même fiècle, les Juifs établis dans nos îles d'Amérique y avaient imaginé de confire les filiques & les fleurs du caffier. Cette confiture, dit Labat, était *fort agréable*, *& purgeoit doucement, ou du moins tenoit le ventre libre*. Auffi en en-voyaient-ils beaucoup en France & dans le refte de l'Europe. Mais, lorfque par un ordre de la Cour ils furent chaffés des colonies, ils emporterent leur fecret avec eux ; & , depuis ce tems, dit l'auteur, les Colons avaient effayé envain de le deviner.

Conferve. Parmi les conferves qui étaient de mode dans ces deux derniers fiècles , on peut compter celles de ro-fes, de violettes, dé fleurs d'orange, de fleurs de jafmin , & autres pareilles ; mais il y en avait quel-ques-unes dont aujourd'hui nous ne faifons plus d'ufage. Tels font la racine d'Enula-campana, les troncs de laitue, le fenouil vert. La premiere, dit Ch. Etienne , était réputée un excellent préfervatif contre le mauvais air. La féconde, au rapport de de Serres , était fi eftimée qu'on l'appellait pour fon excellence, *bouche d'ange.* Pour le fenouil, on en formait des curedents qu'on plantait dans les autres fruits confits. C'était là une galanterie du tems. Chacun des convives pouvait en prendre un pour fe nettayer la bouche.

Du Bois, ce Médecin cité plus haut, parle de paftilles, faites avec de la poudre d'iris, du fucre, du mufc, & de l'eau-rofe.

Outre les confitures au fucre, dont on vient de lire les noms, il y en avait d'autres, de qualité inférieure, que plufieurs perfonnes préféraient parce qu'elles étaient moins cheres. Les meilleures, parmi celles-ci, étaient les confitures au miel; enfuite venaient celles au moût de vin; puis celles au vin cuit. Ces dernieres, felon de Serres, étaient les moins eftimées. On ne les préfentait qu'aux *gens de moyenne étoffe.*

La raifinée, *inconnue des Anciens*, dit le même auteur, fe faifait avec des raifins noirs. Après les avoir égrainés, puis écrafés avec les mains, on les mettait fur le feu dans un chauderon, en y joignant un peu d'eau & de fel. Enfin, quand ils étaient confommés des deux tiers, on les paffait comme de la purée.

Sur la fin du dernier fiècle, les confitures qu'on faifait à Metz & à Verdun, avaient une grande réputation. Le Mémoire de M. Turgot, l'un de ceux qui furent fournis au Duc de Bourgogne par les divers Intendans du Royaume, dit qu'*elles fe tranfportaient par toute la France & dans toute l'Europe.* L'auteur ajoute que les anis de Verdun,

Paftilles.

Confitures au moût, & au miel.

Raifinée.

Confitures de Metz & de Verdun.

jouiſſoient auſſi de la plus grande renommée.

Je crois ne pouvoir mieux terminer tout ce qu'on a lu juſqu'ici ſur les alimens apprêtés, qu'en réuniſſant & rapprochant enſemble quelques détails ſur ces divers objets. Je les trouve dans un ouvrage du XVIe ſiècle, fort curieux, & intitulé *Mémoire pour faire un écriteau pour un banquet.* C'eſt une liſte de mêts que pouvaient employer les perſonnes qui avaient intention de donner un feſtin. L'auteur leur fournit cinq menus différens, dans leſquels il accumule pêle-mêle, & ſans diſtinction, tous les ragoûts, entremêts, &c, les plus recherchés, qui étaient alors d'uſage. Je vais les tranſcrire, en mettant cependant quelque ordre dans ma matière. Ils prouveront que les perſonnes qui regrettent tant la ſimplicité des tems antiques, ont plus de zèle que d'érudition.

RAGOUTS.

Bécaſſe à laqueſat.
Cailles au laurier.
Chapons pélerins.
Chevreuil au fromage de Milan.
Chevreuil farci.
Tête de chevreuil.
Civet de cerf aux navets.
Fromentée à la venaiſon ſalée.
Lapin à la grenade.
Langues de mouton à la vinaigrette.
Lion de blanc chapon.
Marſouin contrefait.

Oiseaux farcis.
Oisons à la malvoisie.
Oisons au fromage de Milan.
Pâns revêtus.

Perdrix {
. . . à la tonnelette.
. . . à l'orange
. . . aux câpres.

Pieds {
. . . à la sauce d'enfer.
. . . à l'esturgeon.

Poussins au vinaigre.
Ramier en poivrade.
Sanglier aux marrons.
Sarcelles confites.
Saucisses de veau.
Soleil de blanc chapon.
Tanches à la lombarde.
Venaison aux navets.

Gelée {
ambrée.
blanche, piquée.
commune.
déchiquetée.
en pointes de diamant.
moulue.
ondée.

Andouilles de . . .
Angelots de . . . . .   } Gelée.
Ecus de . . . .
Ecussons de . . . . .

Fleur-de-lys en . . .
Fontaine en . . . .   } *Gelée.*
Oriflan de . . . . .

ROTI.

Alouettes,
Bécasses,
Butor,
Cailles,
Chapons,
Chevreuil,
Cigne,
Faisan.
Héron,
Lapin,
Lapereau.
Levreaut,
Longe de bœuf,
Oison,
Perdrix.
Pigeonneaux,
Pluvier.
Poulet,
Sanglier,
Sarcelle.
Tourterelle,

SALADES.

Salade blanche,
Salade verte.

Salade {
de citron.
d'entremêts.
de grenade.
de houblon.
de laitues.
d'olives.
de perce - pierre.
de poires de bon-crétien.
de pourpier confit.
}

ENTREMÊTS.

Cervelats.
Hure de Sanglier.
Jambon de Mayence.

Pâté {
à la tonnelette.
d'alouettes.
d'artichauds.
de bécasse au bec doré.
de chapon.
de coings.
de langues de bœuf.
de marrons.
de pieds de bœuf.
de pieds de mouton.
de pommes.
de poulets.
de sarcelles.
de venaison.
}

Petits-choux tout chauds.
Ratons au fromage.

Riſſoles.
Aſperges.
Concombres confits.
Blanc-manger.
Neige en romarin.
Crême fromentée.
Crême de mêles.
Baudrier de pommes.
Pommes au gatelin.
Bégnets.
Etrier de pruneaux.

Tarte {
ancienne.
angouloufée.
d'Angleterre.
de crême.
fanaide.
de moëlle de bœuf.
de pommes hachées bien en broa.
de pruneaux.
de vin blanc.
}

Gateau {
baveux.
feuilleté.
joli.
joyeux.
Italien.
}

CHAPITRE QUATRIEME.

DES BOISSONS.

PREMIERE SECTION.

De la Bierre, & autres boiſſons dont l'eau était la baſe.

QUOIQUE la Nature paraiſſe n'avoir deſtiné à tous les animaux que l'eau pour boiſſon, par-tout néanmoins, dans tous les pays comme dans tous les tems, l'homme, né ſenſuel, a trouvé le moyen de s'en procurer d'autres plus capables de flatter ſon palais & de réparer ſes forces. Tantôt il a infuſé certaines plantes aromatiques, ou quelques-unes des ſubſtances alimentaires que lui offrait ſpontanément la Nature; tantôt il a extrait la ſeve ſavoureuſe de certains arbres, ou exprimé le ſuc des fruits qu'il avait plantés. Cependant, les boiſſons que lui ont procurées les fruits ne furent probablement que les dernières qui ſe préſenterent à ſon génie inventif. Elles exigent, pour être réduites en art, tant d'expériences & des inſtrumens ſi compliqués, qu'il a dû d'abord chercher à s'en compoſer d'autres plus faciles.

Plutarque avance que tous les peuples barbares, avant d'avoir connu les liqueurs vineuſes, ont commencé par boire du miel détrempé dans l'eau. L'ob-

Hydromel.

fervation de Plutarque paraît vraifemblable; & en effet, de tous les breuvages qu'une nation peut inventer, celui-ci eft le plus fimple, fur-tout quand le pays qu'elle habite contient de vaftes forêts qui lui fourniffent du miel en abondance. Malgré cette double raifon pourtant, il ne paraît point que les Gaulois l'aient connue : au moins les Auteurs anciens qui nous ont appris que le vin & la bierre étaient ufités dans la Gaule, ne difent-ils pas qu'on y fît ufage de l'hydromel. Cependant, les gens riches, chez les Gaulois, affaifonnaient leur bierre avec du miel, comme je le dirai à l'inftant. Or eft-il probable qu'ils fe fuffent avifés d'employer du miel dans leur bierre, fans avoir fongé à en faire entrer dans leur eau?

Quoi qu'il en foit, fi les Gaulois ne connurent pas l'hydromel, on peut avancer avec vraifemblance qu'il fut introduit chez leurs Neveux par ces différentes nations barbares que le droit de conquête établit dans nos Provinces; car on fait que c'était la boiffon favorite des peuples du Nord. Les Moines avaient coutume d'en ufer, les jours de travail. L'Abbé Théodemar écrivant à Charlemagne, lui raconte qu'en été fa coutume eft d'accorder quelques fruits à fes Religieux, & que, quand ils font occupés à couper les foins, il leur donne une potion au miel.

J'ignore quelles étaient les dofes précifes qu'on employait alors pour l'hydromel. Je trouve feulement qu'au XIIIe fiècle, on mettait une partie de miel fur douze parties d'eau; mais alors auffi on

joignait à l'hydromel, pour lui ôter sa fadeur &
lui donner du piquant, quelques poudres d'herbes
aromatiques, soit celles que produisent nos climats,
soit celles qui naissent dans l'Asie.

L'hydromel ainsi préparé se nommait borgérase, *Borgérase.*
borgérafre, ou bogéraste. On l'estimait beaucoup.
Dans un festin que l'auteur de l'ancien *Roman de
Florès & de Blanchefleur* fait donner à son héros,
on sert de la borgérase. Chez les Moines, on en
usait, comme d'un régal, les jours de grandes fêtes.
Les *coutumes de l'Ordre de Cluni* l'appellent *potus
dulcissimus.*

En effet, les Religieux ayant, comme les Laïcs,
leurs jours de fête & de réjouissance, il était naturel qu'ils employassent aussi alors les boissons
agréables dont en pareil cas se régalaient ceux-ci.
Mais ils en connaissaient d'autres qui leur étaient
particulières, & qu'on leur donnait comme rafraî-
chissement, les jours de travail. Nous lisons dans
la vie de S. Samson, Evêque de Dol, que le Monastère d'où le Saint fut tiré avant d'être promu à
l'Episcopat, en avait une de ce genre, laquelle n'é-
tait, à proprement parler, qu'un jus d'herbes, &
dont on usait, tous les jours, après avoir chanté
Tierce. Le Légendaire a soin de remarquer qu'on
la servait pour la santé.

Quand on avait mis les rayons des ruches sous *Bochet.*
la presse, afin d'en exprimer le miel qu'ils conte-
naient, on jettait le marc dans l'eau ; & l'on avait
ainsi une sorte de piquette d'hydromel, qui se

nommait bochet ou bouchet, & qui était à l'usage des valets & des payfans.

Alixone. Je ne fais ce que c'était que l'alixone dont il eft parlé dans le teftament d'Aldéric, Evêque du Mans. Ce prélat, mort en 837, y legue annuellement aux Chanoines de fon églife une certaine quantité de blé, quatre muids de vin, & un muids de *cette boiffon, nommée vulgairement alixone.*

Bierre. L'une des plus anciennes boiffons; & (ce qu'on trouvera plus furprenant) celle de toutes peut-être qui a été la plus ufitée dans l'Europe, eft la bierre. On en attribue l'invention aux habitans de Pélufe, qui ne pouvant cultiver dans leurs terres que des grains, parce que tous les ans elles étaient inondées par le Nil, trouverent l'art de fe faire avec ces grains mêmes une boiffon; &, felon l'expreffion de Pline, forcerent l'eau de leur fleuve à les enni-vrer. Un pareil bienfait fut reçu par le refte de l'E-gypte avec tant de reconnaiffance qu'on en fit hon-neur au Dieu Ofiris. C'eft ainfi que, chez les peu-ples feptentrionaux de l'Europe, un motif femblable fit attribuer à Odin l'invention de l'hydromel; & que, chez les Grecs, Bacchus paffa pour l'in-venteur de l'art du vin.

Les Egyptiens avaient deux fortes de bierre; l'une appellée zythus; l'autre qu'ils nommaient *curmi* ou *carmi*. Bélon (*Obfervations fur les fingularités trou-vées en Grece & en Afie*) prétend que le curmi fe faifait avec le grain entier; & que le zythus était, comme la *pofca* des Latins, une forte d'orgeat fait avec la farine des mêmes grains, qu'on gardait en pâte, & qu'on délayait pour le besoin.

Si l'on s'en rapporte au témoignage des Auteurs anciens, les Gaulois ne connaissaient que deux sortes de boissons, le vin & la bierre. L'usage qu'ils faisaient de celle-ci est attesté par Diodore de Sicile, par Athénée, par Théophraste, & par Pline; mais la bierre fut-elle chez eux une invention nationale, ou un bienfait étranger? Voilà ce que les quatre Historiens ne disent pas.

Diodore & Théophraste assurent que les Gaulois appellaient la leur zythus. Si ce fait était vrai, on pourrait en conclure qu'ils avaient reçu des Egyptiens & le nom & la chose, & que l'un & l'autre probablement leur avait été communiqué par la colonie phocéenne de Marseille. Cependant Pline avance que la bierre, en Gaulois, s'appellait *cerevisia*, & le grain qu'on y employait, *brance*. En effet, cette double expression s'est conservée chez nous d'âge en âge. L'une a formé le mot *brasseur*, qui subsiste toujours; & l'autre, celui de *cervoise*, qui subsistait encore il n'y a pas long-tems.

D'un autre côté, si l'on s'en rapporte à Athénée, la bierre dont usaient dans la Gaule les gens riches, était apprêtée avec du miel; mais celle que buvait le peuple n'avait point cet assaisonnement; aussi était-elle distinguée, dit-il, par le nom de *corma*.

Il résulte du témoignage d'Athénée que nos Ancêtres avaient, comme les Egyptiens, deux espèces de bierre; & qu'ils les devaient vraisemblablement toutes deux à ceux-ci, comme je l'ai remarqué il n'y a qu'un inſtant. L'une aura gardé ſon nom étranger de zythus; l'autre ſe ſera nommée corma, au lieu de curmi; & toutes deux, peut-être auront été renfermées ſous la dénomination générale de *cereviſia*, donnée par les Gaulois. Telle eſt la conjecture qu'on peut imaginer pour concilier les témoignages contradictoires de nos quatre Auteurs : car ils ſe contrediſent tous quatre; & au reſte, ce n'eſt pas la premiere fois que j'ai éprouvé de ces contrariétés déſolantes, lorſqu'il s'eſt agi de nos premiers Ayeux.

Nous regrettons quelquefois que l'Antiquité ne nous ait pas fourni plus d'écrivains qui aient parlé d'eux, ou des écrivains qui ſe ſoient étendus davantage ſur ce qui les regarde. Pour moi qui me ſuis convaincu que, ſi par haſard il exiſte un point d'antiquités gauloiſes, ſur lequel quatre Anciens aient écrit, il exiſtera en même tems quatre témoignages différens & contradictoires; je ſuis perſuadé de bonne foi, que déſirer plus de renſeignemens ſur ces matières, ce ſerait demander à la fois plus de contradictions. Eh, quoi! l'on voit ſouvent nos Hiſtoriens modernes ne pouvoir s'accorder, lorſqu'ils ont à raconter un événement arrivé de leur tems & dans leur patrie; & l'on veut que des Grecs, que des Romains, ne ſe ſoient pas trompés, lorſqu'ils ont entrepris de faire connaître les loix, les coutumes, & les arts d'un peuple avec lequel ils n'avaient que de faibles rapports, & qu'ils n'ont connu que ſuperficiellement.

Encore une fois, reſpectons l'Antiquité; liſons;

admirons les Écrivains célèbres qu'elle nous a tranf-
mis; étudions-les pour apprendre à nous former
fur eux; mais apprenons auffi à nous défier d'eux
quelquefois, & croyons fur-tout que quand ils pei-
gnent les nations qui leur font étrangères, ils peuvent fe tromper. Si Céfar, fi Antoine, ou Labiénus,
euffent entrepris l'hiftoire morale des Gaulois, de
pareils témoignages, je l'avoue, auraient des droits fur
notre confiance. Il ferait difficile de refufer fa foi à
des hommes éclairés, qui auraient paffé dix années
entières au fein des différentes nations qu'ils cher-
cheraient à nous faire connaître. Mais les Généraux
de Céfar ne nous ont rien laiffé fur cet objet; &
lui-même, qui n'écrivait que pour exciter l'admiration des Romains, s'eft bien plus occupé de raconter fes manœuvres & fes exploits militaires,
que de nous tranfmettre les mœurs des vaincus.

L'ordre infenfé que Domitien donna de faire arra-
cher toutes les vignes dans les Gaules, dut y rendre
général l'ufage de la bierre. En vain Probus, par la
fuite, permit aux Gaulois de replanter des vignes;
l'infufion de grains fe maintint toujours. Environ
quatre-vingt ans après Probus, nous voyons Julien
s'en plaindre, & faire contr'elle une épigramme.
Apparemment que Julien avait eu la curiofité d'en
goûter, ou qu'affectant déjà cette auftérité de mœurs
qui le diftingua depuis, lorfqu'il fut élevé à l'Empire, il voulut donner à fes troupes l'exemple de
la fobriété : car alors il habitait Paris, & Paris avait
des vignobles dont lui-même vante la qualité. Peut-
être auffi les vignes étant affez rares, & le vin par

conféquent fort cher, les Parifiens étaient-ils dans l'habitude de commencer leur repas par de la bierre, & de le finir avec du vin. Cette coutume fubfifte encore actuellement en Flandres; & l'on verra, quelques lignes plus bas, un Concile faire pour les Moines un réglement qui la fuppofe. A l'article du cidre, je citerai un exemple qui prouve qu'à la table de Thierri, Roi de Bourgogne, on fervait à la fois du vin & du cidre; qui ofera nier que, même parmi nos Rois, quelques-uns aient pu boire, dans un même repas, de la bierre & du vin. Charlemagne, dans fon capitulaire *de villis*, ordonne que, parmi tous les ouvriers & artifans néceffaires dont il veut que fes métairies foient fournies, il y en ait qui fachent faire la bierre. Enfin, quand Richard, Roi d'Angleterre, vint en France époufer la fille de Charles VI, le beau-père & le gendre fe firent des préfens d'argenterie, dit Juvénal des Urfins. Or ceux du Monarque anglais étaient *un vaiffeau à mettre eaue, garni de pierres précieufes; & un très-beau vaiffeau A BOIRE CERVOISE.* Si nos Rois n'euffent pas admis cette boiffon dans leurs repas, Richard eût-il offert un pareil vafe?

Au refte, quel que foit le motif qui ait mis Julien en colere contre cette dernière boiffon, voici le fens de fon épigramme, qu'affurément je n'aurais garde de tranfcrire, fi elle n'était la production d'un Empereur, homme de lettres. « Qui eft-tu, dit-il » à la bierre? Non, tu n'es pas le vrai fils de Bac- » chus. L'haleine du fils de Jupiter fent le nectar; » & la tienne eft celle du bouc ». Ces paroles, *tu n'es pas le vrai fils de Bacchus*, font allufion, fi je ne me trompe, à une opinion populaire qui, felon Diodore, régnait parmi les Grecs, & que le Prince, élevé dans Athènes, avait probablement connue pendant fa jeuneffe; favoir, que Bacchus était l'inventeur de la bierre, ainfi qu'il était l'inventeur du vin : car c'eft une chofe remarquable que la Grèce, la Gaule, l'Italie, & l'Efpagne, ces contrées de l'Europe les plus belles & favorifées des plus excellens vins, fiffent néanmoins ufage en même tems d'une liqueur telle que la bierre.

Chez nous, il n'y avait que le peuple qui en compofât fa boiffon ordinaire. Les gens un peu aifés y joignaient celle du vin, comme je viens de le remarquer à l'inftant. Cette coutume s'introduifit jufques dans les Monaftères; elle y devint prefque une forte de loi; & le Concile d'Aix-la-Chapelle, pour prévenir les abus auxquels elle pourrait donner lieu par la fuite, régla même, en 817, la quantité de l'une & de l'autre liqueur qu'on pourrait donner par jour aux perfonnes des deux fexes. Les détails dans lefquels entre le Concile, m'ont paru mériter d'être cités ici.

Dans une Maifon qui eft riche, & dont le pays eft abondant en vignobles, chaque Chanoine-régulier aura journellement cinq livres pefant de vin; & la Chanoineffe trois. Si les vignobles font rares; il aura trois livres de vin avec trois de bierre; & elle, deux de bierre & deux de vin. S'il n'y a point de vignes, on donnera au premier

cinq livres de bierre, & une de vin ; & à l'autre,
une de vin, & trois de bierre.

Le Concile ſuit une autre proportion pour les
Maiſons médiocrement riches. Le Régulier alors,
s'il habite un pays où le vin eſt commun, en aura
quatre livres par jour ; ſi le vin eſt rare, il n'en
recevra que deux livres avec trois de bierre ; ſi le
pays n'a point de vignobles, on lui donnera quatre
livres de bierre & une de vin.

Enfin, dans le cas où la Maiſon ſerait pauvre,
& le vin à bon marché, le Concile en aſſigne deux
livres au Religieux ; mais , s'il ne croiſſait point
de vignes dans la contrée, celui-ci alors n'aurait
qu'une livre de vin avec trois de bierre.

Braſſeries chez les Moines. Je ne doute pas que ce ne ſoit l'obſervation de
ce réglement qui fit établir des braſſeries chez les
Religieux, dont les Monaſtères étaient ſitués dans
des Provinces à cidre. Tout le monde ſait au moins
que dans la plupart des Couvens de Picardie, de
Normandie, de Bretagne, &c, un peu anciens,
on montre encore aujourd'hui l'endroit où était la
braſſerie des Moines : car par-tout où les Moines
buvaient de la bierre, ils la braſſaient eux-mêmes.
Ils avaient, dans leur enclos, les fourneaux, les
cuves, & juſqu'aux moulins néceſſaires pour le
grain. Il exiſte une charte de Henri I (ann. 1042),
en faveur du Monaſtère de S. Salve à Montreuil-
ſur-mer, par laquelle le Monarque accorde aux Religieux deux de ces moulins, *cerviſiæ uſibus deſervientes.*

Cependant, à meſure que les vignes ſe multi-

pliaient dans nos Provinces à vignobles, l'usage de
la bierre, au moins pour les Laïcs, s'y abolit infenfiblement. Il y en eut même quelques-unes qui
finirent par la méconnaître entiérement; parce que
la liberté de planter des vignes n'étant point ref-
trainte alors, comme elle l'a été depuis, le vin
devint affez commun pour que le peuple même
pût en boire. Paris, par exemple, qui, fous Julien,
ne connaiffait guères que la bierre pour boiffon, avait
encore quelques Braffeurs au XIIIe fiècle, puifqu'en
1264, Gilles Boileve, donna des Statuts à ces artifans. Mais des tems plus heureux les rendirent inutiles, ou les éteignirent peu-à-peu. Ils n'y reparu-
rent qu'en 1428, quelques années après la mort de
Charles VI; & ce fut une fuite de la misère af-
freufe qu'occafionna dans cette ville le Règne mal-
heureux de ce Prince. Le *Journal de Paris*, compofé fous ce même Règne, & fous celui de Charles VII, en fait la remarque; & la confommation
de la nouvelle boiffon fut même telle, ajoute l'auteur, qu'elle produifit, en droits, deux tiers plus
que le vin. Parmi les Mémoires fournis au Duc de
Bourgogne en 1698, par les divers Intendans du
Royaume, fur l'état de la France, le Mémoire de
l'Intendant de Paris remarquait que le même motif
de misère avait confidérablement diminué le commerce des vins dans fa Généralité; que le commerce
de la bierre au contraire, s'y était accru en proportion; & que, dans la feule année 1689, les
Braffeurs avaient confommé 80,000 fetiers d'orge,
fans compter le blé employé pour la bierre blanche,

Braſſeries
établies dans
les villes de
pays à vigro-
bles, par la
misère des
tems.

Nous-mêmes n'avons-nous pas vu les déſaſtres de la dernière guerre produire quelques effets ſemblables. Des villes où juſqu'alors on n'avait connu que le vin, apprirent à uſer de bierre ; & moi-même j'en fais telle en Champagne, où, dans une ſeule année, quatre braſſeries s'établirent à la fois.

Néanmoins, comme ces établiſſemens conſomment beaucoup de grains, le Gouvernement, dans les années de diſette, a cru quelquefois devoir les ſuſpendre. C'eſt ce qui eſt arrivé en 1415 & en 1482. Alors une Ordonnance du Prévôt de Paris défendit de faire de la bierre. Un Arrêt du Conſeil renouvella la même défenſe en 1693 ; & deux autres du Parlement, en 1709, & 1740.

La véritable cervoiſe ſe faiſait avec de l'orge, dit Pline. Dans la ſuite pourtant on employa d'autres grains ; &, malgré ce changement, elle conſerva toujours ſon même nom : car ceux de zythus & de corma avaient diſparu ; ſuppoſé qu'ils aient jamais eu lieu. Une charte de Charles-le-Chauve en faveur du Monaſtère de Saint-Denis, (ann. 862), accorde annuellement aux Moines quatre-vingt-dix modius d'épeautre, *pour faire de la cervoiſe.* Dans la vie de S. Colomban par le Moine Jonas, on lit : *cerviſia quæ ex frumenti vel hordei ſucco excoquitur.* Dans celle d'Udalric, Religieux de Cluni au XIᵉ ſiècle, on lit de même, *potus qui ex aquæ, & hordei, ſive avenæ permiſtione confeſtus, vulgo cerviſia dicitur.* Enfin Guillaume Breton dit dans ſa Philippide :

. . . . Thetidi miſcetur avena,
Ut vice ſit vini.

Pendant long-tems, toute boiffon faite avec un blé quelconque, germé, foit orge, foit avoine ou froment, porta donc indifféremment le nom de cervoife: ou plutôt il paraît que, pendant fort long-tems, on n'eut point de principes certains fur la forte de grain qui pouvait la rendre meilleure. Par les Statuts que Boileve donna en 1264 aux Braffeurs, il règle qu'ils ne pourront la faire qu'avec de l'orge, du méteil, & de la dragée (a). Du tems de Liébaut, les Braffeurs de Picardie compofaient la leur avec moitié orge & moitié froment; & ceux de Paris, avec trois parties d'orge & une d'avoine. Enfin, nous trouvons dans de Serres (an. 1600) que, parmi ces derniers, les uns employaient de l'orge, & les autres de l'avoine ou du froment; mais ceux qui fe fervaient de froment ou d'avoine, y joignaient de la fleur ou de la femence de houblon. Aujourd'hui les Braffeurs de la Capitale ne fe fervent abfolument que d'orge; quoiqu'ailleurs on dmette tous les grains quelconques, foit feuls, foit mélangés enfemble.

Quant à la maniere dont la bierre fe faifait, chaque Province prefque a eu, fur cet objet, fa méthode particuliere. Selon le Mémoire qu'en 1698 l'Intendant de Flandres fournit au Duc de Bourgogne fur l'état de fa Généralité, ainfi que les autres In-

Procédés pour faire la bierre.

(a) On appellait *dragées* ces menues graines, dont on nourrit les chevaux, comme vefce, lentilles, & autres femblables.

tendans du Royaume, les Flamands employaient,
pour leur bierre, une forte d'orge hâtif, nommé
par eux furgeon. Après l'avoir fait germer à l'eau,
puis fécher & moudre, ils y ajoutaient une hui-
tieme partie d'avoine courte, moulue fans être ger-
mée; & faifaient boullir le tout dans une chaudiere
pendant vingt-quatre heures. Ils entonnaient enfuite
la liqueur dans des demi-muids, où elle fermentait
par le moyen d'une certaine quantité de levain pour
pâte. Quinze jours après, elle était en état d'être bue,
Quant à fa force, elle dépendait de la quantité
d'orge qu'on y avait mis.

Houblon. Il y a plufieurs fiècles qu'on faifait entrer le houblon dans la confection de la bierre; cependant
Champier croit que c'eft une invention des modernes,
puifqu'aucun Auteur ancien n'en fait mention. Cette
plante au refte non-feulement communique à la
liqueur une légere amertume qui la rend plus faine,
plus coulante, & en diminue la fadeur; mais encore
elle l'empêche d'aigrir, & lui aide à fe conferver
un peu plus. Malgré cela, nos bierres modernes ne font point de garde. Celles de la Capitale
Art   ne fe confervent pas fix mois. A peine celles qui
de conferver font les meilleures, & qu'on fait en Février ou en
la bierre. Mars, peuvent-elles aller jufqu'à un an. Comment
donc s'y prenaient les Gaulois qui ne connaiffaient
point l'ufage du houblon, & qui avaient trouvé
néanmoins, au rapport de Pline, le moyen de conferver long-tems les leurs? Voilà donc un fecret
perdu pour nous; & malgré cette fupériorité que
nous donnent des connaiffances approfondies dans

tous les arts, nous ne sommes point encore parvenus dans celui-ci au point où en étaient des
Barbares.

Cependant, il paraît certain que leur bierre n'était
qu'une simple infusion. Lorsque Pline en parle, il
la repréfente faite avec des grains mouillés & ma-
cérés dans l'eau, *fruge madidâ*; & ni lui, ni aucun
des Auteurs anciens qui ont fait mention de cette
boisson, ne nous apprend qu'elle fût cuite.

D'un autre côté, le cidre, que Galien accusait
de ne pouvoir se conserver, se garde chez nous
quelques années; & l'on possédait déja ce secret,
il y a plus de deux siècles, comme le témoigne
Champier.

Ce qui est plus étonnant, c'est que ces Français
qui avaient trouvé l'art de conserver leurs cidres,
ne s'occupaient nullement de chercher, ou au moins
n'avaient pas encore trouvé alors, l'art de conserver
leurs vins. Le même Champier cite comme une
chose merveilleuse, qu'en 1540, les vins d'un certain canton de Bourgogne s'étaient gardés six ans;
& ce prodige, il l'attribue à la chaleur continue
qui avait régné pendant tout l'été. Tout le monde
sait qu'aujourd'hui, dans les années ordinaires, la
plupart des vins de Bourgogne, ainsi que ceux de
nos principales Provinces à vignobles, se gardent
bien au-delà de ce terme. Ainsi, ce que nous aurions perdu pour une boisson, nous l'aurions donc
trouvé pour une autre. Or je n'ai pas besoin de
demander laquelle des deux découvertes est préférable.

T 4

Levure. Les Gaulois en avaient fait une autre, peut-être plus utile encore, & dont nous leur sommes redevables : celle de la levure pour la confection du pain. Au reste, j'ai parlé ci-dessus de cette derniere, lorsque j'ai traité ce qui regarde la boulangerie ; & je me crois dispensé d'y revenir. J'ajouterai seu'ement ici que, comme ce levain est le seul qu'employent les Boulangers & les Pâtissiers de la Capita'e, comme en hyver il est rare & très-cher, & qu'en général il ne peut gueres se garder plus de huit jours, les Brasseurs ont tenté, pour le conserver, tous les moyens possibles, sans avoir pu jusqu'à présent y parvenir. Aussi, dans certains tems de l'année, en arrive-t-il des Provinces voisines ; malgré l'arrêt du Parlement qui le défendit, au dern.er siècle, ainsi que je l'ai dit ailleurs.

Godale. Outre la cervoise, dont je viens de faire mention, l'on connaissait encore au XIIIe siècle la godale. Boyleve, dans ses Statuts, la distingue de la premiere ; mais il ne nous apprend pas en quoi elle différait. Si ce nom vient, comme on peut le croire, de l'allemand *goad ael*, qui signifie *bonne bierre*, la godale était une bierre plus forte que la cervoise ordinaire. En effet, Liébaut nous apprend que, de son tems, les Picards la nommaient *queue double* ; & Ch. Etienne écrit que les Flamands lui avaient de même donné le nom de double bierre. Il nous en est resté l'expression *godailler*, qu'on applique encore aujourd'hui aux buveurs crapuleux qui, peu jaloux des plaisirs de la société, se réunissent ensemble uniquement pour boire.

Le goût que nos Peres, depuis les Croisades, prirent pour les épices & pour les saveurs fortes, comme je l'ai déja remarqué tant de fois, se répandit aussi sur quelques-unes de leurs boissons. Ils ne voulurent plus que des bierres vigoureuses; & de-là vint cette autre expression populaire, *comme de la petite bierre*, pour exprimer un homme sans mérite, ou quelque chose qui ne fait aucune sensation. Afin d'avoir la bierre telle qu'ils la désiraient, on y mettait jusqu'à du piment, de la poix-raisine, & des baies; choses, disent les Statuts de Boileve pour les Brasseurs, *qui ne sont mie bonnes, ne loyaux.*

Bierres mixtionnées.

D'autres, selon Ch. Etienne, y jettaient de l'ivraie; au risque de la rendre dangereuse & ennivrante. « Les Anglais, ajoute le même auteur, mêlent dans » la leur, du sucre, de la canelle, & du gérofle; » & ils la font ensuite clarifier ». Schookius, (*de cervisiâ*, ann. 1661), nous apprend qu'à Minden en Allemagne, on la salait; & qu'en Flandres, outre le houblon, on y ajoutait encore des baies de laurier, de la gentiane, de la sauge, de la lavande, des fleurs d'ormin, & autres graines ou plantes semblables.

Cependant, on en fit aussi de douces & d'agréables, qu'on rendit telles avec du miel. On a vu ci-dessus que celle des Gaulois riches était ainsi apprêtée. Les Allemands n'en bûrent presque point d'autre; & elle devint même si commune chez eux, que deux Conciles, tenus, l'un à Vorms en 868, l'autre à Tribur en 895, la défendirent aux Pénitens, & ne la leur permirent que le Dimanche; parce qu'ils la regarderent comme une boiſſon trop vo-luptueuſe. Chez nous, elle a été en uſage, de ſiècle en ſiècle, juſqu'aux dernieres années du XVIe. Alors tous ces vins artificiels, qui avaient été de mode ſi long-tems, ceſſant d'être eſtimés, & les liqueurs à l'eau-de-vie prenant faveur, on voulut faire, de la bierre, une ſorte de liqueur. Il y en eut à l'ambre, à la framboiſe, &c. Elles ont paſſé de mode auſſi; cependant la plupart des Braſſeurs de Paris mettent encore dans la leur une livre de coriandre, par cuve de vingt-cinq muids.

Bierres les plus re-nommées. Au XIIIe ſiècle, la bierre qui paſſait pour la meilleure, était celle de Cambrai : elle eſt citée dans la liſte des *Proverbes*, parmi les choſes qui avaient alors en France le plus de réputation. Au XVIe, la bierre d'Angleterre était, ſelon Ch. Etienne, ré-putée la premiere de toute l'Europe. Aujourd'hui encore elle eſt de beaucoup ſupérieure à celles de France ; & l'on conçoit qu'un peuple qui n'a point de vignes, & qui ne connaît point d'autre boiſſon, doit s'appliquer ſans ceſſe à rendre cette boiſſon la plus parfaite qu'il pourra. C'eſt par une raiſon ſem-blable que nos bierres de Flandres l'emportent ſur celles des Provinces plus méridionales. La qualité d'ailleurs en eſt différente, & elle doit l'être. Le Flamand, qui ne boit que de la bierre, la voudra forte, nourriſſante, & vineuſe. Le Pariſien au con-traire, dont la boiſſon habituelle eſt du vin, & qui n'uſe de bierre que comme par régal, dans les jours de chaleur, demande qu'elle ſoit agréable & légere. Il a raiſon de la vouloir telle : celles de Flandres & d'Angleterre ne lui conviendraient pas.

De jour en jour d'ailleurs il perd le goût de cette boisson. En 1750, Paris comptait quarante Brasseurs ; lesquels annuellement faisaient environ soixante & quinze mille muids de bierre *(a)*. Aujourd'hui ils n'en font, année commune, que 26000 muids ; & ne font en tout que vingt-trois : encore, dans ce nombre, y en a-t-il plus de la moitié qui languissent dans leur profession, & qui, au tems des pommes, s'occupent à faire du cidre *(b)*. Il est vrai que, depuis quelque tems, il s'est établi aux environs, & dans le pourtour de la Capitale, plusieurs brasseries.

DEUXIEME SECTION.

Cidre, Poiré, & autres boissons tirées des fruits.

QUOIQUE les Normands, il y a deux siècles, appellassent *pommé* la boisson qui se fait avec des pommes ; quoiqu'à Paris, en Picardie, & dans d'autres Provinces, on entendît par cidre, celle qui se faisait avec des pommes, ainsi que celle qui se faisait avec des poires ; cependant d'autres dénominations, comme l'on sait, ont prévalu. On appelle cidre aujourd'hui la premiere de ces liqueurs ; la seconde

(a) Le muids est de 300 pintes.

(b) Dans l'année 1780, où les pommes ont été abondantes, ils en ont fait 1300 muids.

fe nomme poiré ; & c'eft fous ces deux noms dif-
tinctifs que je vais en parler moi-même.

Toutes deux font fort anciennes, puifqu'il en eft
mention dans Pline : *vinum fit è pyris malorum que
omnibus generibus.* Cependant, comme l'Auteur ne dit
pas qu'on les connût alors en Gaule, ainfi qu'il dit
qu'on y connaiffait la bierre, nous pouvons croire
qu'on les y adopta plus tard.

Si l'on s'en rapporte à quelques Ecrivains modernes, il n'y a pas quatre fiècles que l'ufage du cidre
a été introduit en France. Nous le devons, felon
eux, aux Bifcayens, qui apprirent des Barbarefques
d'Afrique à le fabriquer, & qui, à leur tour, l'enfeignerent aux Normands. Ce qui eft certain, c'eft
qu'au XVIe fiècle encore, felon le rapport de du
Perron, quand les Normands manquaient de cidre,
ils en tiraient de Bifcaie.

Les Normands prétendent au contraire avoir été
en France les inventeurs de cette boiffon. Ils avouent
à la vérité qu'au tems dont nous parlons, ils en faifaient & en confommaient beaucoup moins qu'aujourd'hui. Paulmier, Médecin de ce tems-là, auteur
d'un Traité fur cette liqueur, & Normand de
naiffance, en fait la remarque. Il obferve qu'un
demi-fiècle avant lui, le cidre était affez rare ; qu'à
Rouen, & dans tout le pays de Caux, le peuple
ne buvait que de la bierre ; enfin qu'il n'y avait,
dans toute la Normandie, Château & Monaftere
où l'on ne trouvât un refte de brafferie. Il ajoute
que le premier canton de cette Province où l'on
ait connu le cidre, eft le Cotentin : ce qui eft

prouvé, dit-il, par beaucoup de chartes anciennes, dans lesquelles une des corvées principales que le Seigneur exige de ses vassaux, est de cueillir ses pommes, & de faire son cidre.

De Serres attribue au Cotentin le même honneur que Paulmier, & il le fonde sur les mêmes titres ; mais, pour que ces titres fussent concluans, il faudrait qu'on n'en trouvât de pareils que dans le canton de Coutances ; & c'est ce que les deux Auteurs ne disent point. Loin de-là, je trouve moi, au contraire, que le pays d'Auge, dont ils ne parlent pas, pourrait se vanter de prétentions antérieures. Un auteur du XIIIe siècle, Guillaume Breton, dont il nous reste un Poëme sur Philippe-Auguste, nous représente cette contrée de la Normandie, comme faisant, du cidre, sa boisson ordinaire ;

> . . . . *Sicera que tumentis*
> *Algia potatrix.*

Au reste, pour terminer les querelles entre les Biscayens & les Normands, il suffira de dire que l'antiquité du cidre, en France, remonte bien au-delà du tems où ces deux peuples prétendent l'y avoir introduit ; puisque, dès l'origine de la Monarchie, il était déja en usage. La preuve en existe dans une anecdote que nous offre la vie de S. Colomban.

Ce Saint, comme l'on sait, est un de ceux à qui l'Histoire reproche quelquefois une inflexibilité de caractère & des emportemens de conduite, peu conformes à cette humble douceur qu'ordonne l'E-vangile. Déja il avait tenu à la Reine Brunehaut

des difcours pleins de hauteur & de mépris. Néanmoins Thierri, Roi de Bourgogne & petit-fils de
cette Princeffe, fermant les yeux fur les procédés
violens de l'Abbé, effaya de le regagner par quelques prévenances flatteufes pour lui. Dans ce def-
fein, il lui envoya un dîner, dont tous les plats
étaient choifis, & préparés avec autant de foin que
s'ils euffent été deftinés pour lui-même. "Mais, à cette
» vue, Colomban entra dans une fainte colere, dit
» l'hiftorien Jonas; il répondit que Dieu rejettait le
» don des impies, renverfa par terre la table avec
» tout ce qu'elle portait, & *répandit le vin & le cidre*
» *dont elle était chargée* ».

Il réfulte de ce paffage, comme je l'ai remarqué
dans l'article précédent, qu'on buvait alors, à un
même repas, & du vin & du cidre; mais il en réfulte encore que cette dernière boiffon était fervie
fur la table des Rois mêmes. Auffi Charlemagne,
dans ce Capitulaire *de Villis* que j'ai déja cité, or-
donne-t-il que toutes fes Métairies & Maifons de
campagne foient fournies de gens qui fachent faire
de la bierre, du cidre, du poiré, & autres boiffons
d'ufage.

On a vu ci-deffus Guillaume Breton, en parlant
du pays d'Auge, donner au cidre l'épithete *tumens.*
Cette expreffion ferait croire qu'on ne buvait, de
fon tems, que des cidres moufleux. On a eu, depuis, le même goût pour la bierre; & plufieurs livres
du dernier fiècle enfeignent même l'art de la rendre
telle. Cet art confiftait à jetter dans la bouteille,
au moment qu'on la bouche, un morceau de fu-

cre. Le fucre, en fe fondant, y dépofe les molé-
cules d'air qu'il contient. Trop comprimées, elles
tendent fans ceffe, par l'élafticité qui leur eft naturelle, à s'en dégager. Vient-on à déboucher le
vafe; alors elles fe débandent tout-à-coup, foulevent
rapidement les parties de la liqueur dans laquelle
elles font enveloppées, & les entraînent avec ef-
fufion.

Au fiècle dernier, quand le vin de Champagne
commença à devenir de mode, on rechercha beaucoup celui qui mouffait. En effet, tandis que les
autres vins coulent & fe boivent tranquillement,
c'était un fpectacle agréable de voir celui-ci s'annoncer tout-à-coup par une explofion fulminante,
jaillir, bouillonner; &, après avoir menacé d'inonder tout au loin, évaporer paifiblement fa colere
en écume. Bientôt vous le voyez échauffer les cerveaux, délier les langues, & produire tout autour
de la table la gaieté, le rire, & la joie. Si jamais
boiffon fut deftinée aux plaifirs de ce qu'on nomme
fociété, ce fut celle-ci par-deffus toutes. On dirait
que la Nature la fit fpécialement pour les Français;
comme fi elle eût cru que le peuple aimable qui
n'aime à fe réunir dans un feftin que pour y trouver plus d'enjouement encore que dans fes comités
ordinaires, méritait qu'elle en formât pour lui une
particulière. Cependant, depuis qu'on a fu que les
vins mouffeux étaient des vins verds, qui fe tirent
en bouteille au printems, quand la révolution uni-
verfelle opérée alors par la Nature les fait entrer en
fermentation, on a ceffé de les eftimer autant; & les

gourmets maintenant préferent ceux qui ne mouſ-
ſent point.

L'opinion a changé auſſi dans nos Provinces pour
la bierre & le cidre mouſſeux ; mais la manière dont
ſe faiſait le cidre eſt reſtée la même.

Dès qu'on avait cueilli les pommes, on les portait dans des auges circulaires, où elles étaient écra-
ſées ſous une meule que faiſait mouvoir un homme
ou un cheval. Réduites ainſi en pâte, on les jettait
dans de grandes cuves. Elles y fermentaient. Après
quoi on les portait au preſſoir ; ayant ſoin de les
placer entre des lits de paille pour les contenir. Tels
étaient, ſelon Liébaut, les procédés qu'on employait
au XVIe ſiècle ; & tels ſont encore ceux qu'on emploie aujourd'hui.

La Province du Royaume qui poſſédait alors les
eſpèces de cidres les meilleures & les plus variées,
était la Normandie. Pendant long-tems l'uſage uni-
verſel qu'on y faiſait de la bierre, comme je l'ai
remarqué plus haut ; le vin même qu'on y recueillait
en dépit de la Nature, comme je le dirai ailleurs,
y retardèrent la culture dont nous parlons. Il eſt
probable que les Normands s'y livrèrent poſtérieurement aux Biſcayens. Au moins verra-t-on dans
l'inſtant, que les premiers, il y a deux ſiècles, tiraient encore de Biſcaye des eſpèces particulières de
pommes qu'ils n'avaient pas.

Il nous eſt parvenu un ouvrage qui nous enſeigne
dans le plus grand détail où en était alors en ce
genre la Normandie ; c'eſt le *de vino pomaceo* par
Paulmier, Auteur déja cité au commencement de cet
article,

article,

article, Normand de naiſſance, Médecin du Duc
d'Anjou frere de Charles IX ; & qui, après avoir
gagné à Paris cinquante mille écus, ſe retira à Cân
où il publia ſon ouvrage en 1588, année de ſa
mort (a).

Patin prétend qu'il y eut un peu de charlatanerie
dans la manière dont fut aquiſe une fortune auſſi
conſidérable ; *car vous ſavez comme moi*, dit-il dans
une lettre à ſon ami Spon, *qu'un homme qui eſt à
la fois Normand & Médecin a deux puiſſans moyens
pour devenir charlatan.* Ce qui rend cette phraſe
plus plaiſante, c'eſt qu'elle eſt écrite par quelqu'un
qui était Médecin lui-même. Au reſte, il nous peint
Paulmier comme un *Normand deſſalé*, de bon appétit ; qui, pour s'accréditer dans ſa profeſſion, ſe
vantait que ce Fernel, qu'on croyait avoir trouvé
la pierre philoſophale, lui avait communiqué beaucoup de beaux ſecrets ; & qui, en conſéquence,
ſe faiſait appeller le petit Fernel.

On m'a raçonté de lui une plaiſante fourberie,
continue Patin. *De ſon temps, le cidre n'étoit pas
choſe fort connue à Paris, où tout le monde buvoit
du vin à fort grand marché. Même du temps de
Henri III, on croyoit que c'étoit une eſpèce de ma-
lédiction aux Normands, ou plutôt de punition, de
ce qu'ils ne buvoient que du cidre. Ce Normand raffiné, voyant que le peuple ne connoiſſoit pas cette*

____

(a) Il fut traduit en français, l'année ſuivante ; c'eſt de cette
traduction que je me ſervirai dans ce que je vais extraire de lui.

liqueur, en faiſoit venir par bouteilles en cette ville, dans lequel il faiſoit tremper du ſéné; & ainſi en faiſoit des apozêmes laxatifs, & de petites médecines, qu'il vendoit un écu pièce, comme un grand ſecret : & devint riche en peu de tems, ſur l'opinion que le peuple avoit conçue que tout ſon fait ne conſiſtoit qu'en ſecrets que Fernel lui avoit laiſſez. Sur quoi vous remarquerez auſſi que le ſéné n'étoit pas encor en commun uſage, comme il eſt devenu depuis vingt ans.

Quoi qu'il en ſoit de ces anecdotes, ſur leſquelles la cauſticité, ſi connue, de Patin m'inſpire toujours quelque défiance, il eſt certain que quand même Paumier aurait été un charlatan, ce qu'il a écrit ſur le cidre n'en a pas moins d'authenticité. Or il nous apprend que tous ceux de Normandie ne ſe conſervaient pas également. Quelques-uns ſe gardaient une année ou deux; d'autres allaient juſqu'à quatre. Pluſieurs étaient tels qu'il fallait les boire après trois ou quatre mois.

Qualité
des cidres de
Normandie. Pour la qualité, les cidres du pays de Caux avaient la plupart un goût de terroir.

Les meilleurs de toute la Province étaient ceux du Cotentin; &, parmi ceux-ci, on mettait au premier rang les cidres de Beuzeville ſur le Vé.

Ceux de la vallée d'Augè, moins doux, moins délicats, mais plus forts, avaient le défaut de ne prendre jamais une belle couleur, & de conſerver toujours un œil louche : ce qui provenait des mauvaiſes eſpèces de pommes qu'employaient les habitans, & du peu de ſoin qu'ils prenaient de les trier quand ils les cueillaient. Leurs cidres d'ailleurs étaient sujets à s'aigrir dès la seconde année. Sur mer néan‑moins ils pouvaient se garder jusqu'à trois ans. Aussi les Marins les préféraient‑ils à ceux du Cotentin ; d'autant plus qu'étant rafraîchissans, ils préservaient les Matelots de toutes ces maladies que leur pro‑curent les salaisons.

François I, passant en 1532 par Morsalines, près la Hogue, y trouva le cidre si bon qu'il en fit ache‑ter une certaine quantité, dont il but tant que la provision dura.

Comme il y avait des cidres qui différaient en qualité, il y en avait d'autres aussi qui différaient en couleur ; &, parmi ces derniers, on trouvait toutes les nuances, depuis le rouge foncé jusqu'à l'orangé‑clair. Les plus faibles de tous pour la cou‑leur étaient certains cidres excellens du Cotentin, près de Carentan ; lesquels se faisaient avec des pom‑mes aigres‑douces, telles que la pomme‑poire, la passe‑pomme, le chevalier.

Après ceux‑ci, venaient le béquet, le couet, le guillot‑roger, l'amer‑doux, & le cu‑noué *(a)*, cidres de première qualité, que produisait encore le Co‑tentin, & qui étaient couleur d'ambre, ou d'un jaune clair & transparent.

La pomme sauvage de notre‑dame, celle de gai, donnaient un cidre paillet ; de même que le

Cidres différens en couleur.

____

(a) Ch. Etienne vante la douceur, le parfum & la belle couleur de celui‑ci.

V 2

renouet, ainſi nommé parce qu'il était un des premiers faits, & l'un des premiers qu'on pût boire.

Parmi les rouges, on comptait l'ameret & le muſcadet. Ce dernier tirait ſon nom du goût & de l'odeur de *muſcadelle* qui lui était propre ; l'autre, des pommes *amères* qui le compoſaient.

Enfin le plus foncé de tous était celui du Cotentin, qu'à cauſe de ſa couleur on nommait écarlate. Il était, en effet, rouge comme du ſang, quoique tranſparent & clair ; mais en même tems il était doux, & *aromatique comme s'il eût été ſophiſtiqué de ſucre & de canelle.*

Outre ceux-ci, tous agréables à boire & doux, on connaiſſait une autre eſpèce de cidres, naturellement aigres, faits avec des pommes ſures. Parmi ces derniers, quelques-uns, tels que ceux de pommes de boſc & de fou ſauvage, devenaient fort bons, étant gardés. Il y en avait un qui s'employait dans les cuiſines, en place de vinaigre. Au reſte, le nombre des cidres aigres égalait celui des cidres doux ; de même que les eſpèces de pommes ſures égalaient en quantité les eſpèces de pommes douces.

Les plus eſtimées dans la multitude des ſures, étaient le heurtival, le bullot, le freſchin, le grand-ville, l'aigre-bel-heur, le fou-ſauvage, & la pomme-de-ſuie.

Pour les douces, ou aigre-douces, chaque canton avait les ſiennes. Dans le Cotentin, on regardait comme les meilleures, le béquet, l'écarlate, le couet, l'ameret, le chevalier, le cu-noué, le menyet, la camiere, l'épice (*a*), le court-d'aleaume, la belle-fille, le doux-balon, le doux-auvêque, le doux-bel-heur, l'amer-doux-blanc, l'amer-doux-verd, & la pomme-poire.

Dans le Bessin; c'était, pour Fourmigni, le pépin-percé; pour Aignerville, la germaine, ou guault; pour l'Abbaye de Longues, près Bayeux, le hé-rouet (*b*), la franche-mariette, la marin-onfroi, le gros-doux, le doux d'agorie, le blanchet, autre-ment blanc-doux, ou doux-de-la-lande; pour Car-donville, la pomme de hare, l'amer-doux-rouge, & la notre-dame-sauvage.

Dans le pays d'Auge, c'était, pour Turgeville, la roussette ou ognonet, la bédengue, le boulle-mont; pour le Ponteau-de-mer, le muscadet; pour Tourville, la peau-de-vieille, la camiere; pour le Breuil, le renouvelet, le guillot-roger; pour Vate-ville, le sapin, le sauget blanc, le long-pommier, la douce-ente; pour Soquence, l'amelot, le da-mion, la quenouillette, le tard-fleury, l'ente-au-gros, l'ordre-de-vay, l'acoup-venant, & la roussette-fournier.

A Montreuil, près Saint-Lo, on estimait, le souci, l'avoine, le rouget, l'oger, la cousinette, le béquet, le s. gilles, le jean-almy, la pomme-cire, & le turbet ou turba-caput; à Culli, la pomme-dame,

---

(*a*) C'est avec cette sorte de pommes qu'était fait le cidre de Morsalines que François I avait trouvé si bon.

(*b*) Selon Ch. Etienne, le cidre de cette pomme se gardait peu; mais il était agréable par son odeur de cloux de gérofle.

le mennetot, le coqueret, & le feuillu ; à Donnai, la riviere, ou douxvéret; à Préaux, le troquet, ou préaux; à Coulonces, l'osanne, la cappe, la massue, le guibou, la varaville, le barbériot, le faux, le doux-martin, & la pomme-de-gai.

Enfin, il y en avait d'autres espèces encore, que des particuliers avaient tirées récemment de Biscaie. Telle était la greffe-de-monsieur, que possédait un sieur de Lestre près Valogne ; & la barbarie, qu'un sieur de la Haule avait plantée chez lui près le Bourg-l'abbé au Côtentin.

Quelque nombreuse que soit cette liste de Pau-mier, elle ne comprend pourtant pas encore tous les noms. Au moins Charles Etienne nomme-t-il trois sortes de cidres, dont Paumier ne fait pas mention : le fandouille, ainsi appellé du village où il se faisait; le rougelet, que l'œil & le palais, dit-il, prenaient pour du vin, mais qui portait à la tête ; enfin le rangelet, dont l'espèce était très-rare, parce que l'arbre rapportait peu.

Poiré.
L'usage du poiré est aussi ancien que celui du cidre; en effet, les deux liqueurs ont ensemble tant d'affinité, que, le même jour où un homme imagina de placer sous un pressoir les pommes de son verger, il dut essayer d'y mettre aussi ses poires. Cette derniere boisson néanmoins n'obtint pas la même considération que l'autre. On a vu plus haut que le cidre se servait à la table de nos Rois; & je lis, au contraire, dans Fortunat, que la pieuse Radegonde buvait, pour se mortifier, de l'eau &

du poiré. Puifque la liqueur dont il s'agit était, pour la fainte Reine, une auftérité, on n'en faifait donc alors aucun cas. Il eft vrai que c'eft une des boiffons dont Charlemagne, comme je l'ai déjà remarqué, veut que fes Maifons de campagne foient fournies : mais le Prince ordonne qu'on y faffe *toutes les boiffons d'ufage* ; &, pour la fuite nombreufe d'Officiers qui l'accompagnaient, il en fallait de toutes les fortes.

Au rapport de Charles Etienne, les trois meilleures efpèces de poiré étaient celles qui fe faifaient avec la poire-de-cire, avec le robert, le carifi ; & qui, du nom de ces fruits, fe nommaient cérelle, carifi, & robert. Mais le premier n'était point de garde ; le fecond portait à la tête ; le troifième, quoiqu'il eût le même défaut, était recherché pour fa force, fa limpidité, & fon goût de mufcat.

Selon Liébaut, pour faire de bon poiré, il fallait ne fe fervir que de poires à chair ferme, telles que les mufquettes, le robert, le fin-or, la bergamotte, & le tachou-écuyer. Les poires tendres & délicates, comme renout, rofette, hativeau, mollart, verdelet, beurré, conillart, angoiffe, certeau, rofeau, jacques-du-four, notre-dame, bon-chrétien, à-deux-têtes, bois-jérôme, & la poire-de-dieu, s'employaient auffi en poiré ; mais celui-ci ne fe gardait pas.

Champier nous apprend que, de fon tems, l'Angleterre tirait de Normandie beaucoup de cidre & de poiré pour fa boiffon.

Dans les années où le vin manquait, & où l'on

était réduit à boire du cidre & du poiré, il y avait des personnes qui mêlaient avec ces deux dernieres liqueurs une décoction de prunelles bouillies, ou de mûres. Cette teinture, dit de Serres, donnait à la liqueur une couleur de vin, capable de tromper l'œil, & une saveur agréable qui favorisait l'illusion.

Depuis qu'on s'est apperçu dans la Capitale que les Cabaretiers se servaient du poiré pour frélater leurs vins, l'entrée de cette boisson y est défendue.

Prunellé, ou Dépense. Une Ordonnance de Charles VI (ann. 1407) parle d'un breuvage, nommé *prunellé*, qui se vendait dans les marchés comme le vin & le cidre. Celui-ci tirait son nom des prunelles avec lesquelles il était fait. On jettait dans un tonneau, défoncé & rempli d'eau, une certaine quantité de prunelles tout-entières. Deux ou trois mois après, on retirait l'eau, & l'on y ajoutait quelques aromates. Cette boisson s'appellait aussi *dépense*.

Outre la *dépense* de prunelles, il y en avait une autre, faite de la même manière avec des pommes entières, & qui était sur-tout d'usage à Paris, où les habitans n'ayant point de pressoir pour faire du cidre, préféraient d'employer leurs fruits à une boisson qu'ils pouvaient composer eux-mêmes. Le *Journal de Paris*, *sous Charles VI & Charles VII*, décrivant une disette qu'éprouva la Capitale en 1420, dit que *ceulx qui en yver avoient fait leurs buvaiges, comme dépence de pommes ou de prunelles,* jetterent, au printems, ces fruits dans la

rue, *pour que les porcs de S. Antoine les mangeaf-
fent* (a); mais que les pauvres les difputaient
aux cochons, & les dévoraient avec avidité; trop
heureux encore de trouver un aliment.

TROISIEME SECTION.

Du Vin.

C'est une chofe affez remarquable que quand, Plantation
chez les différentes nations Européannes, on veut des vignes
remonter à l'origine des arts qui concernent les ali- dans les
mens & les boiffons, il faille citer fans ceffe les Gaules.
obligations qu'elles ont en ce genre aux nations
étrangeres. L'Europe qui a reçu de l'Afie la plupart de
fes grains, de fes fruits, & de fes légumes, lui eft
encore redevable de la vigne. C'eft d'Orient que cet
arbufte précieux fut tranfplanté dans la Grece, &
que de la Grece il paffa en Italie. Quant aux Gaulois,
il eft conftant que, fix fiècles avant J. C., ils connaiffaient l'ufage du vin ; puifque quand les Phocéens vinrent fonder Marfeille, Petta, fille d'un
Roi du pays, préfenta, dit Athénée, à Euxene
leur chef (b), une coupe *remplie de vin & d'eau.*
Mais ce vin était - il une production indigène, ou
une liqueur étrangere ? En un mot, qui apporta

(a) On a lu précédemment que les Religieux de S. Antoine
avaient le droit de laiffer vaguer leurs cochons dans les rues.
(b) Selon Juftin, ce chef fe nommait Protis ; & la Princeffe,
Giptis.

la vigne dans les Gaules ? Quand commença-t-on à l'y cultiver ? Il est difficile de donner sur ces questions une réponse satisfaisante.

Ce n'est pas au reste que nous ne trouvions abondamment chez les Anciens de quoi y répondre : mais les témoignages de ceux-ci sont, comme j'ai eu déja occasion de le remarquer plusieurs fois dans des occasions pareilles, si opposées & si contradictoires qu'ils multiplient les difficultés, au lieu de les résoudre.

Ouvrez Justin & Strabon : vous y verrez que ce sont les Phocéens qui les premiers apportèrent la vigne dans les Gaules, & les premiers qui apprirent aux Gaulois l'art de la tailler & de la cultiver. Consultez Pline : il vous dira au contraire que le premier qui fit connaître le vin aux Gaulois fut un Helvétien, nommé Elicon, lequel, après avoir gagné à Rome quelque argent, voulant retourner dans sa patrie, emporta avec lui du vin & quelques fruits secs qu'à son passage par la Gaule il vendit aux habitans, les exhortant à la conquête de l'heureuse contrée qui produisait une si douce liqueur. Voulez-vous en croire Plutarque & Tite-Live ? Ce n'est point à un Helvétien, mais à un Toscan qu'est due l'expédition des Gaulois. Cet homme, disent les deux Auteurs, animé contre sa patrie par des motifs de vengeance particuliere, veut la perdre. Dans ce dessein, il passe chez les Gaulois avec le meilleur vin d'Italie, le fait boire à leurs chefs : & telle fut, ajoute l'historien, la premiere cause de cette fermentation fameuse, qui armant trois cens

mille hommes, les conduifit au-delà des Alpes, &
occafionna le fac de Rome.

D'un côté, nous lifons dans Cicéron qu'un des
commerces les plus avantageux de la Gaule était
celui qu'elle faifait de fes vins avec l'Italie. Columelle compte de même ces vins au nombre de ceux
que la mauvaife culture ultramontaine avait rendus
néceffaires pour la provifion des Romains. *Nobis e*
tranfmarinis Provinciis advehitur frumentum, ne fame
laboremus; & vindemias condimus ex infulis Cycla-
dibus, ac regionibus Beticis Gallicis que. D'un autre
côté, Diodore de Sicile nous affure au contraire que
c'était les vins d'Italie que l'on confommait dans la
Gaule; & que les marchands ultramontains qui les
y portaient, gagnaient même à ce commerce des
fommes immenfes. Veut-on un témoignage différent encore? On le trouvera dans Poffidonius, Auteur contemporain de Diodore & de Cicéron, Auteur
qui avait voyagé chez les Gaulois, & qui, à ce titre,
eft cité par Athénée. Selon celui-ci, il n'y avait que
les plus riches de la Nation qui buffent du vin; &
ce vin, ils le tiraient d'Italie, *ou du territoire de*
Marfeille.

Cette expreffion, *du territoire de Marfeille,* ferait
croire qu'il n'y avait alors dans la Gaule que ce
feul canton qui eût des vignes. Cependant, con-
fultons Strabon, Auteur encore du même fiècle; il
nous apprendra qu'au tems dont il s'agit, non-feulement Marfeille, mais une grande partie de la
Gaule, recueillait du vin. A la vérité, il avoue qu'au
nord des Cévennes le raifin mûriffait difficilement.

Mais, puiſqu'en deçà de ces montagnes on connaiſſait le raiſin, on y cultivait donc des vignes. Varron,
le plus ſavant des Romains, Céſar, le conquérant
des Gaulois, rendent, ſur l'étendue de cette cultu:e,
le même témoignage que Strabon.

Qu'un Auteur ancien ſoit en contradiçton avec
un autre, lorſqu'il entreprendra de nous peindre les
mœurs de nos Ancêtres; je n'en ſuis point ſurpris.
Les Gaules avaient pour habitans pluſieurs peuples
qui différaient entr'eux par le langage, les loix,
l'habillement. Les uſages d'un canton n'étaient pas
ceux d'une autre; & il a pu arriver qu'un Ecrivain
étranger, trompé lui-même, nous ait donné les
mœurs d'une peuplade particuliere pour les mœurs
générales de la Nation. Mais comment ces Ecrivains
ont-ils donc pu ſe tromper, ou ſe contredire les
uns les autres, lorſqu'il s'eſt agi de ſavoir ſi un
pays, occupé depuis tant d'années par les armées
romaines, avait des vignes ou n'en avait pas.

Peut-être cependant, avec quelques interpréta-
tions faciles, pourrait-on entreprendre de concilier
entr'elles toutes les autorités oppoſées qu'on vient
de lire.

Si Petta offrit du vin aux Phocéens qui vinrent
aborder & s'établir ſur la côte des Etats du Roi
ſon pere, ce vin ſans doute était tiré d'Italie. J'en
crois Juſtin & Strabon, lorſqu'ils me diſent que
ce ſont ces étrangers qui les premiers planterent la
vigne dans les Gaules, & que c'eſt d'eux que les
Gaulois Liguriens apprirent l'art de la cultiver. Certainement des Grecs, accoutumés au vin dans leur

premiere patrie, dûrent chercher à fe procurer encore cette boiffon dans le climat nouveau qu'ils avaient adopté; fur-tout lorfque ce climat s'y trouvait favorable.

Pendant plufieurs fiècles , & jufqu'aux premieres conquêtes des Romains, il n'y aura eu que les Marfeillais, & les Colonies qu'ils fonderent fur leur côte, qui fe feront livrés à cette culture. Leur politique en aura fait un fecret, pour éprouver dans leurs profits moins de concurrens; comme le Sénat de Marfeille défendit le vin aux femmes de la république, pour maintenir les mœurs parmi elles. La rareté de ces vins les aura rendus chers. Ceux d'Italie ne l'étaient pas moins, à raifon des frais de tranfport; & ainfi s'expliquera le paffage de Poffidonius; « il n'y a, parmi les Gaulois, que » les gens riches qui boivent du vin; & ces vins, » ils les tirent d'Italie, ou du canton de Marfeille ».

J'avoue que, d'après ces données, il eft difficile d'expliquer comment un Helvétien ou un Tofcan ont pu, en apportant du vin dans la Gaule, armer contre l'Italie trois cens mille combattans. Si nos côtes méridionales cultivaient des vignes, les habitans de l'intérieur des Gaules devaient connaître le vin; & après tout, s'ils voulaient fe tranfplanter dans un pays de vignobles, il leur était bien plus facile de conquérir les vignobles de la côte Ligurienne que ceux d'Italie. Quand même Plutarque & Tite-Live s'accorderaient avec Pline, autant qu'ils en diffèrent, fur les circonftances qui précéderent cette expédition, le motif que tous trois prétendent en être la cause n'est pas vraisemblable.

Ce qu'un étranger pouvait apporter de vin avec lui n'était certainement pas assez considérable pour émouvoir la Gaule entière. Précédemment à Brennus, Sigovese avait conduit une armée à la conquête de la Bohême ; Bellovese, avec une autre, était allé s'établir en Italie ; &, pour lever ces troupes, il n'avait pas été nécessaire de les ennivrer. L'amour de la gloire & l'enthousiasme avaient suffi seuls auprès d'une Nation inquiete, ardente, impétueuse, & avide d'exploits : &, quand elle se livra par la suite à des expéditions semblables, ce motif eut toujours sur elle un égal succès. Toutes ces hordes de Barbares qui, pendant tant de siècles, accoururent du nord inonder l'Italie, l'Espagne, & la France, y venaient-elles pour boire du vin ?

Lorsque les Romains eurent soumis à leurs armes cette partie de la Gaule, qu'ils nommerent *Province*, & qui aujourd'hui forme le Dauphiné, la Provence, & une partie du Languedoc, leurs armées & leurs colonies y favoriserent, y étendirent probablement les plantations de vignes. De proche en proche, elles se propagerent ; & c'est ainsi qu'au tems de César, plusieurs cantons, situés au nord des Cévennes, avaient déja des vignobles, comme le témoignent Srabon, Varron, & César même. Il paraît encore, par ce dernier, que la culture dont nous parlons était devenue chez les Gaulois une chose d'engouement ; puisqu'il remarque comme un fait singulier, que les Nerviens, peuples de la Belgique, l'avaient exclue de leur territoire, regardant le vin comme un breuvage également contraire à la santé, au courage, & à la vertu.

Dans le nombre des vignobles gaulois, il y en eut qui aquirent, à juste titre, une certaine réputation. Rome apprit à les connaître, & les rechercha : car c'est un travers commun à tous les peuples, d'estimer davantage ce qui vient d'un climat étranger, que ce qui croît chez eux. Ainsi, tandis que les Gaulois tiraient à grands frais leurs vins d'Italie, les Romains achetaient fort cher les vins des Gaulois. Pline en fait l'observation ; & ce double fait nous prouve que Diodore & Cicéron ont également raison tous deux, lorsqu'ils avancent, l'un que dans la Gaule on consommait les vins d'Italie, l'autre que la Gaule faisait avec l'Italie un commerce très-avantageux des siens.

Telles sont les explications conciliatoires par lesquelles on peut, je crois, accorder ensemble les Ecrivains de l'Antiquité qui nous ont transmis quelques détails sur les vignobles de nos Pères. Ce qu'on va lire d'eux sur la même matière, n'offrira pas au moins de contradictions.

Parmi les excellentes espèces de raisins qui étaient propres à la Gaule, Columelle compte celui du pays des Bituriges. Comme ce nom de Bituriges était commun aux peuples du Berry & à ceux du Bordelais, on ne peut deviner à laquelle des deux Provinces appartient l'éloge de l'Auteur latin. Cependant il est probable qu'il s'agit de la dernière ; car Ausone, qui vivait au quatrième siècle de l'ère chrétienne, vante beaucoup les vins de Bordeaux.

Au reſte, quoique Columelle ne place qu'au ſecond rang le raiſin dont il s'agit, il en fait l'éloge ; & remarque qu'on en recherchait le ſep en Italie, parce qu'il était robuſte, & qu'il multipliait beaucoup.

Pline parle d'une autre eſpèce, qui croiſſait au territoire d'*Alba Helviorum* (a), dont la fleuraiſon ne durait qu'un jour, & qui avait par conſéquent la qualité, ſi précieuſe, d'être moins ſujette que les autres à ce que les vignerons nomment *coulure*.

« Le territoire de Vienne, dit le même Auteur, » a une ſorte de vigne qui, depuis peu, a été » portée dans celui d'Albi, dans l'Auvergne, & le » pays des Séquanois (la Franche-Comté). Celle-ci » était inconnue du tems de Virgile. Elle donne » un vin qui a un goût de poix, & dont on fait » le plus grand cas ».

Le vin *picatum*, c'eſt ainſi que les Romains nommaient ce dernier, eſt ſouvent cité dans les Auteurs latins. Plutarque & Martial en font l'éloge. Chorier (*Hiſtoire du Dauphiné*, ann. 1661) prétend qu'il ſubſiſte encore dans le même canton de la Province ; & que c'eſt celui qu'on nomme vin de violette. Cependant, ſi celui-ci a reçu ſon nom de la violette dont il a l'odeur, comme l'autre avait pris le ſien de la poix dont il avait le goût, l'on avouera que deux liqueurs qui ſe reſſemblent ſi peu, ne doivent pas être les mêmes.

(a) On croit que c'eſt aujourd'hui Alps, auprès de Viviers.

En

En ſuppoſant que ce ſont les Phocéens qui ont enſeigné aux Gaulois l'art de cultiver la vigne, ainſi que l'avancent Juſtin & Strabon, les Gaulois n'ont dû avoir, dans l'origine, d'autres procédés pour cet art que ceux des Grecs. Néanmoins, lorſque Pline fait le dénombrement des différentes méthodes uſi-tées de ſon tems pour paliſſer la vigne, il compte celle des Gaulois qui faiſaient paſſer leurs ſeps d'un arbre ſur un autre. Celle-ci, d'après le rapport de l'Auteur, paraît avoir été particulière à nos Ancêtres. Depuis, elle eſt devenue la méthode des pays chauds, parce que le raiſin y a beſoin d'ombrage contre un ſoleil trop brûlant. Chez nous, où le climat n'a pas une chaleur aſſez adurante pour exiger un pareil abri, c'eſt, de l'aveu des Phyſiciens éclairés, la plus défectueuſe de toutes; & cependant c'eſt celle qui ſubſiſte toujours en Provence, en Languedoc, en Béarn, & dans la partie orientale du Dauphiné.

Les Gaulois qui, comme je l'ai dit ailleurs, avaient imaginé de fumer leurs terres avec de la marne, imaginèrent auſſi de fumer leurs vignes avec de la cendre. Cet uſage, au rapport de Pline, était celui de la Gaule narbonnaiſe. On y poudrait même de cendres les raiſins, lorſqu'ils commençaient à mûrir; « & l'on ne peut nier, ajoute l'Auteur, que la pouſ- » ſiere, dans cette contrée, ne contribue plus à leur » maturité que le ſoleil même ».

Pluſieurs de nos Provinces, l'Auvergne, le Dau-phiné, le Languedoc, la Provence, &c, avaient alors des vins qui ont mérité d'être cités par le Naturaliſte latin. Il en eſt même quelques-uns, dans

Maniere dont les Gau-lois paliſ-ſaient leurs vignes.

Et les fu-maient.

Vins Gau-lois, & leurs qualités.

ce nombre, fur la qualité defquels il nous a laiffé
certains détails.

« Marfeille, dit-il, donne un vin gras & épais,
» qui a deux fortes de goût, mais qui fert à mêler
» avec d'autres vins *(a)*.

» Celui de Béfiers n'a de réputation que dans la
» Gaule.

Drogues
étrangeres
que les Gau-
lois mêlaient
dans leurs
vins.» Il eft difficile de prononcer fur le mérite de
» ceux de la Province narbonnaife ; parce que les
» habitans, pour en changer le goût & la couleur,
» les frelatent, les fument, y mêlent des herbes,
» des chofes nuifibles, & jufqu'à de l'aloës ».

Toutes maladroites qu'étaient ces falfifications,
les peuples qui les employaient ne les avaient pas
inventées. Pline lui-même nous apprend qu'elles
étaient communes chez les Grecs & chez les Latins
qui, felon les différentes qualités de leurs vins, y
jettaient de la poix, du plâtre, des cendres, de l'eau
de mer ; & beaucoup d'autres ingrédiens femblables.
En Italie, on avait même réduit en art tout ce tri-
potage ; c'eft ce qu'on appellait *conditura vinorum*.

La Province narbonnaife, au refte, n'était pas
le feul canton de la Gaule où il fût en ufage. D'autres s'étaient fait auffi en ce genre une méthode,
qu'ils gardaient précieufement comme un fecret.
Les Allobroges, par exemple, (peuples du Dau-

(a) Athénée dit que, malgré ces défauts, le vin de Marfeille
était bon, & qu'il avait fur-tout la qualité de mûrir les autres,
quand il était mêlé avec eux.

phiné), avaient une poix particuliere qu'ils mêlaient dans leurs vins. Columelle nous l'apprend ; & sa remarque donne même ici lieu à une reflexion. J'ai parlé ci-dessus du *picatum*, ce vin du territoire de Vienne, recherché par les Romains, & qui, selon Pline, avait un goût de poix naturel. Cette saveur, au lieu d'être naturelle, comme le pretend l'Auteur, n'était-elle pas étrangere au contraire ? Ne venait-elle pas vraisemblablement du genre de poix qu'on y mêlait, & dont on avait le secret dans la Province ? En un mot, Pline ne se serait-il pas trompé ; &, sur ce point, Columelle n'aurait-il pas été par hasard mieux instruit que lui ?

Si l'on ajoute foi à Dioscoride, l'infusion de poix était une chose nécessaire pour les vins gaulois : autrement, dit-il, ils eussent aigri ; le climat n'étant point assez chaud pour mûrir la grappe.

La raison qu'allegue ici Dioscoride prouve, ou que le climat de la Gaule était alors réellement un peu plus froid qu'il l'est maintenant, ou que l'art de faire du vin y était encore dans l'enfance. Nous en faisons d'excellens aujourd'hui dans des Provinces plus septentrionales que le Dauphiné ; & l'on en recueille même de très-bons au nord de la France, sur les bords de la Moselle & du Rhin.

Ce n'est pas néanmoins qu'il n'y ait des moyens innocens, qu'on pourrait, dans certains cantons, ou dans certaines années froides, employer sans risque pour donner au vin une qualité qui lui manquerait. Depuis long-tems, les Champenois sont dans l'usage de souffrer leurs tonneaux avant de les

emplir. M. l'Abbé Rozier (*Mémoire sur la meilleure
manière de faire les vins de Provence*) propose,
lorsque le vin est austere ou acide , de délayer du
miel dans le moût , avant qu'il fermente. M. de
Préfontaine , (*Maison rustique de Cayenne* , ann.
1763); parlant des raisins que produit cette île,
dit que si l'on voulait en faire du vin , on pourrait
corriger sa verdeur naturelle en y ajoutant un peu
de sucre. Enfin M. Macquer , dans une Séance publique de l'Académie dés Sciences , ann. 1779 , a
lu un Mémoire où il conseille, comme M. Préfontaine , de mêler au moût quelque substance sac-
carine , quand la saison n'aura pas été assez chaude
pour donner au raisin la maturité qu'il doit avoir;
& lui-même rapporte différentes expériences qu'il
a faites à ce sujet.

Les deux Auteurs qui proposent cette méthode,
ignoraient que, depuis long-tems , elle était pratiquée en secret dans un canton du Bordelais, tra-
versé par la Dordogne, & dont les villes principales
font Bergerac & Ste.-Foi. Au commencement de ce
siècle-ci, les vins de ce canton , aquirent tout-à-
coup une telle renommée , qu'en peu d'années il
y eût des propriétaires qui en augmenterent le prix
du quadruple.

Les propriétaires voisins leur soupçonnerent un
secret particulier. Ils les épierent pendant quelque
tems , & découvrirent enfin que, la nuit , il leur
arrivait de grosses tonnes de sucre. Cette découverte
n'apprenait rien encore. Mais un tonnellier qui savait le secret, ayant été chassé d'une maison où il

était employé, le révéla pour s'en venger. Néanmoins il n'y eut que cinq ou six familles qui profi-
terent de sa trahison; & celles-ci eurent grand soin
d'en garder le fruit pour elles. Les choses resterent
ainsi pendant une trentaine d'années. Ceux qui n'é-
taient pas instruits, & qui seulement savaient en
gros qu'on se servait de sucre, l'employaient chacun
à leur maniere. Enfin, à propos du Mémoire de
M. Macquer, un de M. de Vaucocour a publié
une lettre dans laquelle il apprend quels sont les
procédés véritables; procédés qui consistent à réduire
le sucre en syrop, à l'aromatiser avec des fleurs de
pêcher, ou autre substance semblable, &c.

Les Marseillais jadis avaient une autre méthode; *Vins de Marseille fumés.*
c'était de fumer leurs vins, de les épaissir, de les
cuire à la fumée pour leur donner l'apparence & le
goût de vins vieux.

> *Improba Massiliæ quidquid fumaria cogunt,*
> *Accipit ætatem quisquis ab igne cadus.*
> Martial. **L. X.**
> *Vel cocta fumis musta Massilianis*
> Id. **L. III.**
> *Fumea Massiliæ ponere vina potes.*
> Id. **L. XIII.**

On a vu ci-dessus Pline, quand il a parlé des vins
de Marseille, leur reprocher d'être gras & épais. Il
est étonnant que le Naturaliste n'ait rien dit sur
l'abus dont Martial fait mention. Voilà encore une
de ces choses difficiles à concilier dans des Auteurs
contemporains. Martial ayant survécu à Pline,
l'usage où étaient les Marseillais de fumer leurs vins
serait-il postérieur au Naturaliste? Ou plutôt ne se

pourrait-il pas que la même coutume étant commune à toute l'Italie, celui-ci l'ait regardée comme
un procédé ordinaire qui ne méritait pas d'être remarqué.

Les Romains en effet étaient aussi dans l'usage de
fumer quelques-uns de leurs vins. On en voit la
preuve dans Horace,

> *Amphoræ fumum bibere inflitutæ.*

Dans Tibulle,

> *Nunc mihi fumofos veteris proferte falernos*
> *Confulis.* . . . .

& dans plusieurs Auteurs qu'il me serait aisé
de citer ici. Au reste, comme les Marseillais n'avaient probablement d'autre méthode que celle
des Latins, je crois que quelques détails sur cette
derniere pourront faire plaisir à la plupart de mes
Lecteurs.

Procédés des Anciens pour fumer leurs vins.
Quand le vin nouveau avait subi dans la cuve la
fermentation qui constitue sa nature, les Romains
le mettaient en tonneaux. Alors ils y jettaient de la
poix, des cendres, en un mot, quelques-unes de
ces substances étrangeres dont il a été parlé ci-dessus,
& qu'ils croyaient propres à achever sa dépuration,
ou à lui donner une qualité nouvelle. Après un,
deux, ou trois ans, selon la nature du vin, ils le
transvasaient dans des vaisseaux de terre, qu'ils bouchaient bien exactement, & qu'ils portaient ensuite
au plus haut étage de la maison. Là, était une chambre particuliere, exposée au midi, & nommée *fumarium*, parce qu'elle était destinée à *fumer* le vin. Par des
tuyaux pratiqués au plancher, elle recevait la fumée

d'un feu qu'on allumait dans une piece inférieure ; à moins que, pour éviter la dépenfe, on n'employât à cet effet, felon le conseil de Columelle, le fourneau qui fervait à échauffer les bains. Cette fumée qui n'avait, pour fortir, qu'un certain nombre de petits trous percés dans le mur, y féjournait quelque tems, cuifait le vin, lui donnait la confiftance de miel, au point que quand par la fuite on voulait le boire, il fallait le délayer avec de l'eau chaude (a). Mais aufli, après cette opération, l'on pouvait le garder près de deux fiècles.

L'épithete d'*improba* que Martial donne aux *fumarium* des Marfeillais, ferait croire que les habitans de cette contrée ignoraient l'art de les conftruire, ou celui de les échauffer.

Au refte, depuis qu'on fouille les ruines de Pompeïa & d'Herculanum, on y a trouvé, entre autres raretés, un des vafes qui fervaient à l'opération dont nous parlons, & dans lequel le vin était entiérement defféché. Chez nous, M. l'Abbé Rozier a trouvé de même, au territoire de Vienne,

------

(a) Cette méthode s'était confervé en Alface. (Baccius *de naturali vinorum hiftoriâ* an .1597) parlant des vins de cette Province, dit qu'on les gardait expofés à la fumée dans des endroits chauds, où ils devenaient fi épais, en vieilliffant, qu'ils n'étaient plus potables, à moins d'être battus avec des verges, ou délayés dans de l'eau chaude : *fuper fumo diu & in æftuariis retenta, eam acquirunt vetuftate craffitiem ut potari per fe non poffint, nifi diu agitata immiffis fcopis aut virgis diffolvantur, vel eliquata, per aquam calidam fiant potui idonea : quo ufu legimus craffa fuiffe antiquis vina, quæ fimiliter per aquam calidam effent diffolvenda.*

dans une vigne qu'occupait autrefois un palais de
Pompée, une urne pareille. Le rob du vin y était
criſtalliſé. Ces faits ne me paraiſſent point invraiſemblables. Moi-même j'ai eu du vin cuit de Champagne, que j'avais gardé trois ans, ou plutôt que
j'avais oublié pendant trois ans dans une armoire
contre une cheminée. Lorſque je voulus le goûter,
il était devenu violet, liquoreux au point d'être in-
ſupportable à boire, & ſi épais qu'il avait peine à
couler.

Vignes
arrachées
dans la Gau-
le par ordre
deDomitien. Quels que fuſſent les procédés qu'employait la
Gaule pour la confection de ſes vins, pluſieurs de
ſes vignobles avaient, comme on l'a vu, aquis de
la réputation; & ils étaient devenus pour elle une
ſource de richeſſe. Cette ſource malheureuſement
fut bientôt fermée par les tyrans auxquels elle était
ſoumiſe. L'année de J. C. 92, ayant été preſque univerſellement contraire aux grains & favorable à la
vigne, il s'enſuivit une ſorte de diſette générale.
Domitien, alors Empereur, imagina que la diſette
venait de ce que les vignobles étaient trop multipliés, & les terres à blé trop rares. Fondé ſur ce
faux principe, il publia un Edit par lequel il ordonna que dans la plupart des Provinces de l'Empire la moitié des vignes ſerait arrachée, & que,
dans d'autres, elles ſeraient détruites entiérement.
La Gaule fut de ce dernier nombre. L'ordre y fut
exécuté avec rigueur; & les habitans, réduits à la
bierre, à l'hydromel, à toutes ces triſtes infuſions
dont avaient uſé leurs peres avant de connaître le
vin, ſe virent, ſans oſer murmurer, dépouillés par

l'imbécille & féroce despote, d'une de leurs propriétés les plus précieuses.

Son inique Arrêt subsista près de deux siècles. Enfin l'an 282, Probus l'anéantit. Après avoir rendu par ses victoires la paix à l'Empire, le sage & vaillant Empereur, disent Aurélius-Victor, Eutrope, Vopiscus, & Eusebe, rendit encore aux Provinces la liberté de replanter des vignes. Les Gaulois s'y livrerent avec empressement. Les Légions Romaines qui se trouvaient répandues dans la Gaule furent même employées à ces plantations : car telle était la sage politique de Rome, lorsque ses Soldats n'étaient point en guerre, de les occuper aux travaux publics & utiles. En endurcissant ainsi ses troupes à la fatigue par un exercice continuel, elle se conciliait encore l'amour des peuples au bonheur desquels elle les faisait contribuer.

Bientôt la plupart des côteaux de la Gaule furent couverts de vignes ; & ces vignes ne se terminerent plus, comme sous les deux premiers Césars, au nord des Cévennes. Presque toutes nos Provinces eurent les leurs ; soit qu'alors elles entendissent mieux cette sorte de culture ; soit que, par le desséchement des eaux croupissantes & par le défrichement des forêts, le climat fût devenu plus chaud. On vit des vignobles jusques dans le territoire des Parisiens ; & j'ai déja dit que l'Empereur Julien, qui eut occasion de connaître les vins de ce canton, vante leur qualité.

Quand la vigne fut introduite chez nous pour la première fois par les Phocéens, nos Peres sans doute adoptèrent & suivirent, pour sa culture, tous les procédés grecs. Mais à la seconde époque, comme ce fut un présent des Romains, il est probable qu'ils adoptèrent les méthodes de ceux-ci, leurs instrumens, leurs pressoirs, leurs loix pour la vendange, &c.

Les vins de la Narbonnaise devinrent alors célébres. Leur renommée fut telle que, sous l'Empire d'Honorius, ils occasionnerent une irruption des Gots d'Espagne. Quoique Ataulfe, Roi de cette nation, pût compter dans ses Etats d'excellens vignobles, il voulut néanmoins se rendre maître d'une contrée florissante qui en possédait de si fameux. Il y entra au tems des vendanges, eut d'abord quelques succès, prit Narbonne ; mais enfin il fut repoussé, & obligé honteusement de retourner chez lui boire les vins de ses sujets.

Ceux des Barbares du Nord, Francs, Visigots, Bourguignons, & autres, qui, plus heureux que lui, s'établirent par leurs armes dans la Gaule, n'apprirent à connaître qu'avec transport, sans doute, la boisson nouvelle qu'elle leur offrit. Des gosiers accoutumés à la bierre & à l'hydromel devaient, plus que d'autres encore, la trouver délicieuse. Aussi ces peuples s'occupèrent-ils de réglemens favorables aux propriétaires vignerons. Dans la Loi Salique, dans celle des Visigots, il y a des amendes décernées contre ceux qui arracheront un sep, ou qui voleront du raisin. La protection que le Gouvernement accordait à la propriété dont il s'agit, la fit regarder comme une chose sacrée. Chilpéric ayant taxé, par toute l'étendue de son Royaume, chaque possesseur de vignes à lui fournir annuellement une amphore de vin pour sa table, il y eut, dit Aimoin, une révolte en Limousin; & l'Officier, chargé de percevoir ce tribut odieux, fut même massacré.

Nos Rois eurent des vignobles dans leurs domaines. Chacun de leurs Palais avait ses vignes, avec un pressoir & tous les instrumens nécessaires pour la vendange. Les Capitulaires de Charlemagne en offrent la preuve. On y voit le Monarque entrer, sur cette espèce d'administration, dans les plus grands détails avec ses Economes. Quand, après la mort de Louis-le-Débonnaire, les trois fils de ce Prince, mettant bas les armes, furent convenus enfin du partage de ses Etats, Charles-le-Chauve eut la France occidentale; Lothaire, la France orientale & l'Italie; & Louis, ce qui était situé en Germanie, au-delà du Rhin. Mais, comme celui-ci, dans son lot, n'avait point de vignobles, la Chronique de Saxe & celle du Moine Sigebert remarquent qu'on joignit à son partage *quelques villes ou villages en deça du Fleuve, lesquels produisaient du vin.*

L'enclos du Louvre lui-même renferma des vignes, comme les autres Palais de nos Rois. C'est une observation que j'ai déja eu lieu de faire ci-dessus, à l'article des jardins. J'ai même ajouté que ces vignes étaient assez abondantes, puisqu'en 1160, Louis-le-Jeune put assigner annuellement, sur leur produit, six muids de vin au Curé de S. Nicolas.

Parmi les Fabliaux du XIIIe siècle que j'ai publiés, il en eſt un, intitulé *la bataille des vins*, dans lequel l'Auteur ſuppoſe que le Roi Philippe (Au-guſte) fait venir à ſa table tous les vins connus, tant nationaux qu'étrangers, pour examiner quels ſcnt ceux qui ſont dignes d'y être admis. Le Monarque, dans ce Conte, eſt repréſenté comme un ami du bon vin, & ſur-tout comme un gourmet en ce genre. L'inclination que lui attribue le Fabliau pour-rait bien n'être pas tout-à-fait une fiction. Au moins réſulte-t-il d'un compte de ſes revenus pour l'an-née 1200, rapporté par Bruſſel, qu'en fait de vins Philippe aimait la variété, & voulait avoir de quoi choiſir : car il poſſédait des vignes à Bourges, à Soiſſons, à Compiegne, à Lân, à Beauvais, Auxerre, Corbeil, Bétiſi, Orléans, Moret, Poiſſi, Gien, Anet, Chalevane (*a*), Verberies, Fontainebleau, Ru-e-court, Milli, Bois-commun (dans le Gâtinais), Samoi (dans l'Orléanais), & Auvers (près d'E-tampes). Outre cela, le même compte fait men-tion de vins achetés à Choiſy, à Montargis, à S. Cé-ſaire, & à Meulan.

Commer-ce des vins de France avec l'étran-ger.

Au reſte, que Philippe-Auguſte ait aimé à voit ſes caves & ſa table garnies avec abondance & di-verſité, peu nous importe. De pareilles anecdotes peuvent plaire à certains Lecteurs; mais, pour le grand nombre d'entre eux, elles ſont faiblement intéreſſantes. Ce qui l'eſt beaucoup plus, c'eſt de

---

(*a*) En 1202, le ſeul tranſport des vins de Chalevane, coûta 100 f.

savoir que nos vins étaient dès-lors une des branches de commerce les plus avantageuses qu'eût la France. Guillaume Breton, dans son poëme latin sur le même Philippe, compte ceux de Gascogne & de la Rochelle au nombre des denrées que la Flandres achetait chez nous. Dans le Fabliau cité ci-dessus, les mêmes vins de la Rochelle, (& sous ce nom il faut entendre ceux d'Aunis & de Saintonge), se vantent d'abreuver les Royaumes du Nord, & d'en rapporter des sommes considérables. Il en est de même des vins d'Auffois, c'est-à-dire, des vins de Bourgogne sans doute : ils s'attribuent la gloire de désaltérer les Allemands.

Quant à ceux de Guyenne, outre le débouché que leur offrait la Flandres, comme le dit Guillaume Breton, ils en trouvaient un autre, bien plus considérable encore, dans l'Angleterre. La même politique qui aujourd'hui fait fermer les ports de ce Royaume à nos vins français, les faisait ouvrir alors aux vins d'une Province qui était soumise à la domination anglaise. Mathieu Paris, sous l'année 1251, parlant des dispositions de mécontentement & d'aigreur où était la Gascogne contre le Roi Henri III, dit que les esprits y étaient tellement envenimés qu'elle se fût soustraite à son obéissance, si elle n'eût eu besoin de l'Angleterre pour le débit de ses vins.

Un fait rapporté par Froissart nous donnera une idée de ce qu'était cette exportation. En 1372, dit cet Historien, on vit arriver d'Angleterre à Bordeaux, *toutes d'une flotte bien deux cens voiles &*

nefs de marchands qui allaient aux vins (a).

Ainsi, tandis que la Guyenne, par son industrie, s'appropriait une partie des richesses de l'Angleterre, celle-ci, spéculatrice plus habile, voulait au moins voiturer elle-même les vins qu'elle consommait. Déja donc elle avait imaginé, déja elle mettait en pratique ce système d'habileté profonde, par lequel elle a depuis rendu sa marine si formidable, de n'employer, autant qu'elle le pourrait, que ses seuls vaisseaux pour importer chez elle, pour exporter au dehors toutes les marchandises qui formaient son commerce.

D'après cette politique, on devait s'attendre que, dès le jour où la Guyenne cesserait d'être Province anglaise, les Monarques Bretons fermeraient leurs ports à ses vins. Néanmoins, soit que l'habitude en eût fait un besoin pour les habitans de ce Royaume, soit que le commerce leur fournît dès échanges capables de rétablir la balance, le contraire arriva. De Thou racontant les projets que formait l'Espagne sur le Conquet, port de Bretagne dont elle s'était emparée pendant les troubles de la Ligue, dit que ce port étant *l'abord de tous les vaisseaux*

(a) Champier qui écrivait un siècle & demi environ après Froissart, remarque que, de son tems, l'Angleterre ne consommait presque d'autres vins & d'autres grains que ceux de France; & que quand ce commerce était interrompu par la guerre, elle éprouvait une sorte de famine. *De sorte*, dit-il, *que la France peut se vanter d'avoir entre ses mains la disette ou l'abondance de ce Royaume.*

anglais, *hollandais, danois, & autres qui venaient
de la mer Baltique pour charger des vins de Bordeaux & du sel de Brouage*, & tous y relâchant à
cause de sa situation avantageuse, elle se flattait de
pouvoir y établir une douane qui lui rapporterait
des sommes immenses.

Au dernier siècle, les choses changèrent pour la
Guyenne. L'Intendant de cette Province, dans le
Mémoire qu'il dressa en 1699, par ordre du Roi,
pour l'instruction du Duc de Bourgogne, décrivant
le commerce de sa Généralité, dit : *les Anglois
viennent peu à Bordeaux ; on y voit quelques Ecos-
sois ; le fort du commerce s'y fait avec la Hollande.*

Quoique nos autres Provinces n'eussent pas, pour
leurs vins, des débouchés aussi avantageux que la
Guyenne, la vigne néanmoins y fut cultivée avec un
égal succès. On le voit par le Fabliau, déja cité,
où les vignobles *français* disputent la préférence à
ces vignobles étrangers. L'industrie nationale avait
seule opéré ces prodiges. Jamais le Gouvernement
ne fit rien pour la récompenser, ou pour la favo-
riser ; &, quand il s'en occupa, ce fut pour lui
nuire. En 1566, le Royaume ayant éprouvé une
disette, parce que la récolte avait été mauvaise, Charles IX, abusé comme l'avait été précédemment Domitien, en attribua de même la cause à la trop
grande abondance de vignes ; &, comme Domitien,
il les proscrivit. Une Ordonnance, publiée par
lui, régla que dans chaque canton elles ne pourraient occuper que le tiers du terrein ; & il voulut

que les deux autres tiers fuſſent convertis en terres
labourables, ou en prés.

C'eſt une remarque digne d'attention, & dont
les buveurs ſur-tout doivent triompher, que les
deux Princes qui proſcrivirent les vignes en France,
aient été, l'un, l'auteur de la S. Barthélemi; l'autre,
un des plus abominables tyrans qui aient affligé le
monde.

Réglemens pour empê-cher la trop grande mul-tiplication des vignes. Tous deux néanmoins crurent bien faire ; car
quel eſt le Souverain ſenſé qui, de gaieté de cœur, ſe
fît un plaiſir de ruiner ſes ſujets. Au reſte, ſoit
que l'Edit de Charles fût difficile à exécuter, ſoit
que les guerres civiles qui déſolaient la France en
aient empêché l'exécution, il cauſa moins de mal
qu'on n'aurait cru. Henri III, en 1577, modifia
l'Ordonnance du Roi ſon frere, en recommandant
à tous les Officiers chargés du Gouvernement des
Provinces, *d'avoir attention qu'en leurs territoires
les labours ne fuſſent délaiſſés pour faire plants exceſſifs de vignes.*

Puiſque, ſelon l'expreſſion du Monarque, les
plants de vignes ſe multipliaient *exceſſivement*, cette
ſorte de bien, vers laquelle ſe tournaient un grand
nombre de ſpéculateurs, formait donc un excellent
revenu : mais, d'un autre côté, ſi c'était un bon
revenu, les vignobles n'étaient donc pas exceſſifs,
quoiqu'en diſe l'Ordonnance : &, après tout, jamais ils ne peuvent l'être. Les frayeurs du Gouvernement à ce ſujet ſont toujours peu fondées. Dès
qu'une vigne ceſſera de rapporter à ſon propriétaire,
dès qu'elle ne le dédommagera plus des frais qu'elle

lui

lui coûte, ne vous occupez pas d'ordonner qu'il la détruise ; bientôt lui-même l'arrachera sans attendre vos ordres.

Plus sage fut l'Edit publié sous le dernier Règne. Plusieurs Intendans de Provinces ayant représenté *que la trop grande abondance de vignes dans le Royaume occupoit une grande partie des terres propres à porter des grains ou à former des pâturages ; qu'elle causoit la chéreté des bois, par rapport à ceux qui sont annuellement nécessaires pour cette espece de fruits ; enfin qu'elle multiplioit tellement la quantité des vins que la valeur & la réputation en étoient détruites en beaucoup d'endroits ;* le Roi, en 1731, défendit de faire à l'avenir aucune nouvelle plantation de vignes, & régla que celles qu'on aurait cessé de cultiver pendant deux ans ne pourraient plus l'être davantage par la suite.

Avant que les Rois de la troisieme Race eussent aquis assez d'autorité pour faire observer de pareils réglemens par toute l'étendue de leur Royaume, il y eut des abus particuliers qui, d'une autre maniere, dûrent nuire au commerce dont il s'agit. Il devait arriver souvent, & sur-tout dans les villes, que des propriétaires de vignobles ne pouvant se défaire avantageusement de leurs vins, préférassent de le débiter chez eux en détail. Alors ils suspendaient au seuil de leur porte, pour notifier leur dessein, un balai, une couronne de lierre, ou quelque chose de semblable. Ceux qui voulaient acheter apportaient un pot ; & de-là vint l'expression *vendre à pot,* par laquelle on défigna cette forte de commerce.

Il y en avait qui faifaient annoncer leur vin dans la ville par le Crieur public. Albéric de Trois-Fontaines, fous l'année 1235, parle d'une femme de Cambrai, renommée pour fa dévotion & pour fa charité, qui, un jour que le Crieur annonçait ainfi *du bon vin, du très-bon vin, de l'excellent vin*, lui donna de l'argent pour crier, *Dieu eft clément, Dieu eft miféricordieux, Dieu eft bon, très-bon*; & le fuivit, en difant *c'eft la vérité*. Elle fut accufée d'héréfie, & brûlée avec vingt autres hérétiques.

Quelquefois les Aubergiftes, & même les particuliers, plaçaient à leur porte un homme, pour annoncer leur vin aux paffans, & pour les inviter à entrer. On en voit la preuve dans les Fabliaux.

D'autres, au lieu de *vendre à pot*, établiffaient auprès de chez eux une taverne; ils y donnaient à boire, & confommaient ainfi leurs vins. Cette méthode était particulièrement celle des Monafteres. Les plus Grands-Seigneurs eux-mêmes l'adoptaient fouvent; & comme, d'après les mœurs du temps, perfonne n'en rougiffait, ils l'employaient fans fcrupule & fans honte.

Droit de banvin.

Le droit de vendre à pot étant, ainfi que celui de tenir taverne, un des plus lucratifs, fur-tout lorfqu'on le poffédait exclufivement, ce fut un de ceux dont les Seigneurs devinrent le plus jaloux. Ils s'en emparerent en une infinité d'endroits. Cependant les Vaffaux ne furent pas totalement dépouillés du leur. Mais le Seigneur commençait par publier fon ban ; c'eft-à-dire, qu'il faifait annoncer fa vente par un Crieur public ; enfuite il la tenait ouverte excluſivement, & feul, pendant quelque tems ; & ce n'était qu'après ce tems écoulé que les autres pouvaient ouvrir la leur. Encore fallait-il fon aveu. Tel eſt le droit qu'on appella *droit de ban-vin.*

Robert I, Duc de Bourgogne, en avait accordé un femblable au Monaftere de S. Bénigne de Dijon en 1054. Le Duc déclare expreſſément par fon diplôme, qu'il permet aux Religieux de debiter, dans la *taverne du cloître*, le vin qu'ils auront recueilli. Soit que lui-même veuille *vendre* le fien, foit qu'il ne le veuille pas, leur vente n'en aura pas moins lieu ; & ils ne feront pas tenus de l'interrompre, quand même dans cette circonftance il publierait fon ban.

Nos Rois ont ufé quelquefois, pour les vins qu'ils recueillaient dans l'enclos de leurs domaines fitués à Paris, du droit dont nous parlons. Pendant ce tems, toutes les tavernes de la ville étaient fermées ; & les Crieurs publics étaient obligés d'aller, chaque jour, foir & matin, par les rues crier le vin du Roi. Une Ordonnance de S. Louis, ann. 1268, les y aſſujétit. *Se li Roys met vin à taverne, tuit li autre Tavernier ceſſent ; & li Crieurs tuit enfemble doivent crier le vin le Roy, au matin & au foir, par les carrefours de Paris.*

Il y eut des villes qui ufurperent le droit de ban-vin ; mais ce fut pour en accorder la jouiſſance également à chacun des Bourgeois qui habitaient leur enceinte. Paris fut de ce nombre ; & ceux de ſes habitans qui ont des vignes peuvent toujours le vendre à pot. Ce privilege s'y exerçait encore ſans honte, il y a un ſiècle. Dancourt, dans ſa comédie de la *maiſon de campagne*, ann. 1688, fait dire à un homme de robbe; *ne vaut-il pas autant vendre mon vin à la campagne, que de le faire vendre à pot dans Paris , comme la plupart de mes confreres.*

Le droit de Banvin ſubſiſte toujours. C'eſt même là un de ces abus que, dans certains momens de détreſſe , les beſoins de l'Etat ont malheureuſement forcé le Gouvernement de tolérer. Il a été confirmé en 1702 , par un Edit de Louis XIV , pour tous les lieux où les droits d'Aides ne ſont point d'uſage; & il fut même permis de l'aquérir.

Voituriers.   Un autre abus, plus grand encore, s'introduiſit ſur le tranſport des vins. Les Bateliers & Charretiers qui exerçaient cette profeſſion, ſe permettaient , pendant leur route , de boire celui qu'ils conduiſaient. Ils rempliſſaient enſuite les tonneaux avec de l'eau ou du ſable; & ce déſordre était ſi général que, loin de s'en cacher, ils en étaient venus au point de le regarder preſque comme un droit. Enfin il ſe trouva un Sr d'Arqueville , auquel on avait rendu du vin ainſi altéré, qui prit de l'humeur; il intenta procès aux Voituriers qui l'avaient amené, & les traduiſit au Parlement. Le tribunal les condamna, comme voleurs, à payer des dommages & intérêts, à faire amende honorable, & à être fuſtigés. Il prononça même que dorénavant ceux qui ſe rendraient coupables du même délit, ſeraient pendus. Cet Arrêt fameux, rendu le 10 Février

1550, fit beaucoup de bruit dans le tems : mais il n'arrêta point le mal. La même friponnerie, qu'il punit si exemplairement, reprit bientôt son cours ; & elle n'est que trop souvent usitée encore parmi les mêmes sortes de gens. Ceux qui les emploient n'ont jusqu'à présent trouvé d'autre moyen, pour l'empêcher, que de leur abandonner, selon que la route est longue, une ou deux pieces de vin destinées uniquement à leur usage.

La profession de marchands de vins est une des plus anciennes qui subsiste dans la Capitale. Boileve leur donna des Statuts en 1264 ; mais ils ne furent érigés en corps de Communauté, que trois cens vingt-cinq ans après ; & alors on les divisa en quatre classes, Hôteliers, Cabaretiers, Taverniers, & Marchands de vin-à-pot. *Marchands de vin en détail.*

Les Hôteliers, ainsi nommés parce qu'ils tenaient hôtellerie, recevaient chez eux les voyageurs, logeaient chevaux & voitures. C'est ce qu'aujourd'hui nous appellons Aubergistes. *Hôteliers.*

Les Marchands de vin-à-pot étaient ceux qui vendaient du vin en détail, sans cependant tenir taverne. On ne pouvait boire chez eux celui qu'on y achetait ; il fallait l'emporter. A la grille extérieure de leur boutique était pratiquée une ouverture, par laquelle l'acheteur passait son pot, & par laquelle on le lui repassait lorsqu'il était plein. C'est ce que l'Ordonnance de 1705 appelle vendre *à huis coupé & pot renversé.* Quoique cet usage ne subsiste plus, il y a pourtant encore à Paris, chez plusieurs marchands de vin en détail, de ces grilles ouvertes. *Marchands de vin-à-pot.*

J'ai déja dit ci-deſſus que les Bourgeois de cette ville avaient droit de vendre leur vin à pot.

Les Cabaretiers donnaient à boire chez eux ; mais ils donnaient à boire *avec nappe & aſſiette* ; c'eſt-à-dire, qu'on pouvait en même tems y manger : & c'eſt en quoi ceux-ci différaient des Taverniers, qui vendaient du vin, il eſt vrai, mais qui ne pouvaient fournir pain ni bonne-chere. *Et ſeront réputés Cabaretiers*, dit la déclaration du Roi, ann. 1680, *tous ceux qui auront chez eux montres, étalages de viandes, & Cuiſiniers.*

Cependant, en cette même année 1680, les Taverniers obtinrent un adouciſſement. On leur permit de ſervir aux gens qui buvaient dans leur taverne, des viandes cuites ; pourvu toutefois que ces viandes fuſſent fournies par le Rôtiſſeur, ou par le Chair-cuitier. Tout ce qui était ragoût leur fut interdit ; & ils ne pouvaient même avoir chez eux un Cuiſinier. Du reſte, une Ordonnance de Louis XIV, publiée ſix ans auparavant, les avait obligés d'avoir à leur porte un bouchon & une enſeigne ; & leur avait défendu, ainſi qu'aux Cabaretiers, de fournir du vin en bouteilles. Les uns & les autres ne pouvaient vendre que dans des pots & des pintes étalonnées.

Paris eut, en différens tems, différens Officiers établis pour le commerce du vin ; Courtiers ; Jurés-Vendeurs ; Contrôleurs ; Jaugeurs ; Déchargeurs, & Rouleurs ; enfin Crieurs publics.

La fonction de ces derniers était de faire, par criées à l'enchere, la vente de cette denrée, lorſqu'elle arrivait fur les ports, ou dans les marchés de la Ville. Mais il s'était établi pour eux un ufage bien plaifant. Quand quelqu'un de la Communauté mourait, les autres venaient tous affifter à fon convoi, en robbe de confrairie. Le corps était porté au lieu de la fépulture par quatre d'entr'eux. Deux autres fuivaient ; chargés, le premier d'un *beau kanap*, (vafe à boire), le fecond d'un pot plein de vin. Le refte de la troupe marchait devant, ayant en main des fonnettes, qu'ils faifaient fonner tout le long de la route. Quand on était arrivé à un carrefour, le convoi s'arrêtait. Alors on pofait le corps fur des tréteaux. Le Crieur qui portait le hanap, le faifait emplir par celui qui portait le vin. Chacun des quatre porteurs bûvait un coup. On en offrait autant à quiconque, paffant ou fpectateur, voulait l'accepter ; après quoi l'honorable compagnie continuait fa route.

Cette bifarre cérémonie fut confirmée en 1415 par une Ordonnance de Charles VI. Elle avait lieu également pour la femme d'un Crieur, ainfi que pour un Crieur lui-même (*a*).

(*a*) La même année, le Roi ajouta aux fonctions de ces Officiers, celle d'annoncer les morts, d'annoncer les jours de confrairie, les enfans & les animaux perdus, enfin, les légumes & productions de la terre qui étaient à vendre, excepté le bois & le foin. Eux feuls eurent auffi, par la même Ordonnance, le privilége de fournir robbes, manteaux, & chaperons pour les obfeques & funérailles. Ce fut alors qu'on les qualifia *Jurés-Crieurs de corps & de vin.* Leurs emplois furent depuis érigés en Offices Royaux, par des Lettres-Patentes du mois de Septembre 1741.

Ce ſerait ici le lieu de donner l'hiſtoire de tous ces divers procédés qu'en différens tems les Français ont employés pour faire le vin ; mais l'entrepriſe, quand j'ai voulu l'exécuter, ne m'ayant offert qu'une immenſité de détails ennuyeux, qui fuſſent devenus un traité de vendange ſans aucun intérêt, j'y ai renoncé. J'en extrairai ſeulement quelques articles.

Tems où l'on a commencé à faire du vin blanc avec du raiſin noir.

Tout le monde ſait qu'aujourd'hui le vin blanc ſe fait non-ſeulement avec du raiſin blanc ; mais encore qu'en pluſieurs cantons on y employe du raiſin noir. En effet, ce n'eſt pas dans le jus du grain, c'eſt dans la pellicule qui l'enveloppe, que réſide la partie colorante de la liqueur. Avant de porter le raiſin au preſſoir, laiſſez-le fermenter quelque tems dans une cuve ; cette fécule ſe détachera par la fermentation, & ſe mêlant à la liqueur, elle la teindra : mais preſſez-le dès qu'il eſt ſéparé du ſep, ſon jus alors conſervera ſa tranſparence naturelle, parce qu'il n'a point été altéré ; ou au moins il ne ſera coloré que très-faiblement.

Cette découverte ne remonte qu'au XIIe ſiècle ; & elle paraît appartenir aux Poitevins. Au moins eſt-il certain qu'alors elle était inconnue dans l'Iſle-de-France, & qu'on la pratiquait en Poitou. La preuve s'en trouve dans une lettre d'un Religieux du Monaſtere de S. Denis, nommé Guillaume, lequel nous a laiſſé une vie de Suger, ſon confrere & ſon contemporain. Envoyé dans un autre couvent du même nom, ſitué en Poitou près Châtelleraut, Guillaume écrit à ſes amis pour leur donner de ſes nouvelles. Il fait l'éloge du nouveau pays qu'il habite, en vante la fertilité, les fruits, & les vins fur-tout qu'il compare au falerne. Là il dit avoir vu, non fans furprife, faire du vin blanc avec du raifin noir. Mais, ce qui en même tems nous furprendra beaucoup aujourd'hui, c'eft qu'il ajoute avoir vu auffi du raifin blanc donner du vin rouge. *Híc , mirum in modum , ex albis botryonibus vinum vidi rubeum; & ex nigris , e con-verfo , híc conficitur album.*

Précédemment au moine Guillaume, on con-noiffait le fecret des rapés, qui confifte à éclaircir un vin trouble en le jettant fur des copeaux. Il en eft mention dans la vie de la vénérable Ide de Louvain, mere du fameux Godefroi de Bouillon, morte en 1113.

Du tems de Liébaut, on employait les copeaux en Champagne, & fur-tout à Troies, pour éclair-cir le moût lorfqu'on le mettait en futailles. Ce procédé avait, dit-il, l'avantage de clarifier le vin en vingt-quatre heures, & d'empêcher qu'il ne bouille.

Outre le rapé de copeaux, on en faifait un autre avec des raifins, pour raccommoder des vins gâ-tés, ou pour donner de la force à des vins faibles. Par une charte de Henri, Duc de Brabant, don-née en 1229 à la Commune de Bruxelles, il eft défendu de vendre celui-ci dans les tavernes.

C'eft par un procédé pareil que Liébaut enfei-gne à faire ce qu'il appelle du *vinet.* « Dans un ton-
» neau défoncé, on met, dit-il, des raifins, du genre
» de ceux dont la peau eft dure ; tels que le mélier,
» ou le pinot. On radoube la futaille ; on y verfe ;

» par la bonde quatre setiers de bon vin vieux;
» puis on acheve de la remplir avec de l'eau chaude.
» Il ne s'agit plus après cela, toutes les fois qu'on
» tire au tonneau, que de le tenir toujours plein
» en y versant de l'eau nouvelle; mais alors l'eau
» doit être froide. Quand la liqueur commencera
» à devenir trop faible, le remplissage se fera avec
» du vin, au lieu d'eau.

Buvande ou Dépense. Au tems des vendanges, lorsque le raisin avait subi sa derniere presse, on jettait de l'eau sur le marc; & on en tirait ainsi une sorte de piquette pour les domestiques. Cette boisson, est presque aussi ancienne que le vin. Elle se nommait *buvande*, en latin *bibenda*. Dans une Ordonnance de Charles VI, année 1307, on l'appelle *dépense*: Elle se vendait dans les marchés publics. Au reste, il ne faut pas confondre cette dépense avec une autre, du même nom, dont j'ai parlé ci-dessus à l'article du cidre.

Tonneaux. Originairement les Romains & les Grecs n'eurent, pour conserver & transporter leurs vins, que des vases de terre ou des outres. Mais les uns fragiles, les autres sujets à se découdre ou à moisir, offraient bien des inconvéniens. On ne put gueres véritablement recueillir une vendange un peu considérable, on ne put gueres l'envoyer au loin sans risque, que quand on eut des tonneaux.

Les Latins conviennent que cette ingénieuse invention est due à ceux des Gaulois qui allerent s'établir le long du Pô; mais nous ignorons si les Gaulois la connaissaient déja quand ils quitterent leur patrie, ou s'ils ne l'imaginèrent qu'après leur transplantation au-delà des Alpes. Dans ce dernier cas, nous l'aurions probablement reçue des Romains, comme eux-mêmes l'avaient reçue précédemment de nos compatriotes. Cependant, malgré sa supériorité incontestable sur les outres, elle ne put prévaloir, ni empêcher ces outres d'être toujours usités. Ils l'étaient sans doute beaucoup, puisque Charlemagne, dans un de ses Capitulaires, défend à ses Economes de s'en servir. Il veut qu'ils employent de bons barrils (*bonos barridos,*) cerclés en fer.

En Italie, où l'on aimait que le vin sentît le goudron, où l'on avait même soin de lui donner ce goût étranger, ainsi que je l'ai remarqué ci-dessus, on enduisait de poix l'intérieur du tonneau. Ce mastic solide avait d'ailleurs un autre avantage ; il obstruait les pores du bois, & par conséquent arrêtait ainsi l'évaporation des parties les plus subtiles de la liqueur : évaporation à laquelle nous autres nous n'avons trouvé le moyen de remédier qu'en remplissant de tems en tems le vaisseau.

Il ne faut nullement douter que les Gaulois, qui poissaient leurs vins pour les vendre à l'Italie ; que les Allobroges sur-tout qui, comme je l'ai dit, avaient pour cette opération le secret d'une poix particuliere, ne goudronnassent aussi leurs tonneaux à la maniere du Latium. Plusieurs Etymologistes prétendent même que le mot poinçon, adopté dans la suite par plusieurs de nos Provinces, pour exprimer une sorte de tonneau qui leur est propre, dé-

rive du *vas piceum* des latins, dont il eſt une abbré-
viation. Mais ce n'eſt-là qu'une conjecture; & nous
avons des preuves formelles. Telles ſont déux chartes de Charles-le-Chauve, en faveur des Monaſte-
res de S. Denis & de S. Germain-des-Prés. Par
la premiere (ann. 862,) l'Empereur accorde annuellement à l'Abbaye dix livres d'argent, *pour l'a-*
chat de la poix néceſſaire aux tonneaux : par la ſeconde, il donne de même à l'autre Couvent virgt
livres de ſavon & de poix, *ad vaſa vinaria com-*
ponenda.

Ce ſavon qu'on voit ici accordé avec la poix,
ſuppoſe qu'il y avait des perſonnes qui ne ſe con-
tentaient pas de poix ſeulement pour enduire leurs
futailles; mais qu'elles compoſaient un maſtic particulier, en y mêlant du ſavon, & probablement
même quelque autre ſubſtance, comme les Romains.

Sans doute on aura renoncé à tous ces enduits,
quand on ceſſa d'aimer dans le vin le goût de poix.
Peut-être néanmoins ſerait-il à ſouhaiter qu'on eût
trouvé & conſervé quelque maſtic qui, ſans com-
muniquer à la liqueur aucune ſaveur étrangere,
empêchât cependant aſſez ſon évaporation, pour
que l'on pût, ſans perte, lui laiſſer aquérir dans le
tonneau cette perfection & cette maturité que le
tems ſeul peut lui donner, & qu'elle ne peut plus
recevoir dès qu'elle eſt en bouteilles.

C'eſt en 1398 qu'on a donné des Statuts aux
Tonneliers, & qu'on les a réunis en corps.

Quand Strabon veut peindre la fertilité de cette

contrée du Latium que maintenant nous appellons Lombardie, & donner une idée de l'abondance de ses vignobles, il dit que les tonneaux de vendange y sont *plus grands que des maisons.* Probablement les Gaulois établis dans ce canton, ou leurs descendans, voyant que les tonneaux ordinaires ne pouvaient suffire à leurs récoltes, ou qu'ils devenaient trop embarrassans par leur nombre, auront imaginé, pour garder leurs vins, ces tonnes énormes dont parle le Géographe. Elles sont encore aujourd'hui d'usage en Allemagne, ainsi que dans plusieurs autres pays de l'Europe; & l'ont été chez nos Peres. Mais la plupart des Français, au lieu de ces vaisseaux en bois peu solides, préférerent de construire en briques, en bletton, ou en pierres de taille, de vraies citernes, bien autrement durables. De Serres assure même que, de son tems (an. 1600), beaucoup de personnes faisaient encore ainsi leurs cuves. A la vérité, dit-il, le vin était plus de tems à y fermenter que dans les cuves en bois; mais, outre qu'on les nettoyait plus aisément & qu'elles ne contractaient jamais de mauvais goût, elles avaient encore, sur ces dernières, l'avantage de durer bien plus long-tems, & de n'exiger presque aucun entretien.

Les foudres & les citernes pouvaient servir au propriétaire à garder son vin. Quand il voulait le vendre & l'envoyer au dehors, il avait alors les tonneaux ordinaires. Cependant les outres, malgré tous leurs inconvéniens, furent long-tems employés à cet usage. Ou a vu, ci-dessus, Charlemagne les défendre dans les celliers de ſes Palais. Pierre de Blois, déclamant au XIIe ſiècle contre le luxe des Chevaliers, nous repréſente ces Militaires conduiſant, dans les armées, des chevaux chargés d'outres de vin & de tous les uſtenſiles qui annoncent la gourmandiſe & l'ivrognerie. *Non ferro, ſed vino; non lanceis, ſed caſeis; non enſibus, ſed utribus; non haſtis, ſed verubus onerantur.* Au repas que Philippe-de-Valois donna aux Rois d'Ecoſſe, de Majorque, de Bohême, & de Navarre, il n'y avait, ſur *le dreſſouer royal,* (dit le *ſonge du vieux Pélérin*), *autre vaiſſelle d'or ne d'argent, fors que tant ſeulement un oultre de cuir, ouquel oultre eſtoit le vin du Roy & des Princes & Roys qui ſeoyent à table.*

Bouteilles. Pour entendre ce que c'était que cet outre placé ſur un buffet, il faut ſavoir qu'au tems de Philippe on ne connaiſſait point ces vaſes de verre que nous nommons bouteilles (a), & qu'on ne les connut même que bien des années après. A la vérité, D. Carpentier, dans ſon ſupplément du Gloſſaire de du Cange, au mot *Cowele,* rapporte un paſſage écrit en l'année 1387, qui ſemble annoncer quelque choſe de ſemblable uſité en France au XIVe ſiècle : *Le dit Jaquet print un coutouſſle de*

(a) Il paraît cependant qu'ils étaient en uſage chez les Anciens. Pétrone au moins parle de vaſes pareils pour la table, qu'il nous repréſente fort grands & bouchés avec du plâtre. *Adlata ſunt amphoræ vitreæ, diligenter gypſatæ ;* & ailleurs, *amphoras copioſas, gypſatas ne effluat vinum.*

voirre (de verre) *où il avait du vin…. & de fait en but.* Mais il ne s'agit là , selon moi, que d'une coupe ou d'un gobelet ordinaire, puisque Jaquet s'en servit pour boire. Or l'on verra ailleurs, quand je traiterai des uftenfiles de table, qu'au fiècle dont nous parlons on faifait, pour les repas, beaucoup de vafes en verre. En un mot, quelques recherches que j'aie faites fur l'époque où les bouteilles eurent lieu en France, je n'ai pu découvrir un feul paffage qui m'ait prouvé décifivement & fans replique qu'elles exiftaient, ou au moins qu'elles étaient employées il y a quatre fiècles.

Le vin, chez le Roi, comme chez les particuliers, fe tirait à la pièce. Si, à fa table, on buvait plufieurs fortes de vins différens, comme il arrivait dans les jours de grande cérémonie, alors on entamait plufieurs futailles; & tous ces tonneaux entamés appartenaient enfuite au Grand-Bouteiller. C'était un des privileges de fa charge. Dès l'année 1258, Jean d'Acre, Grand-Bouteiller de S. Louis, en jouiffait en cette qualité.

Les gens qui voyageaient à cheval, & qui craignaient de ne pas trouver de vin fur leur route, en portaient avec eux dans une forte de vaiffeau, ou de bouteille en cuir, qu'ils attachaient à la felle. Nous lifons dans la vie de S. Maur, qu'étant allé vifiter une des fermes de fon Monaftère, tout-à-coup il vit arriver Anfgaire, Archidiacre de l'églife d'Angers. Le S. Abbé voulut le faire rafraîchir. Malheureufement il ne fe trouva, chez le fermier, d'autre vin que le peu qui en reftait dans le vaif-

Vaiffeaux
en cuir.

feau attaché à la felle du cheval de Maur, *in uno parviffimo vafculo quod ad fellam pendere confuevit.* Mais l'homme de Dieu y fuppléa par un miracle, dit l'Hiftorien : car il multiplia tellement ce refte de liqueur, qu'elle fuffit pour défaltérer foixante & dix-huit perfonnes qui fe trouvaient là.

Ces vaiffeaux de voyage n'auraient-ils pas donné lieu aux gourdes que portent, pour un pareil ufage, nos foldats & nos piétons ?

Les perfonnes opulentes & les Grands-Seigneurs qui voyageaient fuivis d'un domeftique, faifaient porter le vaiffeau par fon cheval. C'eft ce que témoigne la vie de S. Eloi, & celle de S. Herbland.

Au XIIIe fiècle, les vafes dont il eft queftion fe nommaient *bouchaus, boutiaux, bouties,* ou *boutilles.* Lorfqu'on avait à faire un voyage un peu long, ou qu'on était obligé d'aller à la guerre, on leur donnait une certaine capacité. Je trouve dans une charte de ce tems que, quand l'Evêque d'Amiens marchait ainfi pour l'arriere-ban, les Tanneurs de la ville étaient tenus de lui fournir *deux paires de bouchaus de cuir, bons & fouffifans ; l'un tenant un muy, & l'autre vingt-quatre feftiers* (a). Les Bouchers, de leur côté, devaient fournir la graiffe *pour couvrir lefdits bouchaus.* Si, dans cette phrafe, *couvrir*

(a) J'ai rapporté ci-deffus une évaluation de D. Mabillon, qui prétend que le fetier contenait fix verres, & le modius feize fetiers.

fignifie

fignifie *boucher*, comme le fens l'indique; affurément c'était une chofe bien étrange que ces bouchons de graiffe pour une cantine deftinée à renfermer du vin.

Au refte, ces expreffions *boutiaux, bouchaus, bouteilles*, étaient un terme générique qui s'appliquait également à tout vafe, ou à toute mefure quelleconque. Les Pêcheurs, & autres gens de rivière, nomment encore aujourd'hui *bottes* ou *boutiques*, les grands & les petits coffres, percés de trous, qui leur fervent à garder dans l'eau le poiffon qu'ils ont pris. Dans le Beaujolais, & dans quelques autres cantons de la France, on nomme de même *botte* une piéce de vin, contenant, comme la *queue* de Bourgogne, ou comme la *pipe* d'Anjou & de Poitou, deux muids, mefure de Paris.

Au XVe fiècle, ces *boutiaux* ou *boutilles* prirent le nom de bouteilles; & ce nom, on le conferva par la fuite aux flaccons de verre dont nous nous fervons aujourd'hui, lorfque ceux-ci devinrent d'ufage. Aux premiers fignes de démence que donna Charles VI, fur la route de Bretagne, les Officiers qui, dans le repas précédent, lui avaient fervi à boire ayant été foupçonnés de l'avoir empoifonné, le Duc de Bourgogne, qui l'accompagnait, leur fit fubir un interrogatoire ; mais ils protefterent de leur innocence, dit Froiffart; &, ils offrirent au refte de la prouver, puifqu'il reftait encore du vin *ès bouteilles*, dont avait bu le Roi.

Comme il s'agit ici de vin porté en route ſur des fourgons, il ne faut pas douter que les bouteilles dont fait mention l'hiſtorien ne fuſſent les anciennes bouteilles de cuir. La *Chronique ſcandaleuſe de Louis XI* ne laiſſe, ſur cette interprétation, aucun doute. Après avoir parlé du voyage que fit en France le Comte de Warvick, qui avait placé ſur le trône d'Angleterre Edouard IV ; après avoir décrit la maniere dont le reçut le Roi Louis, les préſens, *belles pieces d'or, coupe d'or, vaiſſelle, pierreries, & autres belles beſongnes* dont on le combla ; elle ajoute qu'au retour de Warvick en Angleterre, Edouard, inſtruit de tout ceci, envoya, *à l'encontre, au Roi, des trompes de chaſſe & des bouteilles de cuyr.*

Nos marchands papetiers ont maintenant encore des bouteilles ſemblables, leſquelles ſervent pour garder l'encre. Elles ſe bouchent avec un morceau de bois, tourné en vis ; & probablement celles qui ſervaient autrefois pour le vin ſe fermaient de même. Mais quand on employa des bouteilles en verre, alors il fallut, pour bouchon, une matiere élaſtique & flexible qui, ſans offenſer la rigidité du verre, arrêtât pourtant l'évaporation de la liqueur. C'eſt ce qu'offrit le liége ; & c'eſt ſous ce point de vue que Beaujeu fait l'éloge de cette ſubſtance. Il paraît que les Romains l'employaient au même uſage. *Corticem, aſtrictum pice dimovebit amphoræ,* dit Horace.

Fin du ſecond Volume.

ERRATA du second Volume.

Page 53, _ligne_ 21, les mettaient ; _lisez :_ le mettoient.
    155 . . . 20, les uns les trempaient ; _lisez :_ les uns la trempaient.
    156 . . . 29, au pays de vignoble ; _lisez :_ aux pays de vignobles.
    158 . . . 17, autant que je puis ; _lisez :_ autant que je pris.
    175 . . . 16, Franche-Comtée ; _lisez :_ Franche-Comté.
    189 . . . 7, puisque tous deux ; _lisez :_ puisque toutes deux.
    197 . . . 24, _prononçant que de tout tems ; lisez :_ prononçant que _de tous tems._
    205 . . . 1, se soumet ; _lisez :_ se soumit.
    309 . . . 20, on dmette ; _lisez :_ on admette.
    310 . . . 6, oullir ; _lisez :_ bouillir.
    332 . . . 12, ceux d'une autre ; _lisez :_ ceux d'un autre.

TABLE
DES MATIERES

Contenues dans le second Volume.

Z

Fin de la Table des Matieres du second Volume.